KASIA MOL-WOLF

du hast die power!

Verwirkliche deinen Traum

KASIA MOL-WOLF

du hast die power!

Verwirklichte deinen Traum

ARISTON

Bibliografische Information der Deutschen Bibliothek

Die Deutsche Bibliothek verzeichnet diese Publikation
in der Deutschen Nationalbibliografie;
detaillierte bibliografische Daten sind im Internet unter
www.dnb.de abrufbar.

FSC
www.fsc.org
MIX
Papier aus verantwortungsvollen Quellen
FSC® C083411

Verlagsgruppe Random House FSC® N001967

Redaktion: Maria Koettnitz
Umschlaggestaltung: Eisele Grafikdesign, München
unter Verwendung eines Motivs von Christian Kerber
Satz: Leingärtner, Nabburg
Druck und Bindung: CPI books GmbH, Leck
Printed in Germany
ISBN: 978-3-424-20179-6

Für alle Frauen,
die ihren Traum verwirklichen wollen,
und für meine Tochter Clara,
damit sie weiß, dass alles möglich ist,
wenn man an sich glaubt
und ein klares Ziel vor Augen hat.

Inhalt

I. Wer bin ich?

2009 fasste ich den Entschluss, mich selbstständig zu machen, und bin aus der Anstellung in einem großen Verlag in die Ungewissheit des Unternehmertums gesprungen. Und kann heute aus vollem Herzen behaupten, dass ich es wieder tun würde. Auch wenn ich mir manchmal gewünscht hätte, meine Passion in einer anderen Branche gefunden zu haben als in der mittlerweile so volatilen Verlagsbranche.

Das neunte Jahr war das schwierigste. Es gab Situationen, in denen ich überlegt habe aufzuhören, etwas Neues zu beginnen. Und gerade in diesen dunklen Momenten ist mir bewusst geworden, dass ich doch wieder das Gleiche beginnen würde. Ich bin auf meinem Weg unterwegs. Es ist bisher nicht der geradlinigste und sicher auch nicht der einfachste, aber ich spüre, dass es genau mein Weg ist.

Dieser Gedanke, diese Freiheit, mich erneut für meinen Weg zu entscheiden, befreite mich von aller Schwere des Augenblicks. Er gab mir Kraft, auch die letzte Krise durchzustehen. So bin ich gestärkt und voller Optimismus in das zehnte Jahr meiner Selbstständigkeit gestartet und möchte Ihnen allen Mut machen, es mir gleichzutun und sich an die Verwirklichung Ihrer Träume zu wagen, auch dann, wenn Sie kein Unternehmen oder viel Geld geerbt haben und ganz auf sich selbst gestellt beginnen müssen, wie es bei mir der Fall war. Ich hatte eine Idee, aber weder Eltern, die eine Firma hatten, noch eine Summe auf dem Konto, die es mir leicht gemacht hätte, damit zu starten.

Zwar hatte mein Großvater in Kraków eine Seifenfabrik aufgebaut, doch er verlor sie durch Enteignung der deutschen Besatzer. Auch ich komme aus Polen, aus Jelenia Góra, einer Kleinstadt in der Nähe von Wrocław (Breslau), und bin das Ergebnis der ersten Liebesnacht meiner Mutter Krystyna mit meinem Vater Adam. Ich war wohl auch der Grund, warum meine Mutter, sie war erst 20, ihre große Liebe auch geheiratet hat. Adam war ein großer, gut aussehender Mann mit Lockenkopf, der alle Mädchenherzen durch sein Klavierspiel verzauberte. Für meine Mutter hätte ich mir sehr gewünscht, dass sie damals schon dem Erwartungsdruck widerstanden hätte, als schwangere Frau den Erzeuger ihres Kindes heiraten zu müssen. Meine Oma wollte es so, es entsprach den Moralvorstellungen ihrer Zeit.

Meine Eltern studierten noch, und so wurde ich oft in Vorlesungen mitgenommen. Später, als sich meine Eltern immer mehr stritten, brachte mich meine Mutter, die nach dem Studium als Ingenieurin arbeiten ging, zu meiner Oma und meiner Tante, die mich betreuten und erzogen. Ich wuchs also in einem Frauenhaushalt auf, in dem alle arbeiteten. Mir ging es dort gut, aber ich litt darunter, dass mich mein Vater nach der Scheidung meiner Eltern, ich war drei Jahre alt, nicht mehr sehen wollte. Das hat mein kleines Mädchenherz gebrochen – und sicher für lange Zeit auch mein Verhältnis zu Männern negativ beeinflusst.

Heute glaube ich, meinen Vater etwas besser zu verstehen. Er hatte viele Talente, liebte meine Mutter über alles, schaffte es aber nicht, seine Talente auszuleben. Ich konnte mich mit meinem Vater leider nie aussprechen, denn als sich meine Mutter von ihm trennte, fiel es ihm schwer, in unserer Nähe zu sein. In vielen Jahren sahen wir uns nur zwei Mal.

Im Sommer 1980, ich war sieben Jahre alt, kam es in Polen aufgrund der schlechten wirtschaftlichen Lage und der sozialen

Ungerechtigkeiten zu regionalen Streiks in verschiedenen Städten. Die Proteste weiteten sich kontinuierlich zu einer überregionalen Bewegung aus. Im September 1980 gründete sich daraus die Solidarność, die unabhängige Gewerkschaft Solidarität, die von Beginn an sehr stark durch die katholische Kirche und viele polnische Intellektuelle unterstützt wurde. Die Solidarność war die erste Oppositionsbewegung im Ostblock, die offiziell anerkannt wurde.

Meine Mutter hatte von ihrem Vater gelernt, dass es wichtig ist, sich zu widersetzen, wenn man es für notwendig hält. Er war Widerstandskämpfer, und seine Geschichte habe ich – wie die meiner ganzen Familie – in meinem ersten Buch, *Mit dem Herz in der Hand,* 2012 erzählt. Diese Haltung, für etwas zu kämpfen, was einem am Herzen liegt, habe ich geerbt. Sie ist mein Antrieb, mich für die Gleichberechtigung von Frauen einzusetzen. Meine Mutter konnte nicht akzeptieren, was sie im Kommunismus als ungerecht empfand, und schloss sich der Solidarność an. Sie war eine der Ersten, die in unserer Kleinstadt an den Versammlungen teilnahmen und öffentlich für mehr Rechte der Arbeitnehmer eintraten.

Ich stand manchmal mit ihr in der Kirche, wenn sie die polnische Fahne hielt, verstand damals nichts von Politik, war aber irgendwie stolz auf meine Mutter. Ihr politisches Engagement musste sie jedoch bitter bezahlen: Am 19. Juni 1981, einem Freitag, klingelte am Nachmittag das Telefon. Meine Mutter nahm ab, und plötzlich war Spannung in der Luft. Ich verstand nicht, worüber sie sprach, aber ich spürte, dass etwas passiert war. Sie erfuhr über einen Freund, der in der Passbehörde tätig war, dass ihr und anderen Mitgliedern der Solidarność die Verhaftung drohte. Und sie handelte sofort. Bis sich die Situation beruhigt haben würde, wollte sie uns beide aus der Gefahrenzone bringen. Am Tag darauf flohen wir nach München, wo meine Mutter flüchtig einen Gastwirt kannte. Er hieß Hans und hatte sie einmal als Tramperin nach München mitgenommen. Es war ihre erste und einzige Fahrt dorthin gewesen, wo sie damals für uns Geld dazuverdienen wollte.

Ich spürte, dass unsere Ausreise aus Polen gefährlich war, und erinnere mich noch heute an einige bedrohliche Situationen an den Grenzübergängen.

In München startete meine Mutter ohne Deutschkenntnisse als Geschirrspülerin in der Gartenschänke bei Hans, später arbeitete sie als Putzfrau. Als die Grenzen nach Polen geschlossen wurden, entschloss sich meine Mutter, in Deutschland zu bleiben. Wir beantragten politisches Asyl und zogen in ein Asylantenheim. Mit viel Glück fand meine Mutter dann eine Anstellung als Haushaltshilfe bei dem deutschen Ärztepaar Hofmann, das ein medizinisches Labor für Blutuntersuchungen aufgebaut hatte. Nach ein paar Wochen besuchten uns die Hofmanns in unserem Zimmer im Asylantenheim in München und waren schockiert, in welchen Verhältnissen wir dort lebten. Ein paar Tage später fragten sie meine Mutter, was sie eigentlich in Polen gemacht hätte. Offenbar hatten sie sie ins Herz geschlossen und wollten sie unterstützen. Kurz darauf boten sie ihr an, sich zur Wirtschaftsinformatikerin fortbilden zu lassen, um sie beim Aufbau der IT im medizinischen Labor zu unterstützen. Meine Mutter nahm ihre Chance wahr und absolvierte zunächst neben ihrem Job als Putzfrau die Fortbildung. Danach arbeitete sie sich langsam in die Technik des Labors ein, entwickelte sich über viele Jahre zur Technischen Leiterin und Personalchefin dieses Unternehmens.

Walter und Brigitte Hofmann wurden unsere zweite Familie, der wir sehr viel zu verdanken haben. Für mich waren sie »Nenn«-Großeltern. Meine Mutter liebte ihren Job, das Labor wurde schnell ihr zweites Kind, das sie forderte, aber auch glücklich machte. Von meiner Mutter lernte ich, dass ich kein Opfer meines Schicksals bin, ich kann mein Leben aktiv positiv gestalten.

Und ich lernte auch, dass ich keine Existenzangst haben muss, da ich weiß, dass ich nach einer Krise immer wieder aufstehen kann.

Die ersten Jahre in Deutschland waren für uns nicht leicht. Vor allem nicht für meine Mutter. Mich hat unser Neustart bei null für mein Leben stark gemacht. Und dafür bin ich unendlich dankbar. Gern erinnere ich mich an viele glückliche Momente aus der Zeit, als wir fast nichts hatten. Es war in Ordnung. Es gab viele Entbehrungen, aber noch mehr schöne Momente. Damals habe ich in mir einen Lösungsmechanismus für Probleme verankert, auf den ich heute immer wieder zurückgreifen kann. Selten verharre ich in schlechten Momenten, was für meine Mitmenschen nicht immer leicht ist. Denn manchmal möchte man sich auch einfach nur leidtun. Ich bin durch meine Kindheit abgehärtet worden, habe gelernt, dass ich es selbst in der Hand habe zu entscheiden, wie ich mit einer Situation umgehe. Stillstand ist keine Option. Es geht immer darum weiterzugehen und aus einem Stolpern zu lernen.

Natürlich gab es auch in meiner Kindheit Situationen, die nicht leicht waren, die ich meistern musste. Ein schwieriger Moment war zum Beispiel mein erster Schultag in München. Kaum in München eingelebt, sollte ich die letzten Wochen vor den Sommerferien in die erste Klasse gehen, um nichts zu verpassen. Ich sprach noch kein Wort Deutsch, aber das hielt meine Mutter nicht von ihrem Plan ab. Am Sonntag vor meinem ersten Schultag zeigte sie mir die Schule und erklärte, wo ich meine Klasse finden würde. Es gab nur eine Ampel zu überqueren, das würde ich schon schaffen, sagte sie. Ich war wie in Trance und konnte es nicht glauben, dass ich meinen ersten Schultag in diesem fremden Land allein meistern sollte. Aber so kam es. Am Montag begleitete mich meine Mutter ein paar Hundert Meter bis zu einer großen Unterführung, die den Mittleren Ring unterquert. In der Mitte der dunklen Unterführung machte sie halt. Sie musste zurück und beim Einkauf für die Gaststätte helfen. Ich solle keine Angst haben, sie wisse, dass ich den ersten Tag meistern werde, bestärkte sie mich. Und ich wusste, dass Widerstand zwecklos war.

In diesem Moment begriff ich, dass die Erwartungen meiner Mutter an mich gewachsen waren. Ich sollte diese unangenehme Aufgabe selbstständig lösen und meine Angst überwinden. Sie glaubte an mich und vertraute mir. Und ich traute mich nicht, sie zu enttäuschen. Ich wusste, wie hart sie für uns beide arbeitete, und wollte ihr nicht zur Last fallen. Also schwieg ich. Sie umarmte mich, gab mir einen Klaps auf den Po und drehte sich um. Ich riss mich zusammen und lief los. Wie sollte ich es nur schaffen? Meine Klasse finden, mich verständigen? Wie sollte das alles gehen? Mein Kopf glühte, ich war verzweifelt.

Doch ich überlebte meinen ersten Schultag, und mein neues Leben in Deutschland begann.

Meine Mutter lernte, als ich schon 17 war, ihre zweite große Liebe, meinen Stiefvater Wolfgang, kennen, den sie mit 40 Jahren heiratete. Er war Jurist, arbeitete aber als Geschäftsführer für Vertrieb und Marketing einer Tochtergesellschaft einer großen Bank. Ich war sehr glücklich, dass meine Mutter wieder einen Mann an ihrer Seite hatte, den ich auch noch sehr mochte.

Wolfgang beeinflusste die Wahl meines Studiums. So startete ich auch wie er mit Jura, was eine gute Basis für jeglichen Job sein sollte. Im Studium lernte ich meine engste Freundin und Vertraute Annabel kennen – eines der wenigen Highlights meines Studiums, dazu aber später.

Als die Frauenzeitschrift *Marie Claire* 1990 an meinem Geburtstag auf den Markt kam, sah ich das als ein Zeichen und wollte unbedingt im Verlag Gruner + Jahr (G+J) arbeiten, der diese Zeitschrift herausbrachte, was mir dann auch nach einigen Umwegen gelang.

II. Wer will ich sein?

Wohin zieht es mich eigentlich?

Mittlerweile bin ich über fünf Jahre im Verlag tätig. Als Objektleiterin von *P. M.*, Peter Moosleitners interessantem Magazin, habe ich gerade die *P. M.*-Innovationsoffensive gestartet, die seit Februar 2005 läuft und *P. M.* modernisieren, Lust auf Wissen vermitteln und Begeisterung für Innovationen wecken soll. Dafür habe ich mit zwei Kolleginnen eine *P. M.*-Wissenstour durch Deutschland entwickelt, die ab Frühjahr bis Herbst in sechs deutschen Großstädten Wissenswochenenden organisiert und Mitte November bei der *P. M.*-Gala der Innovationen in Berlin ihren Abschluss findet. Es hat mir großen Spaß gemacht, die Innovationsoffensive umzusetzen, dafür meine erste eigene Mitarbeiterin auszusuchen und einzustellen und das große Projekt, das sich über Sponsoring finanziert, selbst voranzutreiben. Aber seit Längerem spüre ich, dass es für mich wieder weitergehen muss. Gerne würde ich mich neuen Herausforderungen stellen. Das selbstständige Arbeiten erfüllt mich. Ich arbeite in einem tollen Team in München und bin ganz stolz, dass ich einen neuen Chefredakteur für *P. M.* gefunden habe, dem alle Entscheider zugestimmt haben und der seinen Job bald antritt. Dennoch fehlt mir etwas.

Ich beginne, mich im Unternehmen umzusehen und zu überlegen, wo ich eigentlich hinmöchte. Weiter in München bei *P. M.* bleiben? Oder mal nach Hamburg gehen und mich für eine

Position bei anderen Magazinen von G+J bewerben? Aber hier in München gibt es auch interessante Veränderungen bei dem hier angesiedelten Projekt *Börse Online*.

Als nächsten Schritt könnte ich die Position einer Verlagsleiterin anstreben. Aber habe ich überhaupt Lust darauf? Wohin zieht es mich eigentlich? Wenn ich an die großen Verlagsleiterrunden in Hamburg denke, zu denen ich auch eingeladen bin, fühle ich mich hin- und hergerissen. Die Zugehörigkeit freut mich. Das Präsentieren und das politische Agieren, das in jedem großen Unternehmen auch dazugehört, sind einfach nicht meins. Vor allem spüre ich auch, dass es nicht mein Traum ist, in diesem Konzern mal ganz vorne zu stehen und Geschäftsführerin oder Vorstandsvorsitzende zu sein. Aber wenn die oberste Leitungsfunktion nicht zu meinem Lebenstraum passt, sollte ich dann nicht darüber nachdenken, meinen Job zu wechseln? Bisher geht es für mich beruflich kontinuierlich nach vorne. Ich kann mich nicht beklagen, da mir mein Chef immer mehr Verantwortung überträgt. Auf der anderen Seite bin ich eine gute, engagierte Mitarbeiterin, die selbstständig und aus sich selbst motiviert die Dinge vorantreibt, verantwortungsvoll und loyal. Und ich gehöre nicht zu denjenigen, die eigentlich den Job des Chefs möchten – oder die nebenher daran arbeiten, sich für die nächste Herausforderung zu positionieren, bei den entscheidenden Events anwesend zu sein.

Ich schätze das Arbeiten am Münchner Verlagsstandort und damit unter dem Radar der Hamburger Zentrale. So kann ich viele Dinge selbstständig und fern vom politischen Schaulaufen in Hamburg vorantreiben. Allerdings hat meine Situation den Nachteil, dass ich bei wichtigen Runden in Hamburg oftmals nicht dabei und als junge Führungskraft damit nicht sehr sichtbar bin.

Auch mein Chef genießt seine Zeit und sein Büro in München, fern von der Verlagspolitik in Hamburg.

Ein attraktives Angebot

Ein neuer Aspekt bereichert meine Karriereüberlegungen: Es wird mir wichtig, langfristig für Marken tätig zu sein, hinter denen ich stehe. Das wird mir besonders bewusst, wenn ich mit Headhuntern spreche, die mir andere Jobs anbieten. Mir ist das Produkt, das ich entwickeln, verantworten oder vermarkten soll, wichtig.

Diese Gedanken verdichten sich im Sommer 2005 zu der Frage, was mich eigentlich antreibt. Eine Frage, die ich in meinen Urlaub mitnehme und während meines allmorgendlichen Laufs am einsamen Atlantikstrand abwäge. Ich liebe die Auszeiten in unserer kleinen Hütte hinter einer Düne am Atlantik, nur eine Stunde von Bordeaux entfernt. Fern von allem. Fast ohne Netz, ohne Verbindung zur Außenwelt. Zwei Wochen in der Natur. Mit Meeresrauschen, Einkaufen auf dem Markt in einem kleinen Dorf in der Nähe, Laufen, Schwimmen, gutem Essen, Lesen und nichts mehr. Als ich eines Morgens mal wieder am Meer jogge und überlege, welche Veränderung ich eigentlich anstrebe, wird mir klar, dass es auf jeden Fall nicht die aktuell angebotene Aufgabe der Umstrukturierung ist. Endlich bin ich einen Schritt weiter! Ich weiß schon mal, was ich *nicht* möchte. Als ich verschwitzt, aber zufrieden zurück an der Hütte bin, klingelt mein Handy. Die Sonne scheint und ich freue mich, dass es wieder heiß werden wird, spüre die Sonnenstrahlen auf meiner verschwitzen Haut. Daher setze ich mich mit dem Handy am Ohr auf eine Liege in den Schatten und lege, kaum, dass ich die Stimme meines Chefs höre, los. Erkläre ihm, warum ich den angebotenen Job der Umstrukturierung nicht annehmen möchte. Er lacht! »Deswegen rufe ich gar nicht an«, sagt er. *Typisch*, denke ich von mir, *mal wieder geradeaus raus, statt taktisch abzuwarten*. Ich ärgere mich über mich selbst.

Er rufe an, weil er mir einen *anderen* Job anbieten möchte, den er eigentlich meinem Kollegen angeboten hatte. Aber der

Kollege passe doch besser zur Restrukturierungsaufgabe als zu dem Projekt, das er mir jetzt anbieten wolle. Ich horche auf. Es geht um die Entwicklung einer neuen Frauenzeitschrift nach einem französischen Vorbild. Ein Magazin für Frauen, das einen psychologischen Schwerpunkt haben soll. Er berichtet von dem französischen Magazin *Psychologies*, das er und der Vorstand sich genauer angesehen haben und nach dessen Vorbild wir nun bei G+J ein neues Magazin entwickeln sollen.

Ich lege mich auf die Liege, schaue in den tiefblauen Himmel und höre ihm ganz aufmerksam und gespannt zu. Und während mein Chef weiter von der Entwicklung des neuen Konzepts erzählt, entsteht in meinem Kopf das Bild einer Marke, die wie eine Art Leuchtturm Frauen in ihrem heute komplexen Leben Orientierung gibt und sie miteinander vernetzt. Eine Marke, die Frauen auf ihrem Weg begleitet, überall auf Angebote hinweist, wo sie die moderne Frau vermutet. Vielleicht steht die Marke auch für die Vermittlung von Coaches (der neue Trendjob!), für Vorträge, für Bücher, für viele verschiedene Angebote für Frauen, die sich persönlich weiterentwickeln möchten. Mein Herz schlägt schneller. Meine Chance! Das ist sie jetzt!

»Ja, das klingt gut«, sage ich, »ich freue mich, wenn wir nach meiner Rückkehr über die Details sprechen. Danke.«

Als ich auflege, bin ich regelrecht elektrisiert und mache einen Luftsprung. Ich spüre, dass ich endlich dem näherkomme, was ich machen möchte.

Man müsste Französisch sprechen können ...

Die letzten Tage meines Sommerurlaubs fliegen nur so dahin. Ich bin schon ganz im neuen Job drin. Denke viel darüber nach, was ich selbst von diesem Magazin als Frau erwarten würde. Wo überall unsere neue Marke, die noch keinen Namen hat, präsent sein sollte.

Als mich meine Mutter abends fragt, warum denn noch ein neues Frauenmagazin sinnvoll sei, erkläre ich ihr – schon ganz im Projekt verhaftet –, dass es auf dem deutschen Markt der hochwertigen Frauenmagazine keinen modernen Frauentitel gibt, der ein bisschen tiefer geht; der auf Mode verzichtet und dafür mehr Platz für Texte hat, die sich mit psychologischen Fragen beschäftigen; dass G+J weltweit Zeitschriftentrends analysiert und herausgefunden hat, dass es einen »Psychologietrend« gibt, der aus Frankreich kommt.

Am Nachmittag habe ich mir am Zeitschriftenkiosk in unserem Dorf eine *Psychologies* gekauft, das Magazin, das unser neues Projekt angeregt hat. Während ich meiner Mutter davon erzähle, merke ich, dass ich schon im Gespräch mit meinem Chef für den neuen Job entbrannt bin. *Ein gutes Zeichen,* denke ich lächelnd. Leider verstehe ich nur kein Französisch, was mich mal wieder ärgert. In der 13. Klasse wollte ich es unbedingt lernen und hatte in den Ferien einen Intensivkurs am Institut français belegt. Der Lehrer war ein französischer Künstler und Philosoph. Wir verstanden uns sofort. Der Kurs machte mir Spaß, auch wenn ich schnell merkte, dass mir Französisch nicht so lag. Und dann musste ich im Gruppenunterricht im Rahmen einer Übung nach vorne treten und eine kleine Geschichte mit meinen noch sehr rudimentären Sprachkenntnissen erzählen. Ich fand mich gar nicht so schlecht. Aber Eric, mein Französischlehrer, lachte. Er fragte mich, aus welchem Land ich komme, da er meinen Akzent sehr ungewöhnlich fand. »Aus Polen«, antwortete ich etwas verunsichert. »Na, das wird noch interessant«, meinte er, meine Fortschritte im Französischen zu begleiten, denn mein Akzent sei schon eine Herausforderung. Meine Begeisterung für Französisch war dahin. Er hatte mir meinen ganzen Mut genommen. Ich setzte mich hin und hätte beinahe angefangen zu heulen. Wie konnte er mich so demotivieren? Eric erkannte schnell, was er angerichtet hatte. Er verstummte. Nach der Stunde kam er zu mir und entschuldigte sich, und wir machten einen Deal: Ich sollte mit ihm privat deutsche Konversation üben, er würde mir im Gegenzug zusätzliche Französischstunden geben.

Wir starteten als Sprach-Tandem, aber mein Zutrauen zum Französischen kehrte nie wieder zurück. Außerdem hatte ich vor dem Abitur noch anderes zu lernen. Aber Eric und ich wurden Freunde. Uns verband ein großes Interesse an Kunst und an langen philosophischen Gesprächen. An seine Muttersprache wagte ich mich danach nicht wieder heran.

Insofern verstehe ich nur wenig von den Texten in *Psychologies*, aber das Konzept erschließt sich mir auf den ersten Blick: Ein modernes Frauenmagazin mit aktuellen Trends, auch aus den Bereichen Beauty und Mode, vor allem aber mit vielen psychologischen Texten, die der Leserin helfen sollen, sich selbst, die Beziehung zum Partner wie auch zu anderen besser zu verstehen. Auch berufliche Themen spielen eine Rolle. Und man lernt viele Frauen und ihre Lebenswege kennen. Beeindruckend ist, dass das Magazin sehr viele Anzeigen hat und weit über 200 Seiten umfasst.

Namenssuche für ein neues Magazin

Als ich am Ende meiner Ferien nach Hause fahre, habe ich einen Plan und bin gespannt, wie das Projekt anlaufen wird. Zunächst muss ich aber noch unsere *P.M.*-Wissenstour zu Ende bringen und gemeinsam mit meinen Kolleginnen Nicola und Simone unsere große *P.M.*-Innovationsgala erfolgreich umsetzen. Im November 2005 wollen wir die Sieger unseres *P.M.*-Innovationswettbewerbs küren. Zwei Monate lang habe ich zwei Jobs. Denn parallel zum *P.M.*-Magazin übernehme ich das Psychologie-Projekt, zu dem bereits von zwei verschiedenen Projektgruppen jeweils ein Dummy entwickelt worden ist: einer vom

Brigitte-Team und ein zweiter mit der ehemaligen *Glamour*-Chefredakteurin Bettina Wündrich. Ich komme dazu, als die beiden Dummys gerade in der Marktforschung getestet werden. Der Titel steht immer noch nicht fest. Die eine Gruppe arbeitet mit dem Titel *emotion*, die andere mit dem Titel *Psychologie*. Ein paar Monate zuvor hat man sich schon gegen eine Lizensierung des französischen Konzepts entschieden. Im Rahmen der Gruppendiskussionen kommt auch schnell heraus, dass *Psychologie* als Titel in Deutschland nicht funktioniert. Die Frauen würden beim Titel *Psychologie* sogleich denken, unser neues Magazin sei eine Konkurrenz zum etablierten Magazin *Psychologie Heute*. Wir entschließen uns für den Dummy des Entwicklungsteams rund um Bettina und werden von der *Brigitte*-Gruppe von diesem Moment an kritisch beobachtet. Denn alles, was wir vorhaben, haben die *Brigitte*-Kollegen natürlich auch schon mal versucht und umgesetzt. Sie spüren zwar, dass es sinnvoll ist, im Haus mehr als einen Frauentitel zu haben, jeglicher mögliche Konkurrent wird dennoch sehr streng begutachtet, so mein Eindruck. Das bekommt auch die *woman*-Redaktion zu spüren, eine zweiwöchentlich erscheinende Zeitschrift, die G+J 2003 auf den Markt gebracht hat. Wir versuchen, uns vom Konkurrenzdenken frei zu machen. Dass wir mit dem neuen Projekt in München stationiert sind, begrüße ich, da die künftige Chefredakteurin Bettina in München bleiben möchte. Wir entwickeln einen weiteren Dummy unseres geplanten Magazins und machen uns auf die Suche nach dem richtigen Titel, diskutieren, ob wir einen Frauennamen wählen sollen. Vielleicht einen wie *Pia*? Als Abkürzung für *Psychologie im Alltag*? Nein, wir wollen bewusst keinen Frauennamen wählen, denn mit unserem Magazin möchten wir unsere Leserinnen gerade *nicht* in eine Schablone pressen. Möchten ihr gerade nicht sagen, wie sie zu sein hat, also weder wie eine *Pia* noch wie eine *Brigitte* oder *Petra*. Meines Erachtens suggerieren Magazine mit Frauennamen, dass sie ihren

Leserinnen die Denke und die Haltung einer bestimmten Frau, nämlich einer *Brigitte* oder einer *Petra*, näherbringen wollen. Uns ist es hingegen wichtig, unsere Leserinnen durch die Lebensmodelle anderer Frauen zu inspirieren, ihren Weg zu finden. Wir möchten ihnen mit unserem Magazin eine Orientierungshilfe im Leben bieten, wenn sie vielen Rollen gerecht werden wollen. Unsere Zielgruppe sind Frauen, die sich weiterentwickeln und sich selbst besser verstehen möchten, um ein glückliches Leben mit sich, ihrem Partner und ihrer Familie zu führen. Daher fällt unsere Wahl schließlich auf *emotion* – denn am Anfang von allem steht die Emotion, das Gefühl, vom lateinischen »*motio*«, Bewegung, bildlich gesprochen »Gemütsbewegung«. Daher gefallen mir unsere Wahl und auch der Claim: »Besser verstehen, glücklich leben.«

Erwartung, Enttäuschung, Erfahrungen sammeln

Während wir mit dem Team im Endspurt unserer *P.M.*-Innovationsgala sind, laufen wir auch im Hinblick auf die Vorbereitungen der Markteinführung von *emotion* auf Hochtouren. Im Februar 2006 soll es so weit sein. Wir planen für *emotion* eine große Launch-Party in München in der Staatsbibliothek, die wir als Ort ganz passend finden. Parallel dazu erarbeiten wir für unser neues Objekt einen Businessplan mit verschiedenen Varianten. Natürlich ist uns klar, dass wir nicht gleich auf dem Niveau einer französischen *Psychologies* starten werden, die derzeit circa 20 Millionen Euro im Anzeigengeschäft erlöst und dazu über 300 000 Exemplare verkauft. Aber wir sind ehrgeizig, und der G+J-Vorstand möchte erfolgreiche Projekte sehen. So wird unser Businessplan mit den Erwartungen unseres Vorstandes immer höhergeschraubt. Ich befinde mich das erste Mal in diesem Prozess und fühle mich etwas zerrissen zwischen dem, was ich mir für unser neues Magazin zutraue, und dem schlichten Nichtwissen, wie so ein neuartiges Magazin, das eben keine klassische Frauenzeitschrift ist, auf dem deutschen Markt ankommen wird. Um dies einschätzen zu können, fehlt mir noch die Erfahrung. Denn der bisher so sichere Markt für Frauenmagazine beginnt, sich zu verändern. Im Verlagshaus kommt die neu eingeführte *woman* langsam ins Straucheln, da die eigenen Businessplan-Ziele nicht erreicht werden und die zweiwöchentliche Erscheinungsweise großen Druck auf der Erlösseite ausübt. Seit 2006 erscheint sie daher monatlich. Außerdem wird uns bewusst, dass selbst die *Brigitte* ihre erfolgreichste Zeit hinter sich hat. Seit ich im Haus arbeite, kann sie keinen Auflagenzuwachs mehr verzeichnen. Ähnlich geht es dem Magazin *Eltern*. Die Leserinnen beginnen, sich mehr im Internet zu informieren. Die Zeiten hoher zweistelliger Renditen scheinen vorbei zu sein. Die Nachrichten aus dem Ausland stimmen uns nicht optimistischer. G+J weist große Anzeigenverluste im US-Markt aus. Wir lassen uns aber nicht entmutigen. Der Vorstandsvorsitzende Bernd Kundrun möchte wieder Erfolge schreiben und die Innovationskraft des Verlagshauses G+J demonstrieren. Wir stehen im Fokus des Verlagsinteresses. Neben *emotion* werden auch die Zeitschriftenkonzepte *Healthy Living* und *Park Avenue* entwickelt. Wir möchten zeigen, dass gute, spitzer positionierte Magazine auf dem Markt durchaus noch etwas bewirken können. Ich selbst lebe im Flow.

Unsere *P.M.*-Innovationsgala bringen wir dank des großartigen Einsatzes meiner beiden Kolleginnen zum Erfolg. Nun arbeiten wir an der Marketingkampagne und der Entwicklung unserer TV-Spots für *emotion*. Unsere Kreativagentur überzeugt uns, dass wir unseren TV-Spot viel günstiger in Argentinien drehen können als in Berlin. Auf der *P.M.*-Gala habe ich meinen Chef nach seiner Meinung gefragt. »Du bist jetzt die Verlagsleiterin, Kasia«, sagte er. Und fügte lächelnd hinzu: »Jeder trifft auf seinem Weg vernünftige und auch mal unvernünftige Entscheidungen.

Der Dreh der Spots in Argentinien könnte so etwas Verrücktes sein. Aber wenn die Kalkulation passt, warum nicht?«

Ich bin glücklich und sage der Agentur am nächsten Tag den Dreh zu. Eine spannende Zeit beginnt. Wir fliegen nach Buenos Aires, wo wir in vier Tagen täglich sehr viel drehen, Kampagnenmotive shooten und dazu in den Nächten mit dem Produktionsteam wild feiern. Der Einblick in den kreativen Schaffensprozess öffnet eine neue Tür in meinem Innern. Beim Erarbeiten unserer TV-Spots arbeite ich eng mit dem Kreativdirektor der Agentur zusammen. Die Beurteilung des Rohmaterials und der Dramaturgie der Szenen rührt etwas an in mir. Das Dabeisein inmitten des Schaffensprozesses macht mir Spaß. In den vielen Stunden am Set, weit weg von meinem Job in München, frage ich mich zum ersten Mal, warum ich eigentlich den kaufmännischen Weg im Verlag eingeschlagen habe.

Berufung oder Vernunft?

In der Schule war ich Chefredakteurin unserer Schülerzeitung, die ich nach einer Pause wieder ins Leben gerufen hatte. Ich schrieb auch viele Texte selbst und kümmerte mich darüber hinaus um die Anzeigen und alle Aufgaben, die sonst noch damit verbunden waren. Damals träumte ich von New York und einem wilden, kreativen Leben, überlegte, Galeristin zu werden, ging gleich nach dem Abitur für knapp zehn Monate allein nach New York, um ein Praktikum bei einer Investmentfondsgesellschaft zu machen. Mein Stiefvater hatte mir das Praktikum besorgt, und mir war jede Tätigkeit recht gewesen, die es mir ermöglichte, Erfahrungen in meiner Traumstadt zu sammeln. In New York wurde mir schnell klar, dass ich mich gar nicht für lukrative Aktien-Investments interessiere. Mich faszinierte die Geschwindigkeit der Stadt, die kreative Atmosphäre; die unterschiedlichsten Menschen, mit denen ich in Kontakt kam,

Museen, Ausstellungen und das Hineinschnuppern in ein schnelles, kostspieliges Leben. Ich genoss, dass in dieser Stadt alles möglich ist, dass Träume verwirklicht werden können und nicht zu klein sein sollten …

Nach der Rückkehr wollte ich aber nicht Germanistik oder Kunstgeschichte studieren, sondern Jura. Dabei spielten der Einfluss und das Beispiel meines Stiefvaters, der als Jurist eine gute Führungsposition in einer Bank hatte, eine Rolle. Ein Studium der Rechtswissenschaften schien die beste Ausgangsbasis zu bieten – für alles. Damals traf ich das erste Mal eine falsche Entscheidung, eine Entscheidung, die von meiner Ratio getragen wurde und von außen beeinflusst war: Jura als solide Basis, um später einen guten Job zu haben, der auch finanziell lukrativ ist, sodass ich meiner Mutter einiges zurückgeben kann. In den Augen meines Stiefvaters war dieser Weg klar der richtige für mich. Meine Mutter hielt sich da heraus, gab mir nur zu verstehen, dass Mathematik nicht so meine Stärke sei. Sie freute sich aber doch sehr, glaube ich, als ich mich schließlich gegen die Kunst entschieden hatte – denn das Leben in dieser Branche schien ihr nichts Gutes für mich zu bedeuten. Zu viele lange Nächte hatte ich bis dahin schon mit meinem engen Künstlerfreund Florian verbracht.

Nun ja, und ich? Ich wusste damals nur, dass BWL, was mein damaliger Freund studierte, nichts für mich war, und ließ mich zum Jurastudium überreden. Beim ersten Staatsexamen bemerkte ich dann, dass die Juristerei mir eigentlich nicht lag. Damals hatte ich eine enge Freundin, die ich im ersten Semester kennengelernt hatte: eine sehr intelligente und ehrgeizige Frau, der das Studium zu lang dauerte. Daher schrieb sie sich schon ein Jahr vor dem offiziellen Freischuss – einem freien Prüfungsversuch, der beim Durchfallen nicht angerechnet wurde – zum ersten Staatsexamen ein und absolvierte es als eine der Besten in Bayern. Ich ließ mich von ihrem Ehrgeiz anstecken und meldete mich waghalsig ein Semester vor dem Freischuss an – und flog durch, wenn auch sehr knapp. Diesen Moment werde ich in meinem Leben nie vergessen. Denn in den Prüfungen fühlte ich mich eigentlich ganz gut. Meine Freundin Annabel, die über die Jahre zu meiner engsten Vertrauten wurde, machte gleichzeitig mit mir die Examensprüfung.

Dann kam der Tag der Wahrheit, und wir wussten alle, dass ein Brief »überstanden« und ein Einschreiben »durchgefallen« bedeutete. Wie alle Kommilitonen fuhr auch ich an dem sonnigen Tag der Prüfungsergebnisse zur Post, um nicht auf den Briefträger warten zu müssen. Meine Mutter wollte mich eigentlich begleiten, aber dann kam ihr das Labor mal wieder dazwischen. Also stand ich allein in der Postfiliale und fragte nach meiner Post. Und dann geschah das Unglaubliche: Die Postbeamtin fragte mich nach meinem Ausweis! Ich war erschüttert und reagierte kaum, denn Ausweis bedeutete Einschreiben und Einschreiben »nicht bestanden«. Meine Welt stürzte ein. Ich nahm das Einschreiben entgegen, verließ das alte Gebäude, setzte mich draußen auf einen Pfosten und heulte. Wie konnte ich mich so getäuscht haben! Wie war es möglich, dass ich durchgefallen war? Ich rief meine Mutter an. Sie reagierte ganz gefasst, hatte aber nur wenig Zeit für mich. Also rief ich meinen Nenngroßvater Walter an. Er war zu Hause. Ich wollte nicht allein sein, wollte mich bei jemandem ausweinen und zu mir kommen. Doch als ich bei Walter auf dem Sofa saß, war es, als würde ich meine Mutter hören: »So wenig, wie du gelernt hast, und so viel, wie du gefeiert hast, war es ja klar, dass du durchfallen kannst.« Wieso ich denn so überrascht sei? Gute Noten kämen eben nicht von selbst und so weiter. Ich hörte der Predigt nur ungläubig zu und ärgerte mich, dass ich zu Walter gefahren war. Irgendwann entkam ich und verzog mich zu mir nach Hause und schloss mich in meinem Zimmer ein. Der Anrufbeantworter blinkte schon. Meine Kommilitonen hatten ihre

Noten und die Orte ihrer Feiern bereits aufs Band gesprochen. Ich schrieb meiner Freundin Andrea eine SMS. Dann tippte ich eine Nachricht an Annabel: dass ich ihr gratuliere, die Prüfung aber leider nicht bestanden hätte und mich daher für ein paar Tage abmelden würde. Danach packte ich meine Sachen und fuhr noch am selben Tag in die Schweiz, wo mein damaliger Freund arbeitete.

Ein neuer Versuch

Ich überstand diesen Misserfolg, und mein Ehrgeiz war angestachelt. Sofort meldete ich mich zum nächsten Prüfungstermin an und lernte wie eine Verrückte. Sechs Wochen später bestand ich das Examen mit Prädikat. Dennoch! Mir wurde bewusst, dass ich keine gute Juristin werden würde, dass ich mich in ein Studium hatte drängen lassen und mir selbst zu wenig Gedanken gemacht hatte, wer ich eigentlich sein wollte. Und dann erinnerte ich mich an meinen Lebenstraum.

Auf einer Autofahrt mit meinem Stiefvater Wolfgang hatte er von der neuen Freundin eines Bekannten in London erzählt, die Chefredakteurin eines bekannten englischen Frauenmagazins war. Ich weiß noch genau, auf welcher Straße in München wir uns befanden, als ich mich vom Rücksitz aus weit nach vorne lehnte, um dieser spannenden Geschichte über die Chefredakteurin zuzuhören. Ich malte mir damals im Kopf aus, wie ihr Alltag wohl aussah, wie die Magazinseiten entstanden, wie sie die Redaktionsmeetings leitete.

Als dann ein paar Wochen später das Frauenmagazin *Marie Claire* die Aktion »Wunschpraktikum« startete, bewarb ich mich. Im Rahmen meiner Bewerbung schilderte ich, wie ich ins Jurastudium gestolpert war, aber eigentlich Redakteurin werden wollte. Und ich hatte Glück! Zwei Wochen lang durfte ich ein Praktikum in der Redaktion der *Marie Claire* in München machen, um herauszufinden, ob das eher mein Job war. Ich war elektrisiert und bewarb mich sogleich als Trainee bei G+J.

Die Ablehnung folgte prompt, denn die Voraussetzung für Trainees war ein abgeschlossenes Studium – ganz gleich welches, aber es musste erfolgreich zu Ende geführt worden sein. Auch an diesen Moment erinnere ich mich heute noch sehr genau. Denn in dieser Zeit lernte ich gerade für die mündliche Prüfung meines ersten Staatsexamens und träumte schon vom Einstieg in den Verlag. Dieser Traum war erst einmal jäh beendet, und meine Disziplin drängte mich, nun mein zweites Examen hinter mich zu bringen. Allerdings spürte ich, dass ich unbedingt gleichzeitig wieder etwas für mich schreiben wollte – wie früher, als ich im Gymnasium für die Schülerzeitung geschrieben hatte. Und so nahm ich ein altes Herzensprojekt in Angriff: mein Buch über die Fluchtgeschichte meiner Mutter aus dem kommunistischen Polen nach Deutschland.

Im Vordergrund stand dennoch nun mein Rechtsreferendariat, das ich nach einem Jahr für ein Semester aussetzte, um eine Doktorarbeit zu schreiben. Denn ich wusste jetzt, dass ich später nicht als Juristin tätig sein würde, und wollte dann zumindest beim Quereinstieg mit einem Dr. iur. punkten. Hinzu kam meine Sorge um die Noten des zweiten Staatsexamens. Ich war unsicher, wie gut ich es meistern würde. Eine Doktorarbeit schien mir daher das perfekte Projekt zu sein: ein halbes Jahr intensives Schreiben, in dem ich meiner Leidenschaft folgte und zeitgleich eine gute Basis für meinen künftigen Job schuf. Dazu machte ich eine mehrwöchige Recherchereise nach Polen und frischte mein Polnisch wieder etwas auf.

Nach dem bestandenen zweiten Staatsexamen bewarb ich mich erneut bei G+J, dieses Mal als Praktikantin, um meine juristische Wahlstation (ein dreimonatiges Pflichtpraktikum) dort absolvieren zu können. Und dieses Mal hatte ich Glück: Der Verlag plante die Einführung einer neuen Wirtschaftszeitung, der *Financial Times Deutschland*, und suchte händeringend Praktikanten. So schaffte ich es auch, im Marketing zu starten statt in der Rechtsabteilung. Und im stressigen Alltag der Marketingabteilung fasste ich Fuß im Verlagshaus meiner Wahl und lernte eine neue Welt kennen, spürte, dass ich mir selbst wieder näherkam. Und ich war glücklich, den Absprung aus der Juristerei geschafft zu haben.

Erste Erfahrungen in der Verlagswelt

Während des Praktikums knüpfte ich erste Kontakte zu Trainees im Verlag und bewarb mich dann für eine Assistentenstelle beim Verlagsleiter Volker Breid. In diesem Moment hätte ich noch einmal die Seite wechseln und ins Volontariat springen können, aber irgendwie schien eine Assistenz der passende Start für mich zu sein – das ergaben zumindest die Gespräche mit meinem Stiefvater und den verschiedenen Verlagsmanagern, die ich zwischenzeitlich kennengelernt hatte. Wahrscheinlich war das wieder eine zu schnelle Entscheidung gewesen: Eine Tür öffnete sich, ich ging durch und hinterfragte nicht, ob ich sie auch ohne Einfluss von anderen ausgewählt hätte. Auf der anderen Seite erschien mir diese Wahl durchaus sinnvoll zu sein, denn ich lernte so die kaufmännische Seite des Verlagsberufs kennen, von der ich als Juristin ja keine Ahnung hatte, und schuf mir eine gute Basis für die Zukunft. Ich hörte viel von Deckungsbeitragsrechnungen, PowerPoint-Präsentationen und → CpOs, und mein Respekt vor dem, was ich mir vorgenommen hatte, wuchs.

Meine Bewerbung ging ich sehr naiv an. Ich erinnere mich an ein sympathisches Gespräch, das allerdings eine schwarze Minute hatte: als mich mein künftiger Chef Volker Breid nach der *Brigitte*, die er auch betreute, fragte. Ich hatte mich in meiner Leidenschaft für die *Marie Claire* nur auf diese vorbereitet. Die

Brigitte sagte und gab mir persönlich damals schon nicht viel. Ich weiß auch noch, wie Volker Breid etwas irritiert lächelte und das Gespräch dann fortsetzte. Danach folgten noch zwei weitere Gespräche mit dem Personalchef und dem Leiter der Betriebswirtschaft. Einen Tag später hatte ich die Zusage – ungeachtet der schwarzen Minute.

Nach der grauen Juristerei war ich in der bunten Medienwelt gelandet, die allerdings zu dieser Zeit in ihre erste Phase der Ernüchterung geriet. Um es etwas überspitzt klarzumachen: Die *Stern*-Redakteure rebellierten, da sie nicht mehr Businessclass fliegen durften, im Außendienst wurden die Spesenbelege hinterfragt – waren die besten Rotweine zum Lunch wirklich nötig? –, und Redakteurinnen verstanden nicht, wie sie eine *Brigitte*-Reportage in wenigen Tagen produzieren sollten. Ich lernte das Internet und Suchmaschinen kennen, arbeitete mich ins Marketing ein und kam aus dem Staunen und meiner Begeisterung für diese neuen medialen Möglichkeiten kaum heraus. Operatives Arbeiten, Marketing, kreativ sein, das fühlte sich alles endlich richtig an.

Aber ich lernte auch schnell, dass es im Konzern wichtig war, zu netzwerken. Ich weiß noch, wie eine Trainee, die sich meiner annahm, mit mir zum Lunch ging. Sie teilte mir gleich mit, was sie als Erstes gelernt hatte: Es sei wichtig, dass ich mich schnell mit verschiedenen Personen, die ich kennenlernen wolle und die auf meinem Weg nützlich sein könnten, zum Lunch verabrede. Denn man sei hier immer weit im Voraus verabredet. Und kurzfristige Dates seien so gar nicht *in*. Die Kollegen seien durchaus daran gewöhnt, für Lunch-Dates einfach angemailt zu werden. *Das fängt ja schon mal gut an*, dachte ich. Ich war in einer anderen Welt angekommen.

Die Zeit vor dem Start ins Arbeitsleben ist kostbar!

Nach dem Praktikum beendete ich mein Studium mit der mündlichen Prüfung und startete am 2. Oktober 2000 in Hamburg, und zwar als Vorbereitung für den Job als Assistentin mit einem mehrwöchigen Umlauf durch alle Abteilungen, mit denen ich später zu tun hatte. Ich lernte die Magazine kennen, für die mein Chef Volker Breid zuständig war. Als es dann endlich im Münchner Büro losging, war ich glücklich und wusste, dass ich in der richtigen Branche angefangen hatte. Allerdings ärgerte ich mich darüber, dass ich mir nach dem Abschluss meines Studiums keine Auszeit gegönnt hatte. Mein Chef wollte, dass ich gleich starte, und ich traute mich nicht, ihn darum zu bitten, zwei Monate später beginnen zu können. So brachte ich mich um zwei Monate Auszeit in meinem Leben – um ein paar unbeschwerte Wochen in absoluter Gedankenfreiheit. Diese Lernerfahrung gebe ich heute allen weiter, die mit dem ersten Job starten oder aber zwischen zwei Jobs stehen. Die Zeit vor dem Start ins Arbeitsleben und auch die zwischen zwei Tätigkeiten ist so unendlich kostbar. Es gibt kaum einen Job, der nicht vier bis acht Wochen auf einen warten kann. Diese besondere, sorgenfreie Zeit sollte niemand kampflos und vor allem nicht aus voreiligem Gehorsam aufgeben. Die Gelegenheit kommt für manche nie wieder. Zumindest bekam ich sie seitdem nicht noch einmal.

Meine Aufgabe machte mir aber vom ersten Tag an sehr viel Spaß. Ich genoss damals sofort das tägliche Erlernen neuer Dinge, das schnelle Tempo meines Chefs und sein Vertrauen in mich und meine Fähigkeiten.

Die Tage rasten nur so dahin. Ich bekam immer mehr Verantwortung und hatte gar keine Zeit zu hinterfragen, ob ich wirklich auf *meinem* Weg unterwegs war. Eine Aufgabe folgte auf die andere.

Ich möchte gestalten können …

Nach der Assistenzzeit wurde ich Projektleiterin für die Frauenzeitschriften und bemühte mich unter anderem, das Überleben meines Herzenstitels *Marie Claire* zu erreichen. *Marie Claire* war an meinem Geburtstag auf den Markt gekommen, und mich hatte sofort der Mix aus modernen feministischen Frauenthemen und High-End-Mode – von den angesagtesten Modefotografen aus der ganzen Welt in Szene gesetzt – begeistert. Aber ich hatte leider noch zu wenig Entscheidungsgewalt. Es gab damals Aktionen, die meines Erachtens gegen das hochwertige Image des internationalen Titels arbeiteten. Dies waren die ersten Momente, in denen ich Machtlosigkeit spürte, die mich frustrierte. Momente, in denen ich – wahrscheinlich zu emotional – meine abweichende Meinung zu wegweisenden Entscheidungen mitteilte und damit vergeblich versuchte, sie zu verhindern. Denn mein Bauchgefühl sagte mir, dass es in die falsche Richtung ging. Aber – und das merkte ich schnell – meine Emotionalität war fehl am Platz. Meine Meinung wurde registriert, aber nicht wirklich ernst genommen: eine Juristin, erstmalig im Verlagsbusiness, sehr emotional argumentierend, das passte nicht ins Schema. Ende August 2003 wurde *Marie Claire* eingestellt.

Nach dieser Projektleitung wurde ich Objektleiterin von *P. M.* und war damit übergreifend für das Magazin verantwortlich. Ich betrat wieder neues Terrain – fern der Frauenmagazine.

Eine unvorhergesehene Zwangspause

Nun sitze ich also mitten in Buenos Aires am Set in einem schicken Büro, in dem wir eine Szene für einen TV-Spot zu *emotion* drehen. Hätte ich mich damals, in dem Moment, in dem es um die Zukunft von *Marie Claire* ging, trauen sollen, auf die kreative Seite zu wechseln? Einfach so, ohne journalistischen Background?

Dazu hatte ich keinen Mut, dazu fehlte mir damals das Selbstbewusstsein. Irgendwie spürte ich zwar, dass ich journalistisches Talent habe, aber da ich nicht die entsprechende Laufbahn eingeschlagen hatte, wagte ich es nicht. Bei G+J gab es zu viele Diskussionen der Verlagsleiter mit leitenden Redakteuren, bei denen sich Kollegen im Kreativbereich über alle erhoben, die keine klassischen Journalisten waren. Man ließ sich im Kreativen (fast) nichts sagen, noch waren die Zahlen nicht schlecht genug. Das stärkte in mir das Gefühl, dass ich meine Chance im kreativen Bereich vertan hatte. Wenn ich aber jetzt beim Dreh der Spots zuschaue, bewegt sich etwas in mir. Und auch in den Gesprächen mit Bettina, der Chefredakteurin von *emotion*, lerne ich viel, sauge ihr journalistisches Urteil zu einzelnen Themen auf. Aber der Druck, alles Nötige bis zur Markteinführung von *emotion* fertigzustellen, lässt in den nächsten Monaten keine weiteren ablenkenden Gedanken zu.

Während wir gut vorankommen, überzeugt mich der Kreativdirektor unserer Kampagne, der früher einmal Songs geschrieben hat, von der Idee, einen *emotion*-Song zu entwickeln. Das fühlt sich für mich stimmig an: Eine moderne Medienmarke sollte heute auf allen Sinneskanälen präsent sein! *Ein eigener* emotion-*Song gehört auf jeden Fall dazu,* denke ich.

Während wir hoch motiviert arbeiten und die Redaktion aufbauen, startet die Vermarktung von *emotion*. Und immer wieder müssen wir unser Konzept in verschiedenen Runden von Entscheidern im Verlag präsentieren. Die Wochen bis zur Marktpremiere unseres neuen Magazins fliegen nur so dahin.

In dieser Zeit bemerke ich plötzlich, dass ich nicht mehr so tief einatmen kann, und denke, dass es wahrscheinlich dem Stress geschuldet ist. Doch die Atemnot geht nicht vorüber, auch nicht nach einem ruhigen Wochenende. So werde ich doch unruhig. Aber ich möchte auch niemanden in meinem Umfeld damit belasten und verabrede daher mit einer Freundin, die

Internistin ist, einen Termin. Sie stellt schnell fest, dass ich einen nicht gerade kleinen Tumor habe, und schickt mich sofort zu einem befreundeten Spezialisten. Er untersucht mich in der Woche darauf. Die Ultraschallaufnahme zeigt eindeutig einen größeren Tumor, von dem nicht ersichtlich ist, ob er am Magen oder an der Leber hängt. Ich befinde mich unversehens in einer Parallelwelt, weihe nur meine Assistentin Barbara ein, die schon bemerkt hatte, dass mit mir etwas nicht stimmt. Ich bin verzweifelt. Denn alles, was ich ein paar Wochen vor der Markteinführung von *emotion* nicht gebrauchen kann, ist eine aufgeregte Mutter und eine Krankschreibung. Außer dem Gefühl, nicht mehr so tief Luft holen zu können, fühle ich mich nämlich in Ordnung. Dennoch werde ich zum dritten Spezialisten weitergeschickt. Er ist gut ausgebucht und gibt mir einen ganz und gar ungünstigen Termin: am 16. Februar 2006, ausgerechnet am Morgen unserer Launch-Party.

An diesem Tag fegt ein großer Schneesturm über Deutschland hinweg. So stapfe ich morgens erst einmal durch den Schnee ins Schwabinger Krankenhaus, das zum Glück fußläufig zu meiner Wohnung liegt. Unterwegs klingelt fortwährend mein Handy. Die Eventagentur braucht noch finale Entscheidungen. Kunden sagen ihre Anwesenheit am Abend wegen des Schneesturms ab. Und weitere kleine und große Anliegen erreichen mich, als ich einsam in dem langen, weißen Krankenhausflur sitze. *Verrückte Welt,* denke ich. Wie oft kommt alles zusammen! Manchmal bin ich selbst über die Stärke meiner Nerven überrascht. Schließlich bittet mich der Arzt ins Sprechzimmer. Er zeigt mir die Ausmaße meines Tumors und bereitet mich darauf vor, dass er ihn wohl nur über einen großen Bauchschnitt herausbekommen wird. Gefasst höre ich mir alles an, möchte nur wissen, wann ich sicher weiß, was es für ein Tumor ist. Es erleichtert mich zu hören, dass das Ergebnis spätestens eine Woche nach der OP da sein wird. Die OP soll schon in zehn Tagen stattfinden. Der Spezialist fügt noch hinzu, er gehe davon aus, ein gutes Ergebnis zu erhalten, aber ich müsse verstehen, dass er so etwas in dem Stadium leider nicht sicher vorhersagen könne. Ich schaue auf das Bild meines Bauches und das große Ding, das unbemerkt in mir gewachsen und voller Blut ist. »Was möchte mir der Tumor nur sagen?«, frage ich mich. »Wie wird es wohl sein, wenn ich nach der OP mit einer großen Narbe aufwache, die mich mein ganzes Leben lang begleiten wird?« Dass es ein bösartiger Tumor sein kann, ziehe ich nur kurz in Betracht. Zum Glück liegt es mir nicht, mir Sorgen über Dinge zu machen, die ich nicht sicher weiß. Wieder einmal bin ich meiner Mutter dankbar, dass sie mir ihren Optimismus mitgegeben und mich gelehrt hat, entspannt mit den Ungewissheiten des Lebens umzugehen. Ich möchte keine Energie damit verschwenden, mich in etwas hineinzusteigern, das vielleicht gar nicht real ist. Mit diesen Gedanken verlasse ich das Krankenhaus und freue mich auf unser Event.

Die Markteinführung von *emotion* wird ein großer Erfolg. Die Staatsbibliothek ist in unserer lila CI-Farbe erleuchtet, und trotz schlechter Witterung kommen die wichtigsten Kunden. Wir präsentieren das Magazin, unser Song wird live aufgeführt und unsere *emotion*-Erlebniswelt kommt gut an. Wir tanzen lange und ausgelassen an diesem Abend. In einem dieser Momente auf der Tanzfläche, die mit unserer CI-Farbe Brombeer ausgeleuchtet ist, schließe ich die Augen, drehe mich im Kreis und fühle in mich hinein. Wie kann es sein, dass Glück und Sorgen manchmal so nah beieinanderliegen? Ich denke an mein Gespräch mit dem Arzt und spüre einmal mehr, dass ich im Moment leben muss, dass genau das die Kunst im Leben ist: sich nicht um Vergangenes zu sorgen, auch nicht um künftige Dinge. Der Augenblick ist kostbar!

Als sich die Tanzfläche irgendwann einmal leert, entscheiden wir uns, im kleinen Team weiterzuziehen. Am kommenden Tag warten nächste Termine, aber vernünftig zu sein gehört nicht immer zu meinen liebsten Verhaltensweisen. Vor allem in stressigen Zeiten habe ich das Gefühl, das Leben gerade in der Unvernunft fühlen zu müssen. So tanzen wir zuerst im Atomic Café weiter und landen schließlich in noch kleinerem Kreis in meiner Wohnung, wo wir um fünf Uhr morgens Spaghetti kochen. Wir haben das Gefühl, am Beginn eines großen Erfolgsprojekts zu stehen. Gemeinsam wollen wir mit *emotion* den Markt der Frauenmagazine aufmischen. Ich wünsche mir so sehr, dass es gelingen wird!

Und mit diesen Gedanken schlafe ich an dem Morgen ein, während es draußen schon hell wird und die ersten Vögel zwitschern.

Das Leben ist kostbar

Die Realität lässt nicht lange auf sich warten. Eine Woche nach dem Launch von *emotion* zeigen die ersten Verkaufszahlen, dass wir mit unserem neuen Magazin auf einem niedrigeren Niveau gestartet sind, als wir es für möglich gehalten hatten. Dazu erreicht der Anzeigenaußendienst nicht unsere Ziele für die zweite Ausgabe. Mein Chef wird nervös. Ich lasse mich noch nicht von seinen Sorgen anstecken. Auf mich wartet erst einmal die OP.

Auf der Zielgeraden habe ich nun doch meine Mutter, meine beste Freundin Annabel und Bettina eingeweiht. Als ich am Tag vor dem Termin meine Sachen für die Klinik packe und mir Bettina einen Glücksbringer vorbeibringt, fühlt sich alles unwirklich an.

Ich bin dankbar, dass Annabel abends im Krankenhaus mit einer Flasche Rotwein und Pizza vorbeikommt. Wir essen zusammen, trinken ein Glas Wein und sprechen über die vielen lustigen wie traurigen Momente, die wir schon gemeinsam durchlebt haben. Am nächsten Tag werde ich früh geweckt, dusche und ziehe mir das weiße OP-Gewand an. Wieder denke ich daran, wahrscheinlich mit einer langen Bauchnarbe aufzuwachen und dann ein paar Wochen auszufallen. *Ich und meine ewige Disziplin!*, rauscht es mir durch den Kopf. Wie wird wohl die Biopsie ausgehen? Aber dann vertreibt meine Mutter die dummen Gedanken. Sie begleitet mich während der Fahrt auf der Krankenliege bis kurz vor den OP-Saal. Sie versucht, aufmunternd zu sein, aber ich sehe ihr die Nervosität ins Gesicht geschrieben. Wir sind uns zu nah, um uns etwas vormachen zu können. Dann werde ich in den Anästhesieraum gefahren, versuche noch, gegen das Narkosemittel anzukämpfen, und schon bin ich weg.

Als ich aufwache, wandern meine Hände sofort zu meinem Bauch, und entgegen meiner Befürchtung fühle ich dort nur vier schmerzende Stellen, die mit Pflastern geschützt sind. Ich könnte vor Freude schreien! Ich hatte Glück. Kein Bauchschnitt! Der Assistenzarzt kommt gleich zur Visite, und ich sehe ihm seinen Stolz an: Ihnen sei es gelungen, den Tumor mit nur vier Schnitten zu entfernen, berichtet er. In der aufwendigen OP hätten sie den acht mal vier Zentimeter großen Tumor zuerst in ein kleines Säckchen gesteckt, ihn dann zertrümmert und in kleinen Teilen durch die kleinen Schnitte hinausbefördert. Er strahlt! Ich könne mir den Film dazu ansehen, wenn ich wolle. »Nein, vielen Dank, auf keinen Fall!«, schießt es gleich aus meinem Mund.

Sie seien sehr zufrieden, den Tumor ohne großen Bauchschnitt entfernt zu haben. »Und ich erst«, entgegne ich, und füge ein Dankeschön hinzu. Denn so richtig kann ich es noch nicht glauben, fühle mich, als hätte ich nur Watte im Kopf. Alles ist gedämpft, weit weg. Ich bin müde, aber unglaublich erleichtert! Nach ein paar Tagen erfahre ich, dass der Tumor gutartig war.

Noch mehr Verantwortung

Eine Woche später bin ich wieder im Einsatz. *Ganz meine Mutter*, denke ich und weiß nicht, ob ich das gut finde. Ist es gut, so *tough* zu sein? Als meine Mutter sehr viel für ihr Examen lernen musste, stellte sie nachts ihre Füße in einen Eimer kaltes Wasser, um wach zu bleiben und weiterlernen zu können. Diese Geschichte lässt mich auch beim wiederholten Hören immer wieder mit dem Kopf schütteln. Natürlich bin ich aber unglaublich dankbar, dass ich so viel Energie wie meine Mutter habe. Und so gute Nerven. Was kann uns, was kann *mich* schon umhauen, nachdem wir schon einmal bei null angefangen haben? Solange wir gesund sind, ist alles gut.

Diese Nervenstärke hilft mir auch in den kommenden Monaten, meinen Optimismus zu bewahren. Denn unser Magazin entwickelt sich weiterhin nicht so, wie wir es geplant haben. Der Vorstand wird unsicher. Wir erkennen, dass wir etwas verändern müssen. Denn zum einen liegt *emotion* meist bei *Psychologie Heute* – wohl aufgrund unserer Unterzeile *Das Psychologiemagazin*. Zum anderen ist dieser Untertitel einfach nicht hip, sondern hält Frauen offenbar davor zurück, zu *emotion* zu greifen oder *emotion* zu Hause auf dem Couchtisch liegen zu lassen. In den Gruppendiskussionen lernen wir, dass unsere Leserinnen befürchten, ihre Partner würden sie komisch anschauen, wenn sie ein psychologisches Frauenmagazin lesen würden. Das klinge arg nach Psychotherapie und so weiter.

Für Bettina und mich starten die sogenannten → Vitality-Check-Runden beim Vorstand, in denen wir darlegen müssen, warum es sich lohnt, an *emotion* festzuhalten, obgleich wir unsere Planungszahlen nicht erreichen. Und mir wird einmal mehr bewusst, dass mein Chef ganz ähnlich wie meine Mutter tickt: Nie gibt es den einen Moment des Erfolgs, nicht einmal ein kurzes Innehalten. Hat mal etwas geklappt, geht es gleich weiter. Auch meine Mutter ist selten stolz auf das, was sie erreicht hat.

Kaum hat sie einen Erfolg errungen, nimmt sie gleich die nächste Herausforderung in den Blick.

Wir erfahren, dass der US-Markt immer schwieriger wird. Der Druck auf unser Projekt steigt. Dazu verlässt uns auch noch unser Anzeigenleiter, den wir aus einem anderen Verlagshaus abgeworben und auf den wir aufgrund seiner Kündigungsfrist lange gewartet hatten. Nun hat er von seinem alten Arbeitgeber doch *den* Job bekommen, den er immer hatte haben wollen, und kündigt daher noch in der Probezeit. So übernehme ich spontan auch noch die Aufgaben des Anzeigenleiters – was sich für mich gut anfühlt. Denn ich möchte jetzt nicht wieder auf jemand Neuen warten, und bis dahin müsste ich den Job ohnehin kommissarisch erledigen und den neuen Kollegen dann einarbeiten. Es scheint mir besser für das Projekt zu sein, wenn ich in Personalunion Verlags- und Anzeigenleiterin bin, was sicherlich in der Akquise auch meine Position gegenüber unseren Kunden verbessert. So kann ich hoffentlich unser Anzeigengeschäft noch mehr vorantreiben, denn ich spüre, dass ich *emotion* gerne auch nach außen hin vertrete und persönlich für *emotion* werbe. Aufgrund der Doppelfunktion, die ich nun wahrnehme, habe ich jetzt zwei Chefs: wie bisher Volker Breid in meiner Rolle als Verlagsleiterin und Helma Spieker als Vorgesetzte in meiner Rolle als Anzeigenleiterin.

Eines meiner ersten Gespräche mit Helma zu Beginn unserer Zusammenarbeit hat in einem Lufthansa-Flughafenbus auf dem Weg nach Hamburg stattgefunden, wo wir ein Event besuchen wollten. Helma hatte sich zuvor mit Bettina bekannt gemacht und mit mir die Anzeigenstrategie bis zum Markteintritt diskutiert. Nun gab sie mir zum Start unserer Zusammenarbeit noch ein paar persönliche Ratschläge. So wies sie mich zum Beispiel darauf hin, dass ich mir als Anzeigenleiterin zuallererst einen Dienstwagen bestellen sollte, wie es alle Männer in Führungspositionen machen würden. Zum anderen, und das sei das

Wichtigste, müsste ich nun lernen, dass ich es als Chefin nie allen recht machen könne und daher auch nie darauf achten sollte, was die anderen über mich erzählen. Ich müsse meinem Gefühl folgen und versuchen, meine Mitarbeiter und den Außendienst mitzunehmen, aber auch einfach mal »durchentscheiden«. Der Wunsch nach Harmonie sei in meiner neuen Position fehl am Platz.

Verkaufen liegt mir, das hat mir Volker Breid schon früher einmal gesagt. Jetzt glaube ich es auch. Und wir brauchen Erfolge. Nach den ersten Ausgaben von *emotion* kommen wir in eine ungeplante Anzeigenflaute: Vielen Kunden fehlt das passende Umfeld für ihre Anzeigen. Unser Heft ist ihnen zu psychologisch. Sie hinterfragen auch die Leserin und ihre Konsumfreudigkeit. Interessiert sich eine Frau, die sich so sehr mit sich selbst beschäftigt, auch für die neusten Mode- oder Beautytrends? Möchte sie überhaupt gut aussehen? Oder verlässt sie sich allein auf die inneren Werte und achtet nicht auf ihr Aussehen? Kauft sie damit auch keine entsprechenden Beautyprodukte?

Hürden im Job, aber Glück in der Liebe

Im zweiten Jahr unserer Existenz, 2007, müssen wir unsere ursprüngliche Finanzplanung deutlich korrigieren. Bettina und ich möchten das Magazin verändern, um den gewonnenen Erkenntnissen aus unserer Leserinnen-Untersuchung gerecht zu werden. Aber wir werden mit dem geplanten Relaunch immer wieder hingehalten. Ich fühle, dass mein Chef und der Vorstand unsicher sind. Haben sie überhaupt einen langfristigen Plan für *emotion*?

Mich nervt es langsam, immer wieder spüren zu müssen, dass ich nicht über die Zukunft von *emotion* entscheiden kann, zumal ich unaufhörlich und voller Leidenschaft für *emotion* kämpfe. Obwohl Bettina und ich fest davon überzeugt sind, dass wir unser Magazin weiterentwickeln müssen, werden wir gebremst. Einerseits sollen wir mit unseren Änderungsideen zuerst in die Marktforschung, was kostenintensiv ist, andererseits sollen wir sparen, da die Erlöse hinter unseren Erwartungen zurückliegen. Es ist ein Teufelskreis! Mir wird klar, dass wir *emotion* nicht zum Erfolg bringen werden, wenn die Verleger selbst nicht wissen, wohin sie mit dem Magazin wollen. Wenn sie das Potenzial von *emotion* selbst gar nicht erkennen und daran glauben. Und ich fürchte, dass sich diese Unsicherheit im Team zwischen den Zeilen auch ins Heft überträgt, was die aktuelle Situation noch schwieriger macht.

Zumindest bin ich in diesem Chaos privat glücklich. Denn ich habe Jonas Wolf kennengelernt, den Assistenten meiner Chefin Helma Spieker. Er ist für mich in dieser unruhigen Zeit eine große Stütze. Ich genieße unsere gemeinsamen Urlaube, in denen ich etwas Abstand von dem beruflichen Stress gewinnen kann. Aber es fällt mir nicht mehr leicht abzuschalten. *emotion* ist mir sehr wichtig geworden, ich stehe hinter der Idee, bin vom Potenzial dieses neuen Magazins überzeugt, das ich heben möchte. Ich glaube aber auch, dass wir das Magazin dazu aus der engen Psychologie-Ecke holen müssen. *emotion* muss zu einer Zeitschrift für vielseitig interessierte, modern denkende Frauen weiterentwickelt werden, Frauen, die alte Rollenmuster hinter sich lassen, Job und Familie vereinbaren möchten und in jeder Hinsicht persönlich wachsen wollen.

Der Markt wird eng – von Todeslisten ist die Rede ...

Langsam werde ich müde im Kampf für das Überleben von *emotion*. Die Monate fliegen dahin, und ich bin frustriert und habe keine Lust mehr, mich für etwas zu engagieren, woran die Hauptentscheider nicht wirklich glauben. Dazu kommt, dass der gesamte Zeitschriftenmarkt noch mehr unter Druck gerät. Die Medien schreiben mittlerweile etwas über sogenannte Todeslisten von Magazinen, denen die Einstellung droht. *emotion*, *Healthy Living* und *Park Avenue* führen manche dieser Listen an.

In dieser Zeit muss ich den Anruf eines Anzeigenkunden entgegennehmen, der noch eine Frage beantwortet haben möchte, bevor die Buchung der nächsten Ausgabe rausgeht. Er fragt, ob ihm der Vorstand bitte bestätigen könne, dass es *emotion* auch noch in zwölf Monaten gibt. Denn es sei ja von einer möglichen Einstellung des Magazins in der Fachpresse zu lesen, und er wolle seine Anzeigen nicht in einem todgeweihten Magazin sehen.

Ich stehe im Büro meines Chefs Volker Breid, als mich dieser Kunde auf meinem Blackberry erreicht. Draußen ist es schon dunkel. Das Büro ist hell erleuchtet, ich schaue in die Dunkelheit und bin sprachlos. Was kann ich dem Kunden antworten? Ich weiß, dass es sinnlos ist, ihm zu versprechen, mich um die erbetene Bestätigung zu kümmern. Denn, und das sage ich dann auch sofort, unser Vorstand würde in der aktuellen Situation der sich rasant verändernden Medienmärkte nicht einmal eine Bestätigung für den *Stern* unterschreiben – und erst recht nicht für *emotion*. Das täte mir leid, aber ich würde auf sein Vertrauen hoffen, dass es *emotion* noch länger gebe. Warum sollten wir ein Magazin mit einem solchen Potenzial und einer mittlerweile schriftlich belegten starken Kundenbindung einstellen? Der Kunde reagiert zurückhaltend. Er werde das erst einmal sacken lassen und sich dann am Montag wieder melden. Frustriert lege ich auf.

»Was war?«, fragt mein Chef.

»So geht es nicht mehr weiter«, antworte ich. »Wenn wir den Kunden keine Sicherheit geben können, dass es *emotion* noch länger gibt, können wir unser Anzeigengeschäft gleich einstellen.«

Die Spielregeln der Macht

Manchmal bin ich jetzt so gestresst, wie ich es bisher nicht kannte. In der monatlichen Verlagskonferenz in Hamburg wird mir immer mehr bewusst, dass ich kein Konzernmensch bin. Das Taktieren Einzelner, die ihre Interessen verfolgen, die fehlende Loyalität einiger Kollegen, die nur sich selbst und ihre eigenen Magazine voranbringen möchten und nicht im Team denken, frustrieren mich. Ich lerne, dass es im Konzern zuerst um die *Performance* geht, um die Selbstdarstellung und das bestmögliche Verkaufen der eigenen Ansichten. Und dafür ist die gute Beziehung zu den relevanten Entscheidern natürlich sehr wichtig.

Das ist nicht mein Weg. Mir geht es um die Sache, um das, was ich gestalten und verändern will. Ich möchte viel mehr operativ tätig sein, als mich um die »Politik« im Unternehmen zu kümmern.

Ich überlege, wie ich Anzeigenkunden den Mehrwert unseres Magazins näherbringen kann, und entwickle mit Helma und meiner Mitarbeiterin aus dem Anzeigenverkauf eine *emotion*-Coaching-Reihe. Zu diesen Coaching-Events laden wir gemeinsam mit unserem Anzeigenaußendienst in verschiedenen Großstädten unsere wichtigsten Kundinnen und Potenzialkundinnen ein und starten ein Frauennetzwerk. Ich bin dankbar, dass ich darüber die Chance bekomme, selbst noch mehr zu lernen und mich und mein Verhalten besser zu verstehen.

Einen Aha-Moment habe ich, als mir unser Coach Marion Knaths klarmacht, dass ich in Runden, die von Männern dominiert sind, lernen muss, *meine* Themen voranzubringen. Und das ginge nur, wenn ich die Spielregeln in solchen Zirkeln der Macht erspüren und entsprechend handeln würde. Runden, in denen mehr Männer als Frauen seien, würden nun einmal nach bestimmten Mustern funktionieren, sagt sie. Entweder sei ich bereit, diese zu erlernen, oder ich sei zum Scheitern verurteilt –

vor allem aber zum Frust. Das überzeugt mich. Ich lerne, meine Rolle in diesen Runden zu spielen, und erleichtere mir damit mein berufliches Leben. Gleichzeitig spüre ich, dass mich dieses Verhalten viel Energie kostet. Und je weiter ich im Konzern vorankomme, desto mehr entferne ich mich von meinen Talenten. Manchmal denke ich in diesen großen Entscheiderrunden, dass ich nicht dazugehören möchte, und erinnere mich an die englische Chefredakteurin aus Wolfgangs Erzählung, an die Bilder, die sie in meinem Kopf hervorgerufen hatte.

Ebenso oft taucht vor meinem inneren Auge eine Situation aus meiner Schulzeit auf. Damals saß ich mit meinen vier besten Freunden im Wohnzimmer unserer Dreizimmerwohnung und prahlte überaus selbstbewusst, dass ich später mal ein großes Unternehmen haben werde. Ich wollte Unternehmerin sein. Selbstständig. Frei. Herrin meiner Zeit. Ich wollte erfolgreich etwas aufbauen und damit nicht nur meiner Mutter etwas zurückgeben, sondern auch andere unterstützen, die es nicht so leicht haben.

Wer möchte ich heute sein? Weiterhin Angestellte? Oder Unternehmerin? Mutter? Was werde ich machen, wenn *emotion* doch nicht funktionieren wird?

Die Todeslisten und die Stimmung im Unternehmen zeigen mir, dass durchaus damit zu rechnen ist, dass *emotion* eingestellt wird. Das muss ich mir nun – obwohl ich an das Potenzial von *emotion* glaube und eine große Optimistin bin – endlich einmal klar vor Augen führen. Würde ich dann bei G+J einfach ein anderes Magazin verantworten wollen?

Nein. Da bin ich mir langsam sicher. Ich habe mich in den letzten Monaten und Jahren, die aufreibend waren, von vielen Dingen im Unternehmen entfernt.

Stopp für die Coaching-Akademie

Mich nervt es, dass ich mein Weiterbildungsprojekt, das ich für *emotion* umsetzen wollte, meine *emotion*-Coaching-Akademie, nicht weiter vorantreiben darf. Ich muss mir immer wieder anhören, dass Seminare schon bei der *Brigitte* vor 30 Jahren nicht funktioniert hätten. Dabei verstehe ich die Marke *emotion* als umfassende Marke, die gerade dadurch wachsen und an Stärke gewinnen wird, dass sie überall dort Angebote für ihre Zielgruppe bereithält, wo sie erwartet werden.

Ich kann es nicht mehr hören, dass *emotion* erst einmal über 100 000 Exemplare im Einzelverkauf schaffen soll, bevor ich mit der Marke in andere Geschäftsfelder expandieren darf. Dabei möchte ich gerade – um *emotion* in der Zielgruppe bekannter zu machen – eine Onlinetestplattform starten. Aber mein Innovationsprojekt wird nicht zugelassen, da unsere Marke noch nicht stark genug sei. Meinem Eindruck nach verbrennen wir sehr viel Geld und dürfen nicht einmal für 100 000 Euro etwas testen, um unsere Marke digital bekannter zu machen und neue Erlösquellen zu erschließen. So innovativ, wie wir mit *emotion* auch gestartet sind, sosehr werde ich nun mit meinen Ideen zurückgedrängt. Die *Brigitte* darf ihre Onlineredaktion um über 18 Stellen ausbauen, wir dürfen nichts testen.

Ich bin frustriert und fühle mich zum ersten Mal in meinem beruflichen Leben richtig gestresst, nicht von einem Übermaß an Arbeit, sondern weil ich daran gehindert werde, meine Ideen zu realisieren, meiner Intuition zu folgen.

In einem dieser schwarzen Momente vertraue ich mich meinem Chef an. Er stellt mir einen Coach zur Seite, der mir helfen soll, in manchen Runden taktischer voranzukommen. In den Gesprächen mit Louis Lewitan, den mir Bettina empfohlen hatte, komme ich mir langsam wieder näher. Der Coach bestärkt mich darin, authentisch zu bleiben, mehr auf meinen

Charme und meinen Witz zu vertrauen und herauszufinden, wer ich sein möchte. Haltung, Ecken und Kanten soll ich zeigen. Vielleicht würde ich gerade spüren, sagt er, dass ich nicht mehr auf meinem Weg unterwegs sei. Dabei sei es so wichtig, für sich und sein Leben einen Plan zu haben, bevor das eigene Leben von anderen verplant wird. *Ja, da ist was dran*, denke ich. Denn mein Ehrgeiz, verbunden mit meiner Disziplin und Verlässlichkeit, haben mich bisher schon weit nach vorne gebracht. Gerade deshalb, weil ich immer weiter nach vorne gehen konnte und die Chancen auch wahrnehmen wollte, die sich mir boten, habe ich mir noch nie richtig Zeit genommen zu überlegen, welchen Weg *ich* eigentlich einschlagen will. Wer will ich sein? Bin ich zufrieden mit dem Status quo? Bin ich dort, wo ich früher mal hinwollte? Was kann ich im Leben noch alles erreichen? Was ist mir wirklich wichtig? Was bedeutet für mich eigentlich Erfolg?

Ich spüre, dass es Zeit wird, mir die Frage »Wer willst du sein?« einmal selbst zu stellen. Und dass es wichtig ist, sie ehrlich ganz für mich allein zu beantworten und mich nicht von den Erwartungen anderer und den Möglichkeiten, die sich mir bieten, beeinflussen zu lassen.

Und so ziehe ich mich am Wochenende zurück, schreibe auf, welche Stärken und welche Schwächen ich habe, erinnere mich an meine früheren Träume, wer und was ich einmal sein wollte, überlege, in welchen Momenten ich in den Flow komme und was mich im Leben glücklich macht.

Dr. Petra Bock ist Managementberaterin und eine Pionierin im europäischen Life- und Business-Coaching. Sie ist intellektuelle Impulsgeberin und gehört zu den gefragtesten Rednerinnen im deutschsprachigen Raum. Sie hat ihre Erfahrungen in mehreren Büchern dargelegt, die zu Bestsellern wurden. Das folgende Interview führten wir mit ihr im Rahmen unseres Sonderhefts *EMOTION.coach »Das Glück, du selbst zu sein«*.

Frau Dr. Bock, warum lässt sich die Frage »Wer willst du sein?« manchmal so schwer beantworten?
Diese Frage ist sehr aktuell und brennt unglaublich vielen Menschen unter den Nägeln. Gleichzeitig ist sie neu. Wir sind die Ersten, die überhaupt darüber nachdenken, wer sie sein wollen, und das auch realistisch umsetzen können. Vor uns konnte niemand sein Leben so frei gestalten wie wir. Viele Menschen wissen noch gar nicht, wie das geht, und das birgt die Gefahr, dass wir uns eher an anderen orientieren, als auf die Suche nach uns selbst zu gehen. Glücklich werden wir heute aber nur, wenn wir für uns persönlich stimmige Antworten finden.

Worauf sollte ich mich also konzentrieren?
Aus meiner Sicht ist es wichtig, eigene Lebensziele zu entwickeln und ein Gefühl dafür zu bekommen, wann ich eine Idee nur aus dem Kopf heraus konstruiere oder wann sich das, was ich vorhabe, wirklich gut anfühlt und längerfristig tragen könnte. Gute Ziele stimmen für Bauch und Kopf, nicht nur für die eine Seite.

Woran merke ich, dass ich etwas in meinem Leben verändern sollte?
Ich glaube, viele Menschen stehen an dieser Weggabelung. Man merkt einfach, dass das eigene Leben noch Luft nach oben bietet, dass die

eigene Lebensqualität, das Gefühl von Erfüllung noch besser sein könnte. Dann hat man schon einen sehr wichtigen Punkt in seiner Entwicklung erreicht. Und es darf anfangen, einfach Freude zu machen, auf den Weg zu gehen.

Und wie finde ich mein Ziel?

Dazu gibt es ein paar wirklich gute Fragen, die ich mir jederzeit und am besten immer wieder stellen kann. Wichtig ist, sehr ehrlich mit sich zu sein und, wie gesagt, sowohl mit dem Verstand als auch mit dem Gefühl ranzugehen. Was will ich erleben? Wie will ich mich in meinem eigenen Leben fühlen? Was will ich täglich tun? Womit mich immer mehr und öfter beschäftigen? Mit wem möchte ich meine Lebenszeit verbringen? Beruflich. Privat. In der Liebe. Was will ich da erleben und was selbst geben? Wann ist es wirklich richtig schön, nicht nur so lala? Jeder Mensch hat ein persönliches Potenzial an Glücksempfinden, Intensität und dem, welchen Beitrag er in seinem Leben und mit seinem Leben leisten möchte. Ich frage meine Klienten dann: Wann wären es für Sie 100 Prozent?

100 Prozent Leben?

Ja. Wenn ich meine Klienten in dieser Frage begleite, gebe ich nicht eher Ruhe, bis ich ein Leuchten in ihren Augen sehe. Nicht übermotiviert, aber wirklich gut und rund sollte es sich anfühlen. Gut ist, wenn wir eine innere Grenze erreichen, an der wir uns fast nicht trauen, das auszusprechen, was wir uns wünschen. Dann sind wir über unsere bisherige Komfortzone und die bisherigen Grenzen unserer Glücksmöglichkeiten hinausgegangen. Ein sehr guter Moment, sehr aufregend! Ich nenne das Glücksstretching, und ich finde, wir sollten mehr davon machen. Am besten regelmäßig. Yoga bringt auch nur etwas, wenn ich dranbleibe. Mit mentalem Stretching und Selbstcoaching ist das nicht anders.

Wie unterscheide ich mein wesentliches persönliches Ziel von denen anderer oder von den eher unwichtigen Zielen, die ich ja vielleicht auch habe?
Am wichtigsten ist es zu spüren, wo der größte Hebel liegt. Welches Ziel würde, wenn ich es wirklich angehe und ernst nehme, den stärksten Hebel in meinem Leben ausmachen? Sind es Partnerschaft und Liebe? Ist es der Beruf, weil ich mich erst im Job richtig gut fühlen möchte, um Kraft für alles andere zu sammeln? Wo ist mein persönlicher größter Glückshebel? Was brauche ich, um von dort aus in weiteren Feldern durchzustarten?

Manchmal scheint aber auch das richtige Ziel mit Stress verbunden.
Jedes wirklich attraktive Ziel bedeutet auch Veränderung. In unserem Denken, unserer Aufmerksamkeit, unserem Leben. Bereits damit, uns ein Lebensziel zu setzen und uns zu fragen, wer wir sein möchten, haben wir unser altes Leben ein Stück weit verlassen. Veränderung kann aber auch Angst machen. Heiraten ist laut Stressforschung genauso anstrengend wie ein Todesfall. Das ist doch erstaunlich, sollte uns aber nicht erschrecken, denn die Lebendigkeit, die mit jeder Veränderung einhergeht, ist zugleich aufregend. Das Leben ist nicht mehr nur Routine, es wird wieder nach vorn hin offen. Manchmal aber kommt es zu dem, was ich in meinen Büchern als »Mindfuck« bezeichne, dann blockieren wir uns selbst, weil wir uns Angst machen, zurückpfeifen oder einfach nicht zutrauen, etwas zu erreichen. Ich habe es extra salopp und provokant Mindfuck genannt, damit es uns daran erinnert, dass es keine Krankheit ist, sondern in der Regel einfach ein Unsinn, den wir heute nicht mehr denken müssen und den niemand mehr braucht.

Woher kommt dieser Unsinn mit all seinen Warnungen, Verboten und Geboten?
Das ist eine wirklich lange Geschichte! (lacht) Um sie kurz zu machen: Es sind Denkgewohnheiten, die wir aus unserer Kultur, unserer

familiären Prägung und unseren persönlichen, biografisch geprägten Eigenheiten mitbringen. Weil wir sie irgendwann einmal erlernt haben, können wir sie aber auch überwinden und verlernen. Sie sind wie ein Code, der unser Potenzial versperrt. Aber wir können diesen Code verstehen und knacken – und lernen dabei noch eine Menge über uns selbst. Es ist möglich, seine inneren Grenzen deutlich auszudehnen und immer freier darüber nachzudenken, wer man ist, sein will und sein kann, und das alles auch erfolgreich umzusetzen. Das hat nichts mit Tschakka-Optimismus oder Selbstoptimierung zu tun, sondern damit, sich von den Fesseln sehr alter Zeiten zu lösen und heute endlich der freie Mensch zu sein, der wir sein können und sein wollen.

Und wie überwinde ich diese Grenzen?
Das ist nicht ganz ohne. Ich habe den Weg in mittlerweile vier Büchern mit vielen Beispielen aus meiner Praxis ausführlich beschrieben. Blockaden zu erkennen, zu überwinden und sein volles persönliches Potenzial zu entfalten ist eine eigene Coaching-Methode, die ich über mehr als ein Jahrzehnt entwickelt habe. Bei manchen Themen ist es gut, einen dafür ausgebildeten Coach an der Seite zu haben (mindfuck-coaching.com), bei anderen kommt man mit Selbstcoaching sehr, sehr gut voran. Wichtig ist zu merken, wann ein innerer Einwand oder eine Warnung von außen Mindfuck ist, mit dem man sich gerade behindert, um dann die Potenziale, die dahinterstehen, freizusetzen und sich selbst und das Thema dadurch völlig neu zu betrachten. Was immer hilft, ist die Notfrage: Wenn ich mich wirklich ernst nehme und davon ausgehe, dass ich eine freie, selbstwirksame Frau im eigenen Leben bin, was würde ich dann über das Thema, das mich gerade bewegt, denken? Wir halten uns häufig für viel zu klein, machtlos oder übernehmen andauernd Verantwortung für andere, statt uns als gestandene Frauen ernst zu nehmen.

Wenn ich mit den ersten Schritten beginne – wann werde ich Veränderungen an mir feststellen?
Ziemlich schnell. Schon durchs Nachdenken ändert sich etwas. Wir legen unsere Aufmerksamkeit auf unsere Lebensträume und wahren Ziele, das allein ist ein völlig neuer Suchauftrag für unser Gehirn. Und unser Gehirn ist spitzenmäßig darin, solche Aufträge zu erledigen. Übrigens auch dann, wenn wir uns auf Sorgen und Ängste konzentrieren.

Sollte ich mir schon am Anfang des Weges die zu erwartenden Hindernisse klarmachen und Lösungswege planen?
Wenn wir uns gleich zu Beginn auf Hindernisse fokussieren, werden wir auch daran scheitern. Denn wie gesagt: Dorthin, wo unsere Aufmerksamkeit hingeht, vertiefen sich die Dinge. Also lieber auf die Ziele, Chancen und Möglichkeiten konzentrieren und erst danach einen Check machen, was man jetzt, wo man weiß, was man will, zusätzlich beachten sollte. Veränderungsprozesse verlangen uns einiges ab. Da ist es besonders wichtig, sich mental auf das zu konzentrieren, was man erleben möchte. Wenn Mindfuck aufkommt, etwa Angst, Selbstzweifel, Misstrauen oder das Gefühl, zuerst für andere da sein zu müssen, bis man an sich denken darf, bremsen Sie ihn aus: »Moment mal, das kenne ich, das ist doch Mindfuck!« Was denke ich stattdessen darüber, wenn ich mich als die selbstwirksame erwachsene Frau erlebe, die ich doch eigentlich bin? Passiert auch etwas in meinem Körper, wenn ich mir vornehme, bestimmte Muster zu ändern? Ja, es fühlt sich gut an. Es stärkt. Sehr sogar. Es bringt uns den aufrechten Gang in jeder Lebenslage.

Wie könnte ich meinen neuen Weg noch befestigen?
Nehmen Sie sich jeden Tag Zeit für Ihr neues Leben. Schon fünf Minuten auf dem Heimweg genügen. Überlegen Sie, was Sie heute dafür getan haben, dass sich Ihr Leben ändert. Auch scheinbar unbedeutende Dinge

sind wichtig. Es geht darum, das Ziel im Blick zu behalten und sich selbst mit diesem Wunsch ernst zu nehmen. Sorgen Sie für »quick wins«. Und nehmen Sie Abstand von Leuten, die Sie runterziehen und ein Interesse daran haben, dass Sie sich nicht verändern. Schützen Sie Ihre Anfangsenergie, wie man ein zartes Pflänzchen mit einem Gewächshaus drum herum schützt. Lassen Sie nicht alle kommentieren, was sie von Ihren Zielen und Träumen halten. Hören Sie nur denjenigen zu, die ebenso wie Sie auf dem Weg und reif genug sind, auch Ihren Weg der Veränderung und Selbstentfaltung zu unterstützen.

Was wäre denn so ein »schneller Erfolg«? Sie sprechen von »quick wins«.
Nehmen Sie sich Sachen vor, die dem Unterbewusstsein sofort ein neues Signal geben. Belohnen Sie sich zum Beispiel, indem Sie in ein schickes Restaurant gehen. Aber reservieren Sie den Tisch jetzt. Sie träumen schon lange von einem Motorrad? Erkundigen Sie sich gleich heute nach der Möglichkeit, den entsprechenden Führerschein zu machen oder sich eine Maschine auszuleihen. Nicht warten! Die Gefahr des Zerdenkens ist enorm hoch. Die ersten drei Monate sind entscheidend für Ihren Weg, diese Zeit sollten Sie mit Belohnungen spicken. Treffen Sie sich bewusst mit Menschen, die Sie motivieren und stärken. Wer sich nur neue Pflichten auferlegt, signalisiert seinem Unterbewusstsein: Achtung, Arbeit! Das schreckt ab. Motivierender sind positive Signale ans Unterbewusstsein: Hier geht was los!

Und wenn sich mein Ziel nicht so schnell erreichen lässt?
Es genügt, für den Punkt der größten Sehnsucht, der größten Ungeduld, einen Zeitrahmen festzulegen. Denken Sie nicht: *Irgendwann will ich,* sondern fassen Sie ein genaues Datum ins Auge. Es fühlt sich sofort anders an, wenn Sie sich vornehmen: »Am 1. November habe ich entschieden, wie es weitergeht. Und bis dahin nutze ich die Zeit, um dies oder jenes zu klären und vorzubereiten.«

Wenn ich das Gefühl habe, nicht voranzukommen: Kann das an meinem Alter liegen?
Definitiv nein. Nullkommagarnicht! Die Praxis und Ergebnisse aus der Neurobiologie zeigen, dass wir bis ins hohe Alter lernfähig sind. Und manche haben sogar erst mit einem gewissen Alter den Mut und auch genug Wut im Bauch, um in ihrem Leben etwas zu verändern.

Brauche ich Verbündete?
Natürlich ist es mit Verbündeten leichter, das Ziel zu erreichen. Aber es geht auch ohne. Jede Frau kann eine Heldin sein und ihren Weg allein gehen. Das Schöne ist ja: Sie werden unterwegs, selbst wenn jetzt niemand da zu sein scheint, neue Menschen kennenlernen und an unerwarteter Stelle Verbündete treffen. Vielleicht lernen Sie schon heute tolle neue Verbündete kennen.

Die ehrliche Beantwortung der Frage »Wer willst du sein?« macht mir klar, dass es für mich Zeit ist, mein Leben endlich selbst in die Hand zu nehmen. Mein Bauch und mein Kopf sagen mir, dass ich Unternehmerin sein möchte. Verlegerin eines Magazins, das Frauen stärkt, vernetzt und voranbringt. Vielleicht ist es meine Chance, gerade jetzt den Hut in den Ring zu werfen und G+J anzubieten, *emotion* zu übernehmen, bevor der Verlag das Magazin einstellt.

Meinen eigenen Weg einschlagen

Die Lage im Verlag spitzt sich zu. Ich kalkuliere ständig verschiedene Möglichkeiten, Synergien zwischen *emotion* und *Healthy Living* zu nutzen, um auf die zu niedrigen Erlöse zu reagieren, die beide Titel erwirtschaften. Ähnlich wie *emotion* ging auch der Businessplan von *Healthy Living* nicht auf. Der Markt hat sich verändert. Digitale Angebote nehmen zu. Die Finanzkrise nach dem Zusammenbruch der Investmentbank Lehman Brothers im September 2008 in den USA droht, sich zu einer weltweiten Wirtschaftskrise auszuwachsen.

Ich schlage eine neue Preisstrategie für *emotion* vor, bin mir sicher, dass wir unser Magazin spitzer an der Zielgruppe ausrichten und dafür einen höheren Preis nehmen sollten.

Mein Chef gibt mir erneut auf, eine Vorstandsvorlage zu schreiben, um den Vorstand sowie den kaufmännischen Leiter des Verlags davon zu überzeugen, an *emotion* festzuhalten. Wieder einmal soll ich das Potenzial von *emotion* darlegen.

So sitze ich schließlich Ende November 2008 am runden Tisch in der Küche meiner Eltern und schreibe die dritte Vorstandsvorlage im Kampf ums Überleben von *emotion.* Mehr denn je fühle ich, dass *emotion* noch ein viel größeres, bisher nicht ausgeschöpftes Potenzial hat. Wir brauchen nur mehr Zeit. Aber Zeit ist gerade das, was wir nicht haben. Die Anzeigenmärkte sind rückläufig, alle glauben nur noch an digitale Projekte, die Zeit von Printmagazinen scheint vorüber.

Dennoch bin ich jetzt bereit, *emotion* auch selbst weiterzuführen, wenn G+J nicht zu überzeugen ist. Ich denke an meinen Traum von der Selbstständigkeit, daran, dass ich für *emotion* einen klaren Weg vor mir sehe.

Doch zuerst versuche ich, den Vorstand einmal mehr von meiner Sicht der Dinge zu überzeugen. Es geht dabei nicht nur um das Überleben einer Idee, sondern auch um die Sicherung von Arbeitsplätzen. Und so fasse ich am Ende der Vorstandsvorlage die möglichen Handlungsoptionen folgendermaßen zusammen: Der Verlag könne entweder der vorgeschlagenen Preisstrategie, verbunden mit einem Relaunch von *emotion,* folgen, oder, falls er nicht mehr an das Potenzial der Marke *emotion* glaube, die Marke an die Verlagsleiterin – also mich – verkaufen. In diesem Fall würde sie ein konkretes Angebot nachreichen.

Mein Stiefvater liest die Vorlage Korrektur und stockt am Ende. »Du wirst auf keinen Fall das Magazin kaufen«, sagt er empört. »Wir finden genug Argumente, damit es G+J behalten möchte. Und wenn nicht, dann kümmerst du dich künftig bei G+J einfach um einen anderen Titel.«

Es ist spät geworden, schon nach 23 Uhr, ich bin müde, aufgewühlt und möchte zum Ende kommen.

»Ich möchte aber nicht *irgendeinen* Titel machen, Wolfgang«, sage ich nur.

»Aber du hast so eine Karriere gemacht, fährst einen großen Dienstwagen, hast ein gutes Gehalt, das kannst du doch nicht einfach aufgeben!«

»Doch, kann ich«, erwidere ich. Ich erzähle ihm, dass ich endlich klar weiß, was ich im Leben will. Und dass es keine Karriere bei G+J ist. Aber ich merke, dass er das nicht verstehen möchte. Es entspricht nicht seinem Lebensplan für mich. Er wollte nie selbstständig sein. Zum Glück kommt meine Mutter, schon auf dem Weg ins Bett, noch einmal in der Küche vorbei und möchte wissen, worüber wir noch so spät diskutieren.

»Und du glaubst wirklich so sehr an *emotion*? Und möchtest dich selbstständig machen?«, fragt sie mich. »Ja, sie möchte alles, was sie sich bei Gruner+Jahr aufgebaut hat, aufgeben«, sagt Wolfgang, »das ist verrückt.«

Meine Mutter schaut mich an und sagt: »Wenn du davon überzeugt bist, dass es dein Weg ist, dann bekommst du es hin. Wir bekommen es hin!«

Da ist er wieder, der Mut meiner Mutter. Die Entschlossenheit. Sie hat vor nichts Angst. Und ich spüre, dass ich deshalb auch keine habe. Ich möchte endlich wieder Akteurin in meinem Leben sein. Nicht mehr nur auf Entwicklungen, die ich nicht beeinflussen kann, reagieren. Ich umarme meine Mutter. Dann danke ich Wolfgang für seine Unterstützung, speichere die Vorstandsvorlage ab und fahre müde, aber zufrieden nach Hause.

Mein Chef schweigt zu meinem Plan

Am nächsten Morgen drucke ich die Unterlage aus, maile sie meinem Chef und bringe sie auch noch selbst ausgedruckt bei ihm vorbei. Ich möchte ihn über meinen Vorschlag, *emotion* zu kaufen, aufklären, aber er hat keine Zeit. Er werde alles im Flieger lesen. Dazu habe er ja das offene Dokument als Mail bekommen. Er bedankt sich.

Ich könnte vor Aufregung sterben!

Dann vergehen ein paar Tage, in den ich nichts höre. Erst beim nächsten Jour fixe mit meinem Chef sagt er mir, dass sich der Vorstand entschlossen habe, meiner Preisstrategie zu folgen. Mein Angebot erwähnt er nicht. *Klar, wenn sich die Verlagsleiterin zutraut, den Titel zu kaufen, dann werden sie sich zumindest noch mal einen Relaunch zutrauen!*, denke ich trotzig und ziehe von dannen.

In den folgenden Wochen setzen Bettina und ich den Relaunch um und erhöhen den Verkaufspreis von *emotion*.

Dann gibt es einen Vorstandswechsel. Und nach einer kurzen Aufbruchphase voller Optimismus geht es Ende Januar 2009 mit den gleichen Themen weiter.

Bettina kündigt

Nun verabschiedet sich auch noch meine Freundin Bettina als Chefredakteurin. Sie hat zum 31. August gekündigt. Sie will nicht länger in dieser Unsicherheit arbeiten. Wie sollen wir unter dem ständigen Druck eines möglichen Endes mit unserem Team ein Magazin weiterentwickeln, das unsere Leserinnen zu einem glücklichen und leichten Leben inspirieren will? Diese Frage hat Bettina immer wieder gestellt. Und sie hatte recht. Ihre Entschlossenheit beeindruckt mich. Ihr ist es wichtig, über ihren nächsten Schritt selbst entscheiden zu können, um sich nicht später einer willkürlichen Entscheidung des Vorstands beugen zu müssen. Sie hatte eine klare Vorstellung davon, wie sie *emotion* auf dem Markt erfolgreich machen wollte. Da sie ihre Vision bei G+J nicht umsetzen kann, geht sie. Für mich steht nun fest: Mit dem aktuellen Redaktionsleiter allein kann ich das Projekt nicht fortsetzen. Was tun?

Der Vorstandsvorsitzende Bernd Buchholz möchte wissen, warum der Verlag an *emotion* festhalten sollte. Er steht unter einem noch größeren Druck als sein Vorgänger. Jetzt spürt auch G+J die Anzeigenkrise. Und ich weiß, dass es für mich so nicht weitergehen kann. Im Februar werde ich 35 Jahre alt, und ich brauche endlich eine Veränderung in meinem Leben.

So spreche ich meinen Chef Volker Breid kurz nach meinem Geburtstag darauf an, dass ich wirklich an dem Kauf von *emotion* interessiert sei. Das habe er schon gelesen, sagt er. Er findet den Plan verrückt. Ich sei ja schon immer ein Paradiesvogel in den G+J-Runden gewesen. Was er damit wohl meint? Vielleicht hätte er mich einmal früher darauf ansprechen sollen, dann hätte ich wohl schneller begriffen, wie ich mich anders hätte verhalten sollen. *Egal*, denke ich. Es hätte ja doch nichts verändert. Ich will jetzt Verlegerin werden: von *emotion* oder sonst einem Magazin, das ich selbst entwickeln werde. Und es wird um das Empowerment von Frauen gehen, das Thema, das mir so am Herzen liegt.

Er wird mich unterstützen, wo er kann, sagt er dann noch. Ich solle doch mal mit Bernd Buchholz sprechen, wie er zu meinem Vorschlag stünde. Das könne er nicht einschätzen.

Ich danke ihm, gehe zurück in mein Büro und sende sofort eine E-Mail an unseren Vorstandsvorsitzenden, in der ich um ein Gespräch bitte. Mein erster Schritt in meine Selbstständigkeit. Ich bin aufgeregt! Vielleicht biege ich gerade auf meinen *eigenen* Weg ein?

*Maike Brunk, *1971, bietet Hamburger Elbinsel-Touren an*
Ein Beruf, bei dem ich den ganzen Tag am Schreibtisch sitze, ist nichts für mich. Und trotzdem habe ich genau das neun Jahre lang gemacht: Ich war bei verschiedenen IT-Firmen im Vertrieb tätig. Wenn ich Gespräche geführt oder Präsentationen geleitet habe, bin ich aufgeblüht. Doch am Computer zu sitzen und Konzepte zu schreiben, fand ich furchtbar. Mir wurde immer klarer, dass ich unglücklich bin. Und dass weder eine Gehaltserhöhung noch ein neuer Dienstwagen daran etwas ändern könnten. Zu kündigen und etwas komplett anderes zu machen, habe ich mich trotzdem nicht getraut. Ich war verheiratet und mein Mann hat noch studiert, ich war in der Rolle der Versorgerin gefangen. Abgesehen davon wusste ich nicht, was ich stattdessen machen sollte. Also blieb ich, wo ich war.

Dann habe ich im Fernsehen einen Beitrag über eine Krankenschwester gesehen, die Kapitänin eines Containerschiffs werden wollte. **Diese Geschichte fand ich so faszinierend, dass ich mir dachte: Aus mir muss auch noch etwas anderes rauszuholen sein.** Als bei einem Berufsfindungsseminar herauskam, dass ich gern mit Menschen zusammenarbeite, Dinge organisiere und am liebsten eigenverantwortlich arbeite, habe ich mich heimlich für ein Tourismusmanagement-Fernstudium eingeschrieben. Meinen Job behielt ich erst mal bei.

Bei einer Firmenweihnachtsfeier saß ich dann zufällig mit einem Kapitän zusammen. Er hat mir erzählt, dass es im Hamburger Hafen noch keine Touren zu unbekannteren Ecken gebe. Da hat es in meinem Kopf Klick gemacht: *Das ist genau die Idee, die mein Berufsleben verändern könnte,* dachte ich. Schiffe, Wasser, Hafen und Hamburg und das ganze historische Umfeld hatte ich schon immer spannend gefunden. Und zu dem Zeitpunkt waren mein Exmann und ich bereits getrennt, ich musste also nur noch für mich selbst sorgen.

Ich bin mir nicht sicher, ob ich die Hafentour-Idee tatsächlich in die Tat umgesetzt hätte, wenn mir nicht kurz darauf gekündigt worden wäre: Mein Chef hatte mitbekommen, dass ich nebenbei studiere. Damit hatte ich in seinen Augen einen Vertrauensbruch begangen, den er nicht hinnehmen wollte.

Im Nachhinein betrachtet war diese Kündigung – so schmerzhaft ich sie in dem Moment auch empfunden habe – der beste Schritt meines Lebens, denn sie hat dazu geführt, dass ich einen Entschluss gefasst habe: Ich wollte die Idee mit den Hafentouren verwirklichen. Ich bin dann mit einem Businesskonzept zum Arbeitsamt gegangen. Das ist jetzt mehr als zehn Jahre her – und für mich war dieser Schritt genau der richtige.

Ich war schon immer jemand, der sehr optimistisch ist und sagt: Ich werde meinen Weg schon finden. Und so war es dann auch. Ich habe mir nach und nach eine Stammkundschaft aufgebaut, und auch die Kollegen im Hafen, die am Anfang sehr schmallippig waren, von meiner Arbeit überzeugen können. Dadurch, dass ich keine eigenen Schiffe besitze, sondern welche chartere, bin ich für die meisten hier keine Konkurrenz – und so haben sie mich mittlerweile akzeptiert.

Die Touren, die ich anbiete, moderiere ich alle selbst. Der Hafen ist ein sehr abwechslungsreicher Arbeitsplatz und ich bin mit völlig unterschiedlichen Leuten unterwegs, so bleibt meine Arbeit spannend.

Seit Sommer 2007 biete ich die Touren an und konnte bisher mehr als 50 000 Gäste begrüßen. Ob ich das bis zur Rente weitermachen werde, weiß ich noch nicht, ich kann mir gut vorstellen, eines Tages ein Bed-and-Breakfast am Meer zu haben und rauszuziehen aus der Stadt. Aber im Moment bin ich glücklich mit dem Beruf, den ich habe.

*Gesa Neitzel, *1987, Rangerin und Buchautorin (Frühstück mit Elefanten. Als Rangerin in Afrika, Ullstein Verlag, Berlin 2016)*
Für Außenstehende klang mein früheres Leben perfekt: Ich hatte einen Job als Fernsehredakteurin bei *The Voice* und wohnte in Berlin-Kreuzberg. Doch ich war nicht glücklich. Ich habe mich gefühlt, als würde ich in einer Blase leben. Ich bin morgens aufgestanden, mit meinen weißen Kopfhörern in den Ohren in die S-Bahn gestiegen und zur Arbeit gefahren. Es war die Schnelllebigkeit, die mich angestrengt hat. Ständig wurde von mir erwartet, dass ich auf WhatsApp oder Facebook gucke und Nachrichten beantworte. Wenn ich unzufrieden war, bin ich shoppen gegangen, habe mich mit Konsum betäubt. Irgendwann war mir klar: Ich muss dringend raus.

Die Südafrikareise mit Freunden an Silvester 2014/2015 war als Roadtrip geplant, ich habe danach beschlossen, zwei Monate länger zu bleiben und allein durchs Land zu reisen. Es waren die Nationalparks, die mich am meisten begeistert haben. In der Wildnis unterwegs zu sein, war eine völlig neue Erfahrung für mich. Im Nachhinein habe ich das Gefühl, dass alle Reisen, die ich vor dieser ersten Afrikareise gemacht habe, eine Vorbereitung auf den Kontinent waren. Ich wusste vom ersten Moment an, dass ich hierher zurückkehren muss. **Ich wollte in der Natur sein, wollte zu mir selbst finden.** Per Zufall habe ich gehört, dass man sich in Afrika zur Rangerin ausbilden lassen kann. Plötzlich wurde mir klar: Der Beruf würde es mir ermöglichen, draußen bei den Tieren in der Wildnis zu sein, ohne Internet. **Das war genau das, wovon ich insgeheim schon lange geträumt hatte.**

Auf dem Rückflug nach Deutschland habe ich geheult, weil ich das Land verlassen und in mein altes Leben zurückkehren musste. **Schon im Flugzeug wusste ich: Ich werde die Ausbildung machen.** Einige Monate später war ich dann tatsächlich in Botswana, wo die Ausbildung begann. Ich erinnere mich noch genau an die allererste Nacht in einem kleinen Iglu-Zelt mitten in der Wildnis. Ich wusste, dass ich am nächsten

Morgen um fünf Uhr aufstehen muss, zum Sonnenaufgang. Ich hatte wahnsinnige Angst. All die fremden Geräusche. Und ganz besonders stark fürchtete ich mich davor, zu versagen. Ich wollte auf keinen Fall wieder nach Hause fahren und sagen: Leute, das war eine Schnapsidee, ich packe das nicht. Ich glaube, diese Angst hat mich unglaublich angespornt. Der Theorie-Teil der Ausbildung war sehr schwierig. Ich habe hart gearbeitet. Mein Englisch ist recht gut – aber diese ganzen biologischen Tier-Fachbegriffe, man macht sich da keine Vorstellung. In den ersten Wochen habe ich mir Mühe gegeben, nicht blöd auszusehen, und so getan, als würde ich alles verstehen. *Fake it, till you make it,* habe ich mir gedacht. Nach ein oder zwei Monaten kam ich wirklich gut mit und habe gemerkt: Ich mache einen echt guten Job.

Inzwischen bin ich tatsächlich Rangerin und habe mit meinem Freund, den ich in Südafrika kennengelernt habe, eine Reiseagentur gegründet, die Safaris anbietet. Endlich bin ich bei mir selbst angekommen.

Charis Riad, **1969, Physiotherapeutin und Yogalehrerin*
Ich war 22 Jahre alt, als ich beschloss, meine Ballettkarriere an der Berliner Staatsoper zu beenden. Dieser Schritt fiel mir zuerst sehr schwer. Ein Leben fernab des Ballettsaals konnte ich mir nicht vorstellen. Doch ich hatte meinen Körper durch das viele Training sehr beansprucht und große gesundheitliche Probleme, vor allem mit meinen Knien. Erst als wieder eine Operation nichts gebracht hatte, war es befreiend zu sagen, dass ich etwas anderes machen möchte.

Mit dem Balletttanzen habe ich angefangen, als ich sechs Jahre alt war. Vorher war ich ein eher stilles, zurückgezogenes Mädchen gewesen, habe viel gelesen, mich wenig bewegt. Meine Mutter wollte aus ihrer Tochter etwas Besonderes machen und hat mich zu einem Eignungs- und Aufnahmetest an die Staatliche Ballettschule geschickt. Ich wurde genommen – und wohnte von da an nicht mehr bei meinen Eltern in Berlin, sondern in einem Internat. Das war sicherlich auch im

Interesse des DDR-Regimes: Wir Ballettschüler waren dem Drill ausgeliefert. Acht Jahre lang. Mir wurde vorgeschrieben, was ich zu essen und wie ich zu leben habe, wie ich meinen Körper bekämpfen und umformen muss. Bis in den späten Abend hinein übten wir nach unserem langen Tagespensum noch zusätzlich im Ballettsaal. Wertschätzung oder Lob gab es dafür nicht. Es ging eher darum, uns immer wieder zu zerstören, damit wir lernen, uns aufzurappeln. Das ging nach und nach sowohl körperlich als auch psychisch an die Substanz. Irgendwann hat mir mein Körper gezeigt, dass er nicht mehr kann. Er hat rebelliert, das äußerte sich mit chronischen Knieschmerzen, die mir den Tänzerinnenalltag unmöglich machten. Ich musste etwas ändern, meine Lebensplanung umstellen. Jetzt! Denn ich war noch jung genug, um einen anderen Weg zu gehen.

Die Idee, Physiotherapeutin zu werden, lag für mich nahe. Durch die Probleme, die ich selbst hatte, wusste ich über meinen Körper Bescheid und war mir sicher, dass ich auch anderen dabei helfen könnte, Schmerzen einzudämmen. **Das habe ich damals schon gespürt, ich wusste intuitiv: Dieser Beruf ist es.**

Die Ausbildung hat mich sehr gefordert, auch geistig. Doch ich war Disziplin gewohnt, es fiel mir nicht schwer, den Stoff zu lernen und mich auf die Prüfungen vorzubereiten. Nach meinem Abschluss habe ich auf der neurologischen Station einer kleinen Privatklinik in Berlin-Charlottenburg gearbeitet. **Für mich hat sich dort eine neue Welt geöffnet. Ich habe gemerkt, dass genau das meine Bestimmung ist: Menschen zu helfen, die Leid erleben, und ihnen etwas von mir zu geben.** Das ist für mich ein unglaublich bereicherndes Gefühl, viel wertvoller, als jeden Tag vor mich hin zu trainieren.

Ich habe allerdings auch feststellen müssen, dass es für mich keine berufliche Sicherheit gibt, dass ich mich von einem befristeten Vertrag zum nächsten hangeln muss. Letztlich war das aber mein Glück, denn nur so habe ich mich weiterentwickeln können: Ich habe viele Kliniken und Praxen kennengelernt, mich mit fernöstlichen Philosophien beschäftigt und mehrere Zusatzausbildungen gemacht, zum Beispiel Yoga und Shiatsu, außerdem befasste ich mich mit traditioneller chinesischer Medizin. So habe ich mir eine ganzheitliche Arbeitsweise angeeignet, die ich bis heute praktiziere. Inzwischen bin ich zum Teil fest angestellt und arbeite zum Teil freiberuflich. Das ist für mich eine gute Lösung – denn ich habe eine sichere Basis, kann aber auch meine eigenen Ideen verwirklichen. Bis heute empfinde ich große Dankbarkeit dafür, dass ich meinen Weg gefunden habe. Die größte Zufriedenheit für mich ist, wenn ich andere glücklich machen kann.

III. Absprung in die Selbstständigkeit

Hamburg, 20. April 2009 – der Vorstand lässt mich warten ...

Heute habe ich ein Gespräch mit dem Vorstandsvorsitzenden von Gruner + Jahr (G+J), Bernd Buchholz. Ich bin aufgeregt, aber ich glaube, man merkt es mir nicht an. Mein Entschluss steht fest: Ich möchte G+J den Kauf von *emotion* anbieten. Ich habe es satt, für etwas zu kämpfen, worüber andere zu entscheiden haben.

Nun warte ich schon seit einiger Zeit im Flur des markanten Bürogebäudes am Baumwall vor dem Vorstandsbüro. Und ich frage mich mal wieder, ob dieses Wartenlassen eigentlich eine Taktik ist, die grundsätzlich zum Einsatz kommt. Denn ich kann mich nicht daran erinnern, dass auf dieser Etage je ein vereinbartes Gespräch pünktlich begonnen hätte.

Die Sonne scheint. Ich schaue durch die großen Panoramafenster auf den Hafen und versuche, diesen Moment bei aller Aufregung zu genießen. Meine Freundin Annabel weiß ganz genau, wie es mir in diesem Augenblick geht, wie mein Magen rumort, wie ich innerlich angespannt bin.

Unbedingt ruhig bleiben. Die Stimme nicht erhöhen. Am Satzende immer mit der Stimme nach unten gehen. Und auf keinen Fall provozieren lassen!, geht es mir ständig durch den Kopf.

In den letzten Wochen hat sich bei mir etwas grundlegend verändert: Ich fühle mich selbstbewusster als bei allen vorherigen

Terminen in dieser Vorstandsetage. Hier hatte ich im Konferenzraum gemeinsam mit meinem Chef jeweils die Budgets der Magazine, die ich verantwortete, vorstellen müssen. Dann kamen im letzten Jahr die bereits erwähnten → Vitality-Checks dazu, Gespräche über den »Gesundheitszustand« von *emotion*. Sie sollten dem Vorstand darüber Auskunft geben, ob es sich lohnen würde, das Magazin fortzusetzen, obwohl die aktuelle Entwicklung weit hinter dem verabschiedeten Businessplan lag. Als Chefredakteurin von *emotion* begleitete mich Bettina zu diesen Terminen. Wir beide mussten in diesen schwierigen Gesprächen unser ganzes diplomatisches Geschick einsetzen, um unseren Arbeitgeber davon zu überzeugen, dass es sich auf jeden Fall auszahlen würde, an *emotion* festzuhalten. Wir wollten das Magazin weiterentwickeln.

Heute ist alles ganz anders. Ich muss nicht mehr um die Zukunft bangen, denn ich weiß jetzt ganz genau, was ich will. Möchte endlich die Unsicherheit beenden. Meine Aufregung ist einem positiven Gefühl geschuldet. Heute wird sich meine Zukunft entscheiden, eine Zukunft, die ich mir nach langem Nachdenken selbst gewählt habe – ungeachtet aller fürsorglich gemeinten Warnungen von einigen Freunden und meinem Stiefvater.

Ich habe mir meinen heutigen Hamburg-Tag extra auf den 20. April gelegt. Viermal im Monat arbeite ich in Hamburg, in der Schaltzentrale der Macht, wo ich als Anzeigenleiterin die kleine Vermarktungsabteilung von *emotion* leite. Dann kann ich wichtige Fragen in persönlichen Gesprächen klären, nehme an übergreifenden Sitzungen teil und pflege die Kontakte zu anderen Abteilungen. Der Verlags- und Redaktionssitz von *emotion* ist aber im G+J-Gebäude in München, in der eher gesichtslosen Weihenstephaner Straße im Gewerbegebiet Ost.

Heute Morgen habe ich noch am Schreibtisch in meinem Hamburger Büro gesessen, mich aber nicht wirklich konzentrieren können. Immer wieder bin ich dieses für mich so entscheidende

Gespräch im Kopf durchgegangen. Ich habe drei mögliche Szenarien vorbereitet – vom vollständigen → Management-Buy-out bis zu einer Variante, bei der G+J noch eine Zeit lang im Boot bleibt.

Es wird heute mein *zweites* Gespräch mit Bernd Buchholz über meinen Plan, *emotion* zu übernehmen, sein. Buchholz ist erst seit 6. Januar 2009 im Amt. In unserem *ersten* Gespräch vor etwas mehr als vier Wochen hat er mir gesagt, dass er von meinem Vorhaben schon gehört habe. Ich hatte ja im November 2008 eine → Vorstandsvorlage geschrieben, die an seinen Vorgänger Bernd Kundrun gerichtet war. Am Ende dieses zusammenfassenden Papiers über den Status quo zu *emotion* hatte ich zum ersten Mal den Kauf des Magazins durch die Verlagsleiterin – also durch mich – als einen möglichen Weg dargelegt.

Am 18. März hat Bernd Buchholz meinen Übernahmeplan damit beschieden, dass ich es mir doch noch mal genau überlegen solle, ob ich das wirklich ernst meine. *Wie* ernst es mir ist, habe ich ihm zwar beteuert, aber es war ihm anzusehen, dass er mir nicht glaubte.

Wieder einmal war es ihm gelungen, mich auf charmante und gleichzeitig herausfordernde Art zu verunsichern. Manchmal habe ich das Gefühl, dass es ihm richtig Spaß macht, mich zu provozieren, mich zu testen. Im März habe ich mich im Nachhinein unglaublich über mich selbst geärgert. Warum hatte ich mich von ihm wieder so verunsichern lassen? Wie gelang es mir, endlich mehr Selbstbewusstsein aufzubauen? Diese Unsicherheit ist schon immer meine Schwachstelle gewesen. Auch in den großen Verlagsleiter-Konferenzen, in denen wir Frauen in der Minderheit sind. Überhaupt fühle ich mich in diesen politischen Runden nach wie vor nicht wirklich zu Hause.

Bernd Buchholz hatte mir dann ein weiteres Treffen in vier Wochen, also für heute, 20. April, vorgeschlagen. Bis dahin sollte ich noch mal in mich gehen und meinen Plan überprüfen, meinte er. Ob ich es mir wirklich zutrauen würde, das hinzubekommen, was wir bei G+J nicht geschafft haben. Er wäre nicht Buchholz gewesen, wenn er nicht noch hinzugefügt hätte, dass G+J selbstverständlich auch nach einem Weg suche, um das Ende von *emotion* zu verhindern. Er würde natürlich *die* Lösung wählen, die für G+J die beste sei. Ich solle daher dann nicht enttäuscht sein, wenn er sich möglicherweise für einen anderen als den von mir vorgeschlagenen Weg entscheiden werde.

»Wir werden sehen«, hatte er zum Abschied noch mit einem süffisanten Lächeln gesagt. Damit hatte ich sein Büro leicht verunsichert verlassen, was mich wie gesagt ärgerte. Aber genau dieses Missempfinden hat mich dann erst richtig dazu animiert, es ihm und allen anderen nun erst recht beweisen zu wollen. Natürlich meinte ich es ernst! Und ob! Das würden sie schon alle noch sehen.

Einige Wochen zuvor: München, 18. März 2009

Nach meinem ersten Gespräch mit Bernd Buchholz fliege ich abends zurück nach München und denke schon im Flugzeug über die nächsten Schritte nach. Es muss alles im Geheimen vorgehen. Keiner der Mitarbeiter darf Verdacht schöpfen. Das ist umso schwieriger, als die Gerüchteküche schon brodelt. Denn die Anzeigenmärkte in den USA sind gerade eingebrochen. Jeder spricht nur noch von »digital«. Der Glaube an die Printbranche sinkt.

In meiner Wohnung in München angekommen, öffne ich eine Flasche Weißwein, gieße mir ein Glas ein und setze mich auf mein weißes Sofa, meinen Ort zum Nachdenken. Dort schaue ich auf die alte Kastanie im Innenhof, die bald ihre Blätter entfalten wird. Und ich spüre, dass ab jetzt wenig bleiben wird, wie es ist. Ich bin fest entschlossen, im April den Kauf von *emotion* konkret vorzuschlagen. Was muss ich bis dahin alles vorbereiten? In meinem Kopf überschlagen sich die Fragen:

Warum glaube ich eigentlich daran, dass ich es allein eher schaffen werde als unter dem schützenden Dach eines großen Konzerns? Woher soll ich das Geld nehmen? Bin ich verrückt? Wer von unseren Mitarbeitern würde überhaupt mitmachen? Wie wird mein Leben in einem Jahr aussehen? Wie werden meine Eltern reagieren? Was wird Jonas sagen?

Meine Gedanken rasen. Aber ich spüre plötzlich auch ein neues Gefühl aufkeimen: Freiheit. Aber nur kurz, denn dann wird mir bewusst, wie wenig Zeit ich bis zum nächsten Termin habe. Morgen muss ich loslegen. Und das heißt: auf der einen Seite meinen Job als Verlags- und Anzeigenleiterin von *emotion* zu erfüllen, als wäre nichts geschehen, auf der anderen Seite meine Unternehmensplanung erarbeiten und heimlich einen Businessplan schreiben. Ich muss herausfinden, wie viel Geld ich eigentlich brauche, um *emotion* in die schwarzen Zahlen zu bringen.

Wie viel Geld wird G+J als Kaufpreis fordern? Was ist *emotion* überhaupt wert? Wen kann ich als Erstes anrufen, um zu fragen, wie ich das Ganze anstellen soll?

Fragen über Fragen. Ich stehe auf. Es ist spät geworden und mir wird auf einmal bewusst, dass ich vor lauter Nachdenken vergessen habe, noch etwas zu essen.

Vor dem Einschlafen kommen mir Bilder meines möglichen Büros in den Kopf. Dann überlege ich, wie mein Chef Volker Breid reagieren wird, wenn er meine Mail liest – ich habe ihm auf dem Rückflug nach München geschrieben, wie das Gespräch gelaufen ist. Es hat sich besser angefühlt, ihm meinen neuen Zweitjob schriftlich anzukündigen. Und ich weiß auch nicht, was er von meinem Plan halten wird.

Vor allen Nicht-Eingeweihten werde ich mein neues Doppelleben verbergen müssen. Es wird aufregend. Und mit diesem Gedanken schlafe ich endlich ein.

München, 19. März 2009 – mein Doppelleben beginnt

Am nächsten Morgen habe ich das Gefühl, dass ich meine Wohnung mit neuem Blick betrachte. Ein wenig wehmütig, da ich spüre, dass eine große Veränderung kommen wird, der ich jetzt einen großen Schritt näher bin – ohne es ganz klar fassen zu können.

Ich fahre in den Verlag und denke daran, dass ich mein Büro nun sicher nicht mehr lange meins nennen werde. Dort angekommen, stürmt meine Assistentin Barbara in den Raum, sie ist neben meinem Chef die Einzige, die Bescheid weiß. Ihr kann ich nichts vormachen. Daher habe ich sie unmittelbar vor meiner Reise nach Hamburg eingeweiht. Ich schließe die Tür. Nun erzähle ich ihr, dass wir in den nächsten Wochen eine Art Doppelleben führen werden: Zum einen müssen wir unser normales Verlagsgeschäft vorantreiben und das Team beruhigen, damit alles wie gewohnt weiterläuft. Denn unser Team hat bereits mitbekommen, dass es Probleme gibt, da ich regelmäßig in Hamburg berichten muss, wie es um *emotion* steht. Zum anderen muss ich nun versuchen, einen Investor für *emotion* und meine Idee zu finden. Dass ich das Investment allein stemmen kann, ist ausgeschlossen. Leider verfüge ich nicht über die nötigen Mittel.

Nach meinem offenen Gespräch mit Barbara setze ich mich an den Schreibtisch, öffne meine Adressdatei und denke nach, wer mir aus meinem Freundes- und Bekanntenkreis einfällt, der oder die vielleicht Interesse daran haben könnte, mit mir auf meine Reise zu gehen. Deutlicher als je zuvor sehe ich Bilder in mir aufsteigen, wie *emotion* in einigen Jahren aussehen wird. Ich erinnere mich wieder an den Augenblick im Sommer 2005, als mich mein Chef Volker Breid angerufen und gefragt hat, ob ich mir vorstellen könnte, die Neuentwicklung eines Magazins zu begleiten. Ja, natürlich konnte ich mir das vorstellen! Ich sagte freudig zu, und habe es nie bereut.

Und heute? Mehr denn je möchte ich *emotion* weiterentwickeln und zum Erfolg führen. Und allen – vor allem aber mir selbst – zeigen, was in *emotion* steckt. Ich weiß, dass das Konzept aufgehen wird, wenn ich die Chance bekomme, meiner Vision zu folgen, Frauen zu inspirieren, zu vernetzen und in ihrer beruflichen und privaten Entwicklung zu stärken und mit gut recherchierten Inhalten zu diesen Themen zu begleiten. Mit einem Team, das sich mit diesem Konzept identifizieren kann.

Während ich in meinen Kontakten weiterblättere, fällt mir plötzlich Markus ein, ein Private Equity Manager, den ich kürzlich bei einem Abendessen einer Freundin kennengelernt habe. Die Gastgeberin hatte uns nebeneinandergesetzt, und Markus und ich unterhielten uns dann auch anregend über die längst überfälligen Veränderungen in der Verlagsbranche. Wir waren uns einig, dass es endlich neuer Ideen bedarf auf dem Medienmarkt. *Und genau die kann ich Markus ja jetzt präsentieren,* denke ich zumindest, nehme meine Handtasche, suche mein Visitenkarten-Etui, finde schnell seine Karte und wähle seine Nummer. Er nimmt gleich ab. Und so begeistert, wie ich von meiner Idee bin, so schnell sprudele ich los: »Da gibt es doch *emotion*, das Magazin, von dem ich dir neulich erzählt habe. Und nun habe ich die Chance, es selbst zu kaufen und weiterzuentwickeln. Und du wolltest doch mit von der Partie sein, wenn sich die Verlagsbranche verändert. Vielleicht jetzt zusammen mit mir?«, schlage ich ihm vor.

»Print?«, fragt er nur.

»Klar!«, sage ich.

»Schon profitabel – oder?«, fragt er.

Das ist mein Dolchstoß!

»Nein, noch nicht, aber kurz davor«, erwidere ich. »Ich habe viele Ideen für neue Erlösfelder«, stottere ich.

Aber die erste Chance ist vertan. Ihm fällt noch jemand ein, bei dem meine Idee besser aufgehoben sein könnte, und schon muss er auflegen.

Vorbei, vertan, geht es mir durch den Kopf. Habe ich wirklich gedacht, dass es so einfach sein wird, Investoren für mein Projekt zu finden? Ich glaube, ja!

Der Killer jeder Unterhaltung …

Ich bin entzündet, begeistert und daher vollkommen überzeugt, auch andere sofort von meiner Idee begeistern zu können. Leider habe ich meinen Plan ohne den Blick auf die aktuelle Marktsituation gemacht. Print ist einfach *out*, und ich will ein – noch dazu defizitäres – Printmagazin retten. Absolut unsexy! Jeder sieht die Zukunft der Medien rein im Digitalen. Die Druckauflagen stagnieren, alle sprechen nur noch von dem großen Erlöspotenzial im Digitalen. Die Unternehmen suchen digitale Start-ups, in die sie investieren können. Es ist die Zeit von Kabel New Media, einer der ersten Digitalagenturen von Peter Kabel, MySpace, studiVZ und vielen anderen. Nur das Digitale ist angesagt. Das kann ich nicht begreifen. Denn es gibt bisher nur wenige bis gar keine Beispiele dafür, wie digitale Erlösmodelle im Medienbereich funktionieren können.

Ich lasse mich nicht unterkriegen, finde weitere Leute in meiner Adresskartei, die ich ansprechen will. Nun stehe ich auf, nehme mein Blackberry und wähle den Nächsten an. Dabei schaue ich hinaus auf die Dachterrasse, in Richtung des neuen Telekom Tower und denke mir, dass ich meinem sehr nüchternen Büro trotz dieser Aussicht nicht nachweinen werde.

Nach einigen Anrufen spüre ich, wie es mir schwerer fällt, beim Anruf zu lächeln, mein Gesichtsausdruck wirkt sicher langsam etwas verzweifelt. Denn weitere Gespräche mit potenziellen Investoren sind schnell in einer Einbahnstraße ans Ende gekommen. Die ehrliche Aussage »defizitäres Printprojekt« ist der Killer jeder Unterhaltung. Das frustriert mich. Irgendeiner meiner ersten Gesprächspartner hat mir empfohlen, mit einem richtigen Finanz- und Verlagsprofi zu reden, der sich im Kauf von Verlagen auskennt. Ich begebe mich auf die Suche und finde einen Experten. Er hört sich geduldig alles an und fragt natürlich – wie alle anderen auch – nach der Profitabilität des Magazins. Er berichtet, dass es bisher nur einen einzigen bedeutenden → Management-Buy-out in der Branche gegeben hat. Diesen Begriff höre ich zum ersten Mal: eine Unternehmensübernahme, bei der das Management die Mehrheit des Geschäftsbetriebs übernimmt. *Wieder was gelernt,* denke ich.

Ich plane demnach einen MBO. Ob er mich dabei unterstützen könne, frage ich. Nein, das tue ihm leid. Ich könne ihm gern einmal meine Unterlagen zusenden, aber er sehe nur geringe Chancen, gerade *jetzt* einen anderen Verlag zu finden, der mich bei meinem MBO unterstützen würde. Die aktuelle Wirtschafts- und Finanzkrise hätte auch bei den Übernahmen deutscher Verlage spürbare Bremsspuren hinterlassen. Es gebe gerade kein gutes Klima für → Mergers & Acquisitions (M&A), also Transaktionen im Unternehmensbereich wie Unternehmenskäufe, sagt er. Damit komme es zu einem spürbaren Rückgang der Unternehmenswerte in der Branche, was mein Vorhaben nicht einfacher machen würde. Ob ich mal mit Gabriele Fischer von *brand eins* gesprochen hätte? Ihr sei vor zehn Jahren der erste bedeutende MBO in der Verlagsbranche gelungen.

Die Verlegerin hatte das Wirtschaftsmagazin damals dem *Spiegel* abgekauft. Auf jeden Fall solle ich über eine → Mezzanine-Finanzierung nachdenken. Welches → EK – er meinte Eigenkapital – ich mitbringen würde und welche Gesellschaftsform ich plane, fragt er noch. Ob ich mit → Venture-Capital-Gebern gesprochen habe und ob ich einen → Asset- oder → Share-Deal plane?

Mein Kopf raucht ob all dieser Fragen und Fachbegriffe, die mir nicht alle geläufig sind. Schließlich danke ich ihm für seine Zeit und sage, dass ich mich noch mal melden würde, wenn ich mit meinen Unterlagen so weit wäre.

Langsam wird mir klar, dass mein Projekt nicht leicht werden wird. Auch bei diesem Fachmann bin ich gar nicht erst dazu gekommen, meine Ideen für die Marke *emotion* vorzustellen. Ein defizitäres Printprodukt scheint als Basis falsch zu sein. Das frustriert mich.

Warum will eigentlich G+J nicht an *emotion* festhalten? Ich denke an die Worte unseres ehemaligen Zeitschriftenvorstands Rolf Wickmann, der gern wiederholt hat, dass das People-Magazin *Gala* neun Jahre brauchte, um nachhaltig profitabel zu sein.

Diese ersten Telefonate haben mir gezeigt, dass ich wohl zu naiv an das Projekt herangehe. Ich bin so sehr vom Potenzial von *emotion* überzeugt, dass ich zunächst tatsächlich geglaubt habe, es würde mir gelingen, bis zum nächsten Termin beim Vorstandsvorsitzenden einen Investor zu finden. Nun ist mir klar geworden, dass das ziemlich blauäugig war. Es gibt da draußen keinen Ritter in glänzender Rüstung, den ich spontan für mein Projekt begeistern kann, der auf seinem stolzen Hengst zu mir geritten kommt, um mein Magazin zu retten und mit mir gemeinsam die Zukunft von *emotion* zu planen. Dennoch muss mir der MBO gelingen!

Es gibt noch viel zu tun

Wenn ich bei meinem Termin am 20. April den Vorstand vom Verkauf von *emotion* überzeugen will, muss ich noch ein paar Hausaufgaben machen. Die für meine Mutter so typische Haltung, Problemen nicht aus dem Weg zu gehen, sondern sie systematisch zu lösen, habe ich mir glücklicherweise schon sehr früh von ihr abgeschaut. Ich brauche einen klaren Plan, wie ich den

Kauf von *emotion* umsetzen möchte: Wie viel Geld brauche ich? Und woher soll ich das eigentlich sicher wissen? Cash hat in den ersten neun Jahren meiner Verlagslaufbahn keine Rolle gespielt. Natürlich bin ich immer ehrgeizig gewesen, die Magazine, die ich verantwortet habe, erfolgreich zu führen, die Kosten im Griff zu haben. Aber *emotion* ist mein erstes Entwicklungsprojekt.

Wir hatten zum Start 2005 einen Businessplan erstellt und diesen mit unserem kaufmännischen Leiter diskutiert. Anschließend ist der Plan vom Vorstand verabschiedet worden und wir haben eine bestimmte Investitionssumme bewilligt bekommen, waren damit zunächst abgesichert. Als sich *emotion* dann nicht entsprechend entwickelt hat, mussten wir zum Rapport, zu den besagten → Vitality-Checks. Dort ging es dann darum zu zeigen, wie wir Kosteneinsparungen realisieren und das Magazin gleichzeitig auf eine stabile wirtschaftliche Basis stellen konnten. Mit einer neuen inhaltlichen Ausrichtung, attraktiveren Covern und mithilfe passender Kooperationspartner haben wir gehofft, mehr Hefte verkaufen zu können. Es ging darum, die Entscheider davon zu überzeugen, dass es sich durchaus lohnte, an *emotion* festzuhalten, auch wenn sich der Titel nicht sofort unserem ersten Plan entsprechend entwickelt hatte. Es ging weniger um die Frage, woher das Kapital für das größere Investment käme, das wir nun brauchten.

Der Verlag hatte eine Art Cashpool. Und solange wir den Vorstand von dem Potenzial von *emotion* überzeugen konnten, solange war das Thema Cashflow nicht entscheidend. Ich wusste nicht, wann die Erlöse unserer Anzeigenkunden sowie die Erlöse aus den Abonnements, die wir mit *emotion* generiert hatten, dem Konto der *emotion* Verlag GmbH gutgeschrieben wurden. Ich wusste nur, mit welchen Kosten wir aktuell *emotion* produzierten, wie viel jeder Mitarbeiter, wie viel die einzelnen Dienstleistungen kosteten und welche Anzeigenerlöse wir uns in diesem schwierigen dritten Jahr 2009 zutrauten.

Mein erster Businessplan für das eigene Unternehmen

Wie soll ich das Thema MBO jetzt nur angehen? Mir fällt meine Freundin Katrin ein, die im Bereich → M&A tätig ist und in meinen Augen ein Crack im Bereich Finanzen ist. Als ich ihr von meinem Plan erzähle, ist sie beeindruckt und rät mir als Allererstes, einen Businessplan für meinen MBO zu erstellen. Beim Start einer neuen Unternehmung sei der Cashflow-Plan ganz entscheidend. Sie nimmt sich kurzfristig Zeit für mich und zeigt mir, wie ich einen Businessplan und daraus eine → Cashflow-Planung entwickeln kann und worauf es ankommt. Denn – und das wird mir sofort klar: Das eine ist eine realistische betriebswirtschaftliche Planung meiner Unternehmung, das andere eine genaue Planung der Geldflüsse, damit ich künftig wirtschaften kann. Ich will mich schnellstens ans Werk machen.

In einem ersten Schritt überarbeite ich meinen bisherigen Businessplan für die kommenden sechs Jahre. Ich bin von meiner Idee überzeugt, komme ins Schwärmen, wenn ich erzählen kann, was ich vorhabe und warum ich *emotion* kaufen will. Meine Idee ist, nicht nur das Frauenmagazin *emotion* zu sichern, sondern die Marke *emotion* weiterzuentwickeln und mehrere Erlösmodelle mit *emotion* zu realisieren. Aber bei aller Schwärmerei über das Potenzial meiner Unternehmung und seiner Chancen muss ich zuallererst für mich selbst wissen, welche Umsätze und Ergebnisse ich mir mit *emotion* in allernächster Zukunft zutraue. Wie lange wird es dauern, bis wir mit *emotion* im → Break-even sind, also kein Geld mehr verbrennen, sondern welches verdienen werden? Wie viel Geld muss ich für mein Projekt einsammeln, damit wir die Zeit bis zum Break-even überleben?

Im nächsten Schritt möchte ich dann mit dem Businessplan bei meiner Hausbank vorsprechen, um zu erfahren, welchen Kredit ich für den MBO bekomme. Eigenes Geld habe ich leider nicht, außer wenige Tausend Euro auf dem Konto und einen alten Bausparvertrag. Meine Mutter verdient mittlerweile sehr gut, aber wir besitzen keine Immobilien, die ich beleihen lassen kann. Zudem will ich auf keinen Fall meine Mutter, die ihr Leben lang sehr viel gearbeitet hat, mit ins Risiko ziehen.

Schnell finde ich online einige weitere Hilfen. Denn es gibt im Netz einige Ausschreibungen für Businessplan-Wettbewerbe, die genau erklären, wie man am besten an einen Businessplan herangehen soll.

So öffne ich an einem der nächsten Abende zu Hause mein Excel-Programm und beginne, meinen Businessplan für den MBO zu schreiben. Als Basis wähle ich die aktuelle Deckungsbeitragsrechnung von *emotion*. Ich muss mir überlegen, welches Wachstum ich mir bei den Erlösen zutrauen werde, die wir über den Verkauf von Anzeigen und von Werbebannern auf unserer Website emotion.de generieren werden. Dazu muss ich wiederum festlegen, wie sich die Auflage von *emotion* entwickeln wird – im Einzelverkauf wie im Abonnementgeschäft. Welche neuen zusätzlichen Erlösquellen werde ich erschließen können? Wie schnell? Und welchen Umsatz werden sie bringen?

Ich nehme unsere aktuelle Kundenliste zur Hand und überlege, welchen Anzeigenumsatz ich mir in Bezug auf jeden einzelnen Kunden künftig zutrauen werde. Dazu habe ich mir eine Konkurrenzanalyse in unserem Anzeigenstatistik-Tool gezogen, um zu sehen, welche Kunden in anderen Frauenzeitschriften mit ähnlicher Leserschaft werben und noch keine Kunden von *emotion* sind. Mitten in diesen Überlegungen wird mir bewusst, was ich alles künftig selbst planen und umsetzen muss.

Ich bin überzeugt davon, dass wir *emotion* anders vermarkten müssen. Im Verlag haben wir einen Innendienst, das heißt ein *emotion*-Vermarktungsteam, das ich als Anzeigenleiterin steuere und das für den Außendienst von G+J die Anzeigenangebote für einzelne Kunden ausarbeitet. Die Kollegen im Außendienst sind in Kontakt mit unseren Kunden und »verkaufen« die Anzeigen von *emotion*. Was mir daran nicht gefällt, ist, dass der Außendienst im Kundentermin nicht nur *emotion* dabeihat, sondern auch alle anderen Frauenmagazine von G+J. Also auch die *Brigitte, woman,* die Zeitschrift *Eltern* mit allen Sonderheften, die *Gala, Eltern family* und so weiter. Zeitschriften, die seit Jahren auf dem Markt etabliert sind und gute Reichweitenzahlen vorweisen können.

In dieser Gruppe ist *emotion* ein nicht so leicht zu vermarktendes Heft. Denn zum einen sind die Leistungszahlen von *emotion* nicht überzeugend: Wir haben uns seit dem Start vor zwei Jahren nicht so schnell entwickelt, wie wir es geplant haben. Zum anderen muss der Außendienst dem Kunden unser Magazin erklären. *emotion* ist kein gängiges Frauenmagazin. *emotion* hat einen psychologischen Schwerpunkt, was die Lifestyle-Kunden eher abschreckt. Denn eine Leserin, die sich für Psychologie interessiert, ist für die meisten Anzeigenkunden nicht sehr Lifestyle-affin. Um es etwas zugespitzt zu formulieren, heißt es über diese Leserin: Sie wohnt eher auf dem Land und häkelt Topflappen, als sich für den neusten Lippenstift zu begeistern. Hier gibt es viel Aufklärungsarbeit zu erledigen. In den letzten Monaten ist mir klar geworden, dass unser Außendienst, der in einem Kundentermin so viele Magazine zu vermarkten hat, nur begrenzt Zeit hat, um auch noch *emotion* an die Kunden zu bringen. Das ist im ersten Jahr von *emotion*, 2005 bis 2006, anders gewesen. Damals hatte jeder das neue Magazin kennenlernen wollen. Etwas darüber zu erfahren, dabei zu sein, war der Wunsch vieler Kunden gewesen. Als wir aber nach einem Jahr noch keinen Durchbruch im Einzelverkauf geschafft hatten, wurden die Kunden zurückhaltender. *emotion* war im Verkaufsgespräch nicht mehr hip. Der Verkauf wurde zäh. Wir zehrten nicht mehr von dem Bonus des Newcomers. Natürlich gab es weiterhin Kollegen im Außendienst, die voller Engagement *emotion* verkauften und keine Mühe scheuten, unserem neuen Magazin über mehr Anzeigenerlöse auf die Beine zu helfen. Aber natürlich gab es auch Vermarktungskollegen, die im Gespräch eher kurzsichtig handelten und lieber schnell die starken, großen Titel verkauften, die auch mehr Provision brachten. Sich zu lange mit einem jungen, aber mittlerweile problembehafteten Titel auseinandersetzen zu müssen, schien ihnen zu unbequem. Erschwerend kamen die schlechten Nachrichten auf dem Markt hinzu. Die Fachmedien warteten bereits auf die Einstellung einiger junger Magazine. Und diese »Todeslisten« führte immer wieder *emotion* an. Ich erinnerte mich wieder daran, wie ich mit einem Kollegen nach monatelanger Arbeit endlich einen großen Beauty-Kunden für *emotion* gewonnen hatte. Wir dachten, wir hätten es geschafft. Dann kam aber alles anders.

Und nun sitze ich hier und will meine Chance nutzen – unbedingt!

Finanzen, Erlöse, Gehälter, Räume und vieles mehr

Wie groß muss ich künftig die Anzeigenvermarktung planen, wenn ich *emotion* allein und direkt verkaufen will, das heißt ohne Außendienst? Schnell wird mir klar, dass ich mich selbst – vor allem zum Start – um das Anzeigengeschäft kümmern muss. Denn es ist neben den Vertriebserlösen meine wichtigste Einnahmequelle. Ich brauche ein starkes Verkaufsteam, das unternehmerisch handelt und langfristige Kundenbeziehungen aufbauen kann, das dazu auch gern in direktem Gespräch mit dem Kunden ist und Spaß am Verkaufen hat. Ich lege eine erste Zahl von Mitarbeitern im künftigen Vermarktungsteam fest, überlege, wie hoch ich wohl die Gehälter ansetzen muss, und addiere zu den Gesamtkosten noch an die 30 Prozent für Nebenkosten wie Sozialabgaben und so weiter dazu. Dann widme ich mich wieder der Planung der künftigen Anzeigenerlöse und lege pro

Bestandskunde die Erlöse fest, die ich akquirieren möchte. Dazu stelle ich eine Neukundenliste auf und versuche auch hier, eine realistische Einschätzung zu treffen, welche Erlöse ich mit neuen Kunden erwirtschaften kann. Anschließend überlege ich, wie wir diesen Gesamtumsatz im Anzeigengeschäft wohl in den Jahren darauf steigern werden, und schreibe die Planung für die nächsten sechs Jahre fort. Als Nächstes plane ich die Vertriebserlöse und -kosten und erarbeite an den drauffolgenden Abenden die einzelnen weiteren Posten meines Businessplans.

Für den vollständigen Businessplan muss ich neben der Finanzplanung noch das unternehmerische Gesamtkonzept meiner Geschäftsidee darstellen, das heißt meine Geschäftsidee im Detail beschreiben sowie im Rahmen einer Marktanalyse das Potenzial, das ich sehe, und wie ich dieses mit welchem Team künftig erschließen möchte. Diesen Punkten möchte ich mich in einem zweiten Schritt widmen.

Weg vom Psycho-Image

Das Planen der künftigen Auflage, die ich mit *emotion* erreichen will, ist gar nicht so leicht. Denn ich weiß mittlerweile, dass ich das Konzept von *emotion* unbedingt ändern will, um endlich das Psycho-Image loszuwerden. Der aktuelle Untertitel *Das Psychologiemagazin*, führt nicht nur dazu, dass uns Anzeigenkunden falsch einschätzen, sondern auch dazu, dass *emotion* im Einzelhandel fast immer bei den Psychologie-Titeln ausgelegt wird statt bei den Frauenzeitschriften mit einer hohen Verkaufsauflage. Es ist für uns hingegen wichtig, bei unseren »Marktbegleitern« zu liegen. So bezeichne ich gern die Konkurrenztitel von *emotion*. Aktuell ist *emotion* im Einzelhandel – wie erwähnt – meist bei den Psychologietiteln zu finden. Diese Titel werden eher abonniert. Wir müssen aber *emotion* in den Blick möglicher neuer Leserinnen bringen, also eher neben Titel wie

Brigitte, *Myself* und *Cosmo* platzieren. Diese Magazine liegen stets gut sichtbar in Kassennähe und ziehen viele Leserinnen und damit auch potenzielle neue Käuferinnen von *emotion* an. Die Sicherung dieser Platzierung für *emotion* ist eine weitere wichtige Aufgabe für mich. Und sie führt mich gleich zu den nächsten Fragen: Werde ich bei den bisherigen Dienstleistern bleiben? Soll ich den Vertrieb künftig weiter von G+J vornehmen lassen? Wie hoch muss das Marketingbudget sein?

Während ich meinen Businessplan abends und am Wochenende neben meinem Job weiterschreibe, fallen mir noch viele weitere Fragen ein:

Wer wird mir überhaupt folgen und bei meinem Start-up mitmachen? Wo werde ich ein Büro mieten? Wie groß muss es sein? Welche Kosten muss ich für Arbeitsplätze und IT einplanen? Mit welchen Druckpartnern werde ich arbeiten? Zu welchen Kosten? Ist der Alleingang hier eine Chance? Oder werde ich viel höhere Druckkosten in Kauf nehmen müssen, weil ich nicht mehr den Mengenpreisvorteil wie bei G+J habe?

Mir schwirrt der Kopf! Meine To-do-Liste wird jeden Abend länger. Und die Zeit rast.

Wie ein Hamster im Laufrad

Und dann tauchen – obwohl ich ja zu wissen glaube, was ich will – plötzlich doch noch Fragen aus meinem Unterbewusstsein auf: Will ich das Ganze wirklich? Ist mein Vorhaben nicht doch verrückt? Wird es gut gehen? Was, wenn nicht? Ist mir überhaupt klar, dass ich künftig noch mehr arbeiten muss, wo ich doch schon so viel tue?

Ich bin jetzt 35. Ein Alter, in dem ich mir langsam bewusst werden muss, was ich will. Auf welche Weise ich mein Geld verdienen möchte. Dazu hängt – das ist zumindest mein Gefühl – das Damoklesschwert des ›*Eigentlich muss ich jetzt schnell schwanger werden‹* über mir. Langsam sollte ich das Thema Kinderkriegen mal ernst nehmen. Mein Nenngroßvater Walter liegt mir immer wieder in den Ohren damit. Er will meine Kinder doch auch noch kennenlernen, und mit seiner Gesundheit geht es langsam bergab. Mein Gynäkologe gibt mir zu verstehen, dass das Kinderkriegen gar nicht so leicht ist, wenn man gestresst ist. *Na und?*, denke ich. *Ich will ja auch noch gar nicht schwanger werden!* Männer brauchen sich mit dieser Frage nicht herumzuschlagen. Das ärgert mich.

Aber solche Gedanken, die mich von meinem Plan ablenken, lasse ich nur ganz kurz zu. Denn ich habe meine Entscheidung getroffen. Mein Bauchgefühl sagt mir, dass ich auf dem richtigen Weg bin. Fürs Kinderkriegen bin ich ohnehin schon relativ »alt«, da kann ich jetzt auch noch ein paar Jahre warten. Das Durchschnittsalter der Gebärenden steigt sowieso an. Ich darf gar nicht daran denken, dass ich schon 14 Jahre älter bin als meine Mutter, als sie mich gebar. Fast eine ganze Generation älter! Das kann mich aber jetzt nicht von meinem Plan abhalten!

Viel und lange zu arbeiten bin ich gewohnt, seit ich bei G+J angefangen habe, da ich einen ehrgeizigen und sehr disziplinierten Chef habe. Es kann also nicht noch mehr werden. Und auch nicht frustrierender! Ich denke an die vielen Situationen in den letzten Monaten zurück, in denen ich mich ausgebremst gefühlt habe.

Und ich denke daran, dass ich ohne jede Ermutigung von außen, also nur deshalb, weil ich so sehr selbstmotiviert bin, um jeden Euro für *emotion* gekämpft habe.

Seit Beginn der → Vitality-Checks habe ich das Gefühl, wie ein Hamster im Laufrad zu sein, der immer schneller läuft. Ab und zu schaue ich in meinem Galopp hoch und sehe über mir einen überdimensional großen roten Knopf. Auf diesem Knopf sitzen mein Chef und der Vorstand als Miniaturfiguren, die das

Hamsterrad jederzeit stoppen können – einfach so. Sie lassen mich aber laufen, solange sie sich nicht um mich kümmern müssen. Und sie freuen sich über meinen Eifer, meine Motivation. Ja, ich habe die Freiheit zu laufen. Aber immer in der Ungewissheit, plötzlich gestoppt werden zu können. Der Vorstand kann jederzeit das Licht ausknipsen, und ich weiß, dass ich im Kreis der Verlagsleiter nur wenig Unterstützer habe. Für die *Brigitte*-Gruppe wäre es nur von Vorteil, wenn der zeitraubende Titel *emotion* endlich verschwände. Ich weiß, dass meine Anzeigenchefin Helma ein Fan von *emotion* ist, aber sie hat zu wenig Gewicht, wenn es um die Entscheidung geht, ob ein defizitärer Titel eingestellt werden soll.

Traue ich mir die Chefredaktion zu?

Bei einem Abendessen in unserem Stammitaliener Pepe e Sale fragt mich Bettina, warum ich mir nicht selbst die Chefredaktion zutraue. Ich wüsste doch genau, wie ich *emotion* weiterentwickeln wolle und könnte mir doch einen Profi an die Seite holen und das Heft selbst in die Hand nehmen. Nur ganz kurz erwäge ich diese Möglichkeit. Nein, das traue ich mir nicht zu. Ich bin ja keine Journalistin. Aber zugegeben – ich träume tatsächlich davon, eines Tages vielleicht auch die Rolle der Chefredakteurin auszufüllen. Jetzt aber ist das unmöglich, sosehr es mich lockt. *Ich muss ja den Verlag führen, und Kreativität ist nicht meine Stärke,* denke ich, und wechsele das Thema. Die Gedanken rasen nur so durch meinen Kopf, auch noch dann, als ich mich an dem Abend von Bettina verabschiede. Vor dem Einschlafen nehme ich mal wieder mein Tagebuch in die Hand und blättere zurück zu Silvester 2009:

»Ich spüre, dass das nächste Jahr ein tolles Jahr wird. Die Verwirklichung vieler Wünsche!«

Am 1. Januar 2009 der Eintrag:

»Das Jahr der Veränderungen hat begonnen. Ein gutes Jahr. Ein emotion*-Jahr. Ich möchte mein Leben endlich in die Hand nehmen.«*

Ja, das mache ich gerade, geht es mir durch den Kopf, und ich muss lächeln. Dann fällt mir das entscheidende Gespräch mit meiner Mutter ein, das wir im März gemeinsam in Lech beim Skifahren geführt hatten, als ich mir klar werden wollte, ob ich mich wirklich selbstständig machen möchte. Meine Mutter meinte, ich müsse endlich an meine Energie und meine Einzigartigkeit glauben. Sie schenkte mir ein Buch von Lynn Grabhorn mit dem Titel *Aufwachen. Dein Leben wartet.* Den Ratgeber las ich schnell durch, weil er genau zu meiner Situation passte. Es dürstete mich nach Veränderung. Mein Traum vom eigenen Unternehmen begleitete mich nach wie vor. Und ich merkte mir einen Ratschlag, an den ich in den darauffolgenden Jahren noch oft denken sollte. Er lautet sinngemäß: »Wenn man etwas verändern möchte, muss man überlegen, ob man aus dem Grund in eine bestimmte Richtung läuft, weil man *vor etwas wegläuft* oder weil man wirklich *in diese Richtung, also zu etwas Bestimmtem hin* möchte.«

Ich schließe meine Augen und konzentriere mich auf die Zukunft, sehe ein großes, helles Büro mit vielen Arbeitsplätzen, in dem wir *emotion* produzieren – und werde wieder ruhig.

München, Ende März 2009 – Selbstbestimmung als Ziel

Wieder einmal denke ich an den Moment in meiner Schulzeit zurück, als ich meinen Freunden erzählt habe, dass ich mal ein eigenes Unternehmen haben würde. Ich erinnere mich an die TV-Serie, die mich mal entzündet hat, in der sich eine Frau an einem Unternehmer, der ihr Leben zerstört hat, rächen will und ein großes Medienunternehmen aus dem Boden stampft.

Ich spüre mich in meinen Traum ein. Ich sehe mich als Unternehmerin. Als Verlegerin einer starken Marke, die Frauen unterstützt. Ich weiß, es gibt kein Zurück mehr. Und das ist auch gut so, denn ich habe nun ein klares Ziel vor Augen. Alles ist möglich. Mein Leben ist *jetzt*. Ich habe keine Angst. Ich will endlich meinen Weg gehen und ein selbstbestimmtes Leben führen. Ich möchte niemals bereuen müssen, es nicht wenigstens versucht zu haben, *emotion* zu übernehmen. Ich will es jetzt tun. Ich sehe meinen Weg klar vor mir. Es gibt keinen Traum, den ich mit einer Karriere bei G+J verbinde. Mein Ziel ist immer gewesen, selbstbestimmt zu sein – privat wie beruflich.

Ich mache das Licht aus. Aber ich kann noch nicht sofort einschlafen, denn ich denke darüber nach, wie ich mein eigenes Unternehmen nennen werde. Es soll nicht *emotion*-Verlag heißen. Mein Bauch sagt mir, dass *emotion* nur der erste Baustein ist und dass viel mehr nachfolgen soll. Ich will ein Netzwerk aus sehr guten Kreativen knüpfen, mit denen ich die unterschiedlichsten Medienmarken entwickeln möchte, die ihre Leser inspirieren. Es geht mir um *Inspiration* und ums *Netzwerken* … um ein inspirierendes Netzwerk. Ich mache das Licht wieder an, nehme mein Tagebuch noch einmal zur Hand und schreibe: »28. März: Ich möchte es wagen! Mein Unternehmen soll *Inspiring Network* heißen. Meine Ziele sind:

Erstens, *emotion* mit starken Partnern rauskaufen. Zweitens: eine neue Frauenzeitschrift mit einer guten Digital-Idee entwickeln. Drittens, ein modernes Medienhaus aufbauen, das Werten folgt, die mir wichtig sind.«

Ich klappe das Tagebuch zu, lösche erneut das Licht und schlafe sofort ein.

Den Businessplan prüfen

Ein paar Tage später habe ich eine erste Version meines neuen Plans fertig. Aber ich spüre, dass ich den Businessplan mit jemandem, der kompetent ist, gemeinsam prüfen muss.

Ich kenne mich. Ich bin eine unverbesserliche Optimistin, nicht nur im Alltag, sondern auch in Bezug auf Planungen im Business. *Das könnte jetzt gefährlich werden,* denke ich, da ich auf der Grundlage dieses Papiers einen Finanzplan erstellen muss, der die Investitionssumme festlegen wird. Eine zu optimistische Planung hätte zur Folge, dass ich mit einer zu geringen Summe an den Start ginge. Ich muss also eine weitere Person in meine Pläne einweihen. Und mir fällt auch sofort jemand ein: der stellvertretende Verlagsleiter der G+J-Verlagsgruppe München, Otto Huber. Ein Mentor, der mich jahrelang bei all meinen Aufgaben sehr unterstützt hat und dem ich viel zu verdanken habe.

Otto Huber hört mir genau zu, als ich ihm von meiner Idee des MBO erzähle. Er wirkt gar nicht so überrascht, sondern ist sofort bereit, mir zu helfen. Wir überlegen, wie groß mein Team sein muss, sprechen über Druckpreise und alles, woran ich noch zu denken habe. Wir holen den freien IT-Berater unseres Hauses dazu, und ich bitte ihn, mir ein Angebot zu erstellen, mit welchen Kosten ich für die gesamte IT rechnen muss. Schnell habe ich das Gefühl, dass meine Planung auf immer stabileren Füßen steht. Aber wie ich es auch drehe und wende, es wird klar, dass ich sehr viel Kapital brauche, um mit meinem Verlag die Aufbauphase überstehen zu können. *Sehr viel* Geld!

Im nächsten Schritt muss ich aus dem Businessplan eine Cashflow-Rechnung entwickeln, das heißt auf der Basis des Businessplans prüfen, welche Einnahmen wann auf dem Konto meines Unternehmens eingehen werden, welche Ausgaben zu begleichen sein werden und welcher Geldfluss sich daraus ergeben wird.

Schon der Businessplan zeigt, dass ich fast eine Million brauche, bis wir mit *emotion* in die schwarzen Zahlen kommen. Die Frage ist jetzt nur, *wann* wir *wie viel* Geld im Detail benötigen. In Monaten, in denen wir voraussichtlich viele Anzeigenbuchungen verzeichnen können, wird ein etwas geringeres Minus entstehen als in den ohnehin anzeigenschwachen Monaten. Anhand der Cashflow-Planung werde ich erkennen, ob und ab wann sich mein künftiger Verlag selbst finanzieren kann. Wieder ärgere ich mich, dass ich als Verlagsleiterin von *emotion* nicht weiß, wie die aktuelle Cashflow-Planung aussieht. Dafür haben wir im Konzern ja unsere Controlling-Abteilung.

Am nächsten Tag schließe ich mich vormittags in meinem Büro ein und telefoniere mit einigen Kollegen aus Hamburg, um zu verstehen, wie der Cashflow in der *emotion* Verlag GmbH aussieht. Dabei lerne ich zum Beispiel, dass die Erlöse, die wir von Abonnenten, die für ein ganzes Jahr im Voraus zahlen, nicht unbedingt sofort den *emotion*-Konten gutgeschrieben werden. Der Verlag G+J, zu dem ja viele verschiedene Magazine gehören, arbeitet mit allen liquiden Mitteln aus den verschiedenen Quellen für alle Zwecke innerhalb des Hauses, garantiert die Zahlung aller Ausgaben und gleicht einen negativen Cashflow natürlich aus.

Mir wird klar, dass es in meinem eigenen Verlag später anders sein wird. Wir werden keinen Cashpool haben, zumindest nicht in den ersten Jahren. Ich schaue mir noch einmal an, wie viel Kosten ich jeden Monat zu stemmen habe. Gehälter, Sozialabgaben, Miete, Druckkosten für *emotion* und natürlich auch Marketingkosten und einiges mehr. Auch wenn ich mit einer anderen Kostenstruktur arbeiten werde, werden wir in der Aufbauphase jeden Monat sehr viel Geld brauchen. Sollten wir in der Aufbauphase uns etwas schlechter, als meine Planung es vorsieht, entwickeln, werden sofort größere Finanzlöcher zu stopfen sein. Ich muss einen Weg finden, ausreichend Kapital aufzutreiben.

In diesem Moment, der sicher auch zu einem abrupten Ende meines MBO-Traums führen könnte, spüre ich, dass ich dieses Risiko einzugehen bereit bin. Ich will ein eigenes Unternehmen gründen, neue Wege gehen. Ist mir bewusst, dass es auch danebengehen kann? Ja und nein.

Mein unverbesserlicher Optimismus lässt mich daran glauben, dass alles klappen wird. Ich bin fest davon überzeugt, dass dieser Glaube für einen Unternehmer essenziell ist. Sollte das Ganze baden gehen, werde ich eben noch mal von vorn anfangen. Ich verfüge nicht über viel Kapital, das ich verlieren kann. Also werde ich mich verschulden müssen. Und wenn es schiefgeht, habe ich einen Berg Schulden abzutragen. Tief in meinem Innern weiß ich jedoch, dass mich mein Mut nie verlassen wird. Notfalls werde ich eben wieder aufstehen. Meine Mutter und ich sind mit nichts als unseren Kleidern am Leib damals nach Deutschland gekommen, und es ist meiner Mutter gelungen, uns hier ein neues Leben aufzubauen. Ihrem Mut und ihrer Tatkraft ist es zu verdanken, dass es ihr in einem überschaubaren Zeitrahmen gelungen ist, eine verantwortungsvolle leitende Position in einem Labor in München zu erhalten. Was soll mir also passieren? Im schlimmsten Fall werde ich eben von vorne beginnen. Und nachdem ich mein Geld als Schülerin auch schon mit Putzen verdient habe, erschreckt mich nicht so viel.

Wird meine Hausbank mich unterstützen?

Als der Cashflow-Plan fertig ist, rufe ich meine Hausbank an. Mir ist es wichtig, einen großen Teil des künftigen Unternehmens selbst zu besitzen. Also brauche ich nicht nur Investoren, sondern auch selbst genügend Kapital. Ich habe fast zehn Jahre gut verdient und bin eine treue Kundin, daher bin ich mir sicher, einen guten Kredit zu bekommen. *Immerhin hat auch mein*

Stiefvater in der Bank einmal eine gute Position innegehabt. Das sollte mir helfen, denke ich.

Als ich an einem der nächsten Tage mit meinem Bankberater zusammensitze und ihm begeistert von meiner Idee erzähle, das *emotion*-Magazin zu kaufen, lächelt er mich etwas unsicher an. Ich weiß nicht, ob er mich *be*lächelt, weil er meine Idee für verrückt hält, oder ob er einfach unsicher ist, wie er mir reinen Wein einschenken soll.

»Welche Sicherheiten können Sie uns denn anbieten?«, fragt er. »Mein Gehalt«, antworte ich.

»Aber Frau Mol, erwidert er, das ist doch das Unsicherste, was Sie mir anbieten können. Sie werden selbstständig sein, in einer Branche, die es bald vielleicht nicht mehr gibt. Was ist das für eine Sicherheit?«

Okay, er hat recht, denke ich, *bin wohl etwas zu naiv gewesen mit meinem Anliegen.*

»Haben Sie eine Eigentumswohnung oder etwas Ähnliches?«

»Hm«, grummele ich.

Sparen ist in meinem Leben noch nie so meins gewesen. Darin hätte ich mir auch mal meine Mutter als Vorbild nehmen sollen, ärgere ich mich über mich selbst. Aber das hilft jetzt auch nicht weiter. Wie viel er mir denn als Kredit geben könne, frage ich ihn. Zuerst müsse ich einen Geschäftsplan vorlegen, entgegnet er. »Den habe ich«, sage ich und schiebe ihm meine Unterlagen über den Tisch. Er nimmt sie entgegen und meint, er könne sich für mein Vorhaben einsetzen. Wenn alles gut ginge, könne er mir vielleicht 30 000 Euro bewilligen.

»30 000 Euro?«, wiederhole ich ungläubig. »Ich brauche insgesamt fast eine Million!«

Was für ein Witz, rauscht es mir durch den Kopf. Warum bin ich schon so lange in dieser Bank Kundin? Ich danke ihm und verabschiede mich rasch. Schnell weg von diesem Ort der Niederlage. Aber ich lasse mich nicht entmutigen, sondern spreche mit einem Freund darüber, was ich tun kann. Er rät mir, es einmal bei der Sparkasse zu versuchen, die hätten solche Start-up-Center und seien daher mehr auf Gründer eingestellt. *Das ist es,* schießt es mir durch den Kopf, und ich erinnere mich noch gut an eine Sparkassen-Angestellte in Führungsposition, die ich kenne. Mit ihr zusammen hatte ich einmal *emotion*-Finanz-Workshops für Frauen geplant. Ich rufe sie sofort an und erzähle ihr vertraulich von meinem Vorhaben. Sie ist ein großer Fan unseres Magazins und kann meinen Entschluss nachvollziehen. Zumindest macht sie auf mich den Eindruck. Sie werde mir helfen, einen Termin bei den zuständigen Abteilungsleitern zu bekommen. *Es geht also,* denke ich.

Bettinas Nachfolgerin

Noch immer bin ich Verlagsleiterin und gleichzeitig Anzeigenleiterin bei G+J mit allen Pflichten. Nun muss ich mich dringend um die Nachfolge der Chefredakteurin kümmern. Ich möchte die Beautychefin Dorothee fördern, die seit Beginn für unsere Beautythemen verantwortlich ist, dazu aber auch immer wieder gute Lebensthemen ins Heft bringt. Ich spüre, dass sie *emotion* »fühlt«, wenn ich mit ihr bei Anzeigenkunden unser Magazin präsentiere und Anzeigen einzuwerben versuche. Dorothee weiß, dass wir die Ausrichtung von *emotion* etwas ändern müssen, damit wir bessere Verkaufszahlen erreichen. Wir kämpfen weiterhin für eine bessere Platzierung im Einzelhandel. Außerdem werden wir auch noch die Titelgestaltung und die Verkaufsstrategie überarbeiten müssen, denn die Cover von *emotion* sprechen offensichtlich noch nicht genügend Frauen an.

Ein zu magerer Gründungskredit

Einige Tage später steht der zweite Banken-Termin an. Meine Assistentin Barbara ist eingeweiht. Mein Chef Volker Breid, der mich schon immer hat machen lassen, fragt sowieso nie danach, was ich tue. Dennoch fühlt es sich merkwürdig an, inkognito unterwegs zu sein. Barbara wünscht mir Glück für meinen Termin, und ich nehme den Fahrstuhl in die Tiefgarage zu meinem schwarzen X3, einem Dienstwagen. Ich steige ein und drehe sofort die Musik laut auf – aktuell höre ich in Endlosschleife *Phoenix*. Mit Jonas war ich kürzlich in einem Konzert von ihnen. Mir wird bewusst, dass ich mich wohl bald von diesem Dienstwagen verabschieden werde. Natürlich habe ich solch ein Gefährt nicht in meine Planung aufgenommen – viel zu teuer!

Auf dem Weg in die Innenstadt frage ich mich, wie lange es dauern wird, bis ich weiß, ob mir G+J das Magazin verkauft, und wen ich wohl als Investor finden werde. Unablässig geht mir mein Projekt durch den Kopf und ich überlege, wie ich es weiter vorantreiben kann.

Ich habe der Sparkasse meine Planungsunterlagen mit wenigen Kommentaren vorab zugesandt. Ich möchte meine Gesprächspartner aber unbedingt persönlich von meiner Unternehmung überzeugen. Im Büro der Sparkasse am alten Rathaus lerne ich zwei freundliche Herren kennen, die mich in bayerischer Mundart begrüßen und in ihr Büro geleiten.

»Sie möchten also dieses Frauenmagazin kaufen?«, fragt der etwas Kräftigere der Herren herausfordernd. »Davon verstehen wir zwar nix, aber erzählen Sie mal.«

Das geht ja schon mal gut los, denke ich. *Lass dich bloß nicht verunsichern!* Und dann fügt er hinzu, sie hätten sich meinen Plan schon mal angesehen, allerdings fehle noch die Aufstellung meiner Sicherheiten. Denn ich wüsste doch, dass der Markt für Kredite in der aktuellen Wirtschaftskrise und nach der Pleite von Lehman Brothers kein einfacher mehr sei.

Wieder muss ich klarstellen, dass ich über keinerlei nennenswerte Sicherheiten verfüge, dafür aber doch über eine tolle Geschäftsidee. Ob ich ihnen nicht erst mal meinen Plan darlegen könne, frage ich.

»Ehrlich gesagt, liebe Frau Mol, das macht so keinen Sinn. Denn wir können uns gern dafür einsetzen, dass Sie einen kleinen Gründerkredit bekommen, dazu müssen Sie aber zuerst noch ein paar Unterlagen ausfüllen.«

Damit scheint das Gespräch abrupt beendet zu sein. Etwas frustriert nehme ich meine Unterlagen entgegen und frage noch beiläufig, wie hoch denn dieser Kredit sein könne.

»Also, wenn's wirklich gut läuft: 50 000 Euro.«

Nun falle ich aus allen Wolken und bin sprachlos. *Einen Gründungskredit von 50 000 Euro? Ein Bruchteil von dem, was ich brauche?* Die Herren nehmen meine Bestürzung wahr.

»Es tut uns leid«, sagte der Schmächtige. »Wir haben hier unsere Vorgaben. Entweder Sie finden Sicherheiten, die Sie uns anbieten können, oder wir versuchen, zumindest die 50 000 Euro für Sie zu bekommen«.

»Alles klar«, antworte ich betreten, bedanke mich rasch und gehe hinaus. Draußen muss ich erst mal tief Luft holen. Das ging leider daneben. Wie ferngesteuert laufe ich zu meinem Auto. Mir ist jetzt endgültig klar, dass ich keinen nennenswerten Kredit aufnehmen kann, wenn mir kein anderer Weg einfällt. Nur ganz kurz schießt es mir durch den Kopf, ob ich nicht mit einem anderen Magazin »aus der Garage heraus« starten soll – mit viel niedrigeren Kosten als mit der eingeführten *emotion* und dem großen Team. Ich erinnere mich an andere Gründer, von denen ich gelesen habe. Wie haben die das gemacht?

Auch denke ich jetzt zum ersten Mal an Freunde und Bekannte, die aus wohlhabenden Familien stammen. Die würden, wenn sie selbst in der Situation wären, einfach ihren Vater anrufen und um einen Kredit bitten.

Neid ist noch nie ein mir vertrautes Gefühl gewesen. Es ist eher so, dass ich mich früher in bestimmten Kreisen nicht so wohlgefühlt habe, wenn es zu sehr um die Darstellung von Statussymbolen gegangen ist. Ich selbst hatte ja keine als Flüchtlingskind. Und obwohl klar war, dass solche Statussymbole von meinen Mitschülern im Gymnasium – oder von meinen Kommilitonen später im Studium – offensichtlich nicht selbstfinanziert waren, habe ich mich stets unsicher gefühlt, wenn sie präsentiert wurden: von Marc-O'Polo-Sweatshirts bis zu Perlenketten oder Hermès-Halstüchern im Jurastudium. Heute muss ich darüber lachen. Damals hat mich mein Selbstbewusstsein aber manches Mal verlassen, was mich ärgerte, denn ich wollte mich auf keinen Fall von äußeren Dingen beeindrucken lassen oder abhängig machen. Doch solche Vorsätze sind in jungen Jahren nicht so leicht in die Praxis umzusetzen.

Ob mir vielleicht einer meiner Freunde, die einen gut betuchten Vater haben, helfen kann? Ob da vielleicht jemand für mich um einen Kredit bitten kann? Nein! Schnell verwerfe ich diese Möglichkeit, denn ich bin dafür zu selbstständig erzogen worden. Um Geld betteln zu müssen, fällt mir schwer. Es wird sich schon eine Lösung finden, ermutige ich mich.

Mit solchen Gedanken fahre ich zurück ins Büro. Dort hat unser Redaktionsleiter gerade seine Lieblingsfrau, Eva Mendes, aufs Cover gesetzt – mit der Schlagzeile »Die neue Kraft des Glaubens!«.

Das wird interessant, denke ich und gehe kopfschüttelnd zu einem Termin mit meinem Chef.

Outsourcing als Möglichkeit

Volker Breid schlägt vor, dass wir über das Thema Outsourcing nachdenken sollten. Es sei ja durchaus möglich, dass sich G+J doch noch dazu entschließen würde, *emotion* zu behalten, und dann sei klar, dass wir den Titel auf keinen Fall mit den derzeit anfallenden Kosten produzieren können.

Es ist die Zeit, in der sich viele Redaktionsbüros gründen. Externe Teams von Journalisten, die Großverlagen die gesamte Redaktionsarbeit für einen Titel zu relativ niedrigen Kosten anbieten können. Der Verlag hat damit die Möglichkeit, ein Magazin, das noch nicht so gut läuft wie geplant, komplett auszulagern, an eine externe Redaktion zu vergeben, und Mitarbeiter betriebsbedingt zu kündigen. Meistens bleibt dann ein Redaktionsleiter im Verlag zurück, der das externe Büro steuert. Auch meinem Chef liegt das Angebot eines neuen Redaktionsdienstleisters vor, das ich prüfen soll. Der ehemalige Chefredakteur eines Frauenmagazins hat sich mit einem ehemaligen Verlagsleiter selbstständig gemacht. Mit diesem Büro nehme ich im Anschluss an unser Gespräch sofort Kontakt auf. Ich höre mir an, um wie viel günstiger wir *emotion* künftig mit diesem Team produzieren könnten.

Schon während dieses Telefonats überschlagen sich meine Gedanken: Was würde Bettina wohl dazu sagen? Wie werde ich es – sollte es mit meinem MBO nicht klappen – unseren Mitarbeitern in der Redaktion klarmachen, dass wir *emotion* künftig nicht mit ihnen fortsetzen können? Was für eine »schöne« Aufgabe, eine solche Hiobsbotschaft weiterzugeben. Ich spüre, dass ich dazu keine Lust habe. Und ich begreife aber auch, dass sich jemand anderes die redaktionelle Produktion von *emotion* zu viel geringeren Kosten vorstellen kann. *Ich muss die Redaktionskosten in meinem eigenen Businessplan noch einmal überarbeiten,* schießt es mir durch den Kopf.

Bevor wir das Gespräch beenden, verabreden wir uns auf einen Kaffee, ein persönliches Kennenlernen wird ja nicht schaden.

Kaum habe ich mein Blackberry abgelegt, klingelt es. Ein wichtiger Kunde ist am Apparat und sagt wieder ein größeres Anzeigenpaket ab, weil er unsicher sei, wie lange *emotion* noch auf dem Markt bleibe. Ich schlucke. So kann es nicht weitergehen!

München, 2. April 2009 – es gibt kein Zurück

Ich schreibe unserem Vorstandsvorsitzenden Bernd Buchholz eine Mail. Ich habe zwar immer noch keinen Investor, aber mein Entschluss steht fest. Ich werde alles dafür tun, *emotion* zu kaufen. Ich bin bereit, Buchholz zu treffen, und brauche einen Termin, um ihm mein Angebot zu unterbreiten. Als ich die Mail noch einmal durchlese, spüre ich, wie aufgeregt ich bin. Mein Magen schmerzt. Ich drücke auf Senden und weiß, dass es jetzt kein Zurück mehr gibt. Aber es fühlt sich richtig an. Die Aufregung ist nur ein Zeichen dafür, dass etwas Neues beginnt, beruhige ich mich. Es ist etwas Gutes, das Begeisterung in mir weckt und Kraft spendet.

Abends rufe ich meine Mutter an und überrede sie, mit mir zu unserem Lieblingsitaliener La Cucina in der Neherstraße essen zu gehen. Noch bevor meine Lieblingspasta Spaghetti alle vongole auf dem Tisch steht, erzähle ich meiner Mutter begeistert, dass mein Entschluss endgültig feststeht, und wir stoßen auf meine neue Lebensphase an. Am selben Abend beginne ich eine neue To-do-Liste mit den nächsten notwendigen Schritten. Ich bin eine Anhängerin von analogen To-do-Listen, die ich in mein Notizbuch, am liebsten aber auf Zettel schreibe.

Am Tag darauf bekomme ich den erbetenen Termin beim Vorstand in Hamburg: am 20. April.

Mir bleiben also etwa 14 Tage Zeit, um mein Angebot für G+J auszuarbeiten und mir zu überlegen, mit welchem Team ich starten will. Zum Glück ist Freitag.

Abends fahre ich nach Hallbergmoos zum Flughafen raus, um Jonas abzuholen, der seit einigen Wochen fast jedes Wochenende zu mir nach München pendelt. Er hat mittlerweile seinen Job gewechselt und arbeitet jetzt als Vorstandsassistent von Bernd Buchholz, also bei dem Mann, der bald über meine Zukunft entscheiden wird. Wie verrückt! Auf dem Weg nach Hallbergmoos überlege ich, wohin wir zum Abendessen gehen sollen. Jonas weiß noch nichts von meinem Entschluss, davon, dass es nun endgültig losgeht.

Eine Stunde später sitzen wir im Kaisergarten, eines meiner Lieblingslokale in Schwabing, ganz in der Nähe meiner Wohnung. Noch bevor das Essen kommt, platze ich mit meiner Neuigkeit heraus und strahle übers ganze Gesicht:

»Jonas, ich habe einen Termin und werde Buchholz den Kauf von *emotion* anbieten!«

Er schaut mich aufmerksam an und scheint kurz nachzudenken. Dann fragt er mit unüberhörbar leisem Zweifel in der Stimme:

»Und wie viel Geld brauchst du jetzt dafür?«

»Na, knapp eine Million«, sage ich und sehe ihm an, dass er mein Vorhaben verrückt findet. Andererseits kennt er mich und weiß, dass ich meinen Plan umsetzen werde.

»Wir haben dann stressige Zeiten vor uns«, murmelt er nur, macht eine Pause und fügt versöhnlich hinzu:

»Wir bekommen das schon hin, wenn du von deinem Weg überzeugt bist.«

Ich erzähle ihm, dass ich mittlerweile ein besseres Gefühl dafür bekommen habe, wer künftig in meinem Team arbeiten soll. In den letzten Wochen habe ich mir alle Redaktionskolleginnen und -kollegen genauer angesehen und lange überlegt, wer gut zu meinem Start-up passt und wem ich zutraue, mit mir in die Selbstständigkeit zu »springen«.

Der Redaktionsleiter scheint auch Pläne zu entwickeln, die ich noch nicht ganz einsehen kann. Er hat mich vor Kurzem in ein Redaktionsbüro eines mit ihm befreundeten Kollegen mitgenommen. Ihm ist klar, dass wir Einsparungen vornehmen müssen, und er will unbedingt Chefredakteur von *emotion* werden. Sein Kollege stammt wie er selbst aus Augsburg und macht hauptsächlich ein Kirchenblatt – und das nicht schlecht. Daher also das Glaubensthema in der aktuellen *emotion* Ausgabe! Aber als mir dann die beiden erzählt haben, wie sie *emotion* weiterentwickeln wollen, habe ich sofort gewusst, dass es nicht das Magazin sein würde, an das ich glaube.

Mehr denn je habe ich eher die neue stellvertretende Redaktionsleiterin Dorothee im Blick, die sich weiterentwickeln will. Sie ist erfolgreich, über 50, also sehr berufserfahren, aber immer noch in der Beautyabteilung. Sie fühlt sich dort unterfordert und möchte endlich mal was anderes machen. Bettina hat sie damals, als wir starteten, in die Entwicklungsredaktion geholt und ihr den Job als Beautychefin angeboten. Ich bin mir aber sicher, dass sie *emotion* versteht und ebenso wie ich selbst darin ein Blatt sieht, das Frauen inspirieren will, ihren Weg zu gehen. Sie weiß, dass es bei *emotion* um Lebensfreude geht, die nur dann entsteht, wenn wir Frauen uns trauen, die zu sein, die wir wirklich sind. Wenn Dorothee von *emotion* erzählt, strahlen ihre Augen. Ich weiß nicht, ob sie eine Blattmacherin ist, ob sie auch die Entwicklung eines neuen Magazins beherrscht. Ich weiß aber, dass sie das richtige Gefühl für *emotion* hat. Und ich bin davon überzeugt, dass es beim Blattmachen vor allem darum geht: ein Gefühl dafür zu entwickeln, wie eine Marke tickt, welche Bedürfnisse von Leserinnen sie in welcher Tonalität bedienen möchte. Schnell bin ich mir sicher gewesen, dass Dorothee die Richtige ist, um *emotion* als Chefredakteurin zu führen. Das alles erzähle ich an dem Abend Jonas voller Begeisterung.

»Dann frage Dorothee doch gleich mal«, meint er, »… nicht dass sie auch bald frustriert das Handtuch wirft wie Bettina. Immerhin kommt sie doch mit dem Redaktionsleiter nicht zurecht.«

Außerdem schlägt er vor, seinen Patenonkel, einen erfahrenen Geschäftsmann, zu bitten, ob er nicht mit mir noch mal über den Businessplan schauen könne. Vielleicht kenne er auch einen Investor. Zwei weitere To-dos kommen auf meine Liste.

München, 6. April 2009 – Dorothee sagt zu

Noch am selben Wochenende schreibe ich eine SMS an Dorothee, dass ich sie am Montag gern auf einen Kaffee außerhalb des Verlages treffen möchte. Sie sagt sofort zu.

Das Wochenende rast nur so dahin, ich bin mit meinem Businessplan vollauf beschäftigt. Am Montag sitze ich mit Dorothee in der Mittagspause im La Cantinetta, einem Weinlokal in der Neumarkter Straße, ganz in der Nähe des Verlags – der einzig nette Ort in unserem Industrieviertel.

Voller Enthusiasmus weihe ich sie in meine Pläne ein und frage sie, ob sie sich vorstellen könne, Chefredakteurin zu werden. Dorothee sagt spontan zu. Sie ist begeistert. Wie großartig, eine Frau, die sich etwas zutraut, eine echte *emotion*-Frau! Eine, die mir nicht als Erstes erzählt, was sie noch *nicht* kann, was sie vielleicht für den Job noch braucht.

Dorothee ist eine Frau, die in sich ruht und ihre Chancen erkennt. Sie hat in ihrem Leben schon viel erlebt. Sie weiß, dass sie gut ist. Ich spüre, dass sie sich selbst vertraut, dass sie die Aufgabe meistern wird. Und sie hat keine Angst, aus dem Großverlag in ein Start-up zu wechseln.

Sie ergreift sofort die Chance, sich weiterzuentwickeln – oder auch die Chance, am Abenteuer MBO teilzunehmen. Ich bin erleichtert. Denn nun habe ich eine starke Frau an meiner Seite, die mir im Laufe der nächsten Jahre noch eine wichtige Stütze sein wird. Und das beweist sie schon am nächsten Tag, denn sie ist eine Frau der Tat: Gleich morgens kommt sie in mein Büro und nennt drei Personen, die sie fragen könne, ob sie mein Vorhaben unterstützen würden. Ich bin begeistert.

Je mehr ich mich mit dem MBO beschäftige, desto aufgeregter werde ich vor lauter Vorfreude auf das, was ich mir erträumt habe. Immer wenn ich jetzt mit dem Auto durch die Stadt fahre, überlege ich, wo ich mein Büro anmieten werde.

Eine gute Empfehlung

Heute bin ich im La Cucina zum Lunch mit Dorothees Vermieter verabredet, ehemals Kommunikationschef eines großen Unternehmens, der meine Idee mutig findet. Er hat gerade nicht das nötige Kapital, um selbst zu investieren, meint er, aber ich bräuchte jetzt auch Hilfe für die Verhandlungen mit G+J. Da könne er mir zumindest einen Freund vermitteln, der mich auf diesem Weg gut begleiten könnte. Denn jetzt komme es auf das richtige Angebot an G+J an.

Mir ist bewusst, dass ich in dem Punkt noch nicht gut aufgestellt bin, dass ich den MBO aber unbedingt durchziehen will. Das ist natürlich keine gute Voraussetzung für ein optimales Verhandlungsergebnis. Ein nüchterner Verhandlungspartner an meiner Seite ist genau das, was mir noch fehlt: Denn einen Businessplan zu haben, ist das eine. Das andere ist, Investoren zu finden, die an ihn glauben. Entscheidend ist, den MBO so auszuhandeln, dass wir gute Voraussetzungen für den Start haben.

Als ich nach unserem Lunch wieder im Büro bin, liegt schon eine Mail von ihm in meinem Postfach, in der er mich mit einem gewissen Christoph Stoecker in Hamburg vernetzt. Abends rufe ich Herrn Stoecker an, der schon im Bilde ist und mein Vorhaben spannend findet. Er habe zwar keinerlei Verlagserfahrung, aber was er könne, seien → M&A-Deals. Selbstbewusst ist er, finde ich, und verabrede mich mit ihm in Hamburg im Café

Balzac in Eppendorf. Im Anschluss will ich diesen Olaf Köhnke kennenlernen, der für *emotion* die Redaktionsarbeit übernehmen möchte. Ich habe noch etwa mehr als eine Woche bis zu meinem entscheidenden Termin beim Vorstand. In diesen Tagen sinkt mein Adrenalinspiegel nicht mehr auf Normalniveau.

Ein wichtiges Treffen in Hamburg

Manchmal nimmt in dieser aufregenden Zeit Jonas wahr, wie ich verstohlen in mich hineinlächle. Dann erzähle ich ihm, dass ich an mein Ziel denke und mich freue, bald meinen eigenen Verlag zu besitzen.

»Ist das nicht etwas zu früh?«, fragt er, »hast du denn gar keine Angst?«

Diese Frage wird mir in den darauffolgenden Jahren von verschiedenen Leuten immer mal wieder gestellt.

»Nein«, antworte ich, »ich verstehe, dass sich alles etwas verrückt anhört, aber ich bin fest davon überzeugt, das Richtige zu tun. Was ist außerdem daran so verrückt, als junge Frau zu versuchen, den eigenen Traum wahr werden zu lassen? Was kann schon passieren?« *Wenn es nicht klappt*, denke ich, *werde ich mir halt einen neuen Job suchen.*

In dieser Zeit stelle ich immer wieder fest, dass ich mit viel Energie und Mut dafür belohnt werde, wenn ich mich ganz auf mein Bauchgefühl verlasse.

Heute treffe ich mich mit Christoph Stoecker in Hamburg und bin froh, den ersten Flieger von München gebucht zu haben. So kann ich mich gleich um acht Uhr auf dem Weg ins Büro mit ihm treffen. Die vier Arbeitstage pro Monat in Hamburg sind immer sehr genau durchgeplant. Mein Chef verschenkt ungern Zeit. Daher buchen wir meist den sogenannten Red-Eye-Bomber, in dem man vielen Menschen in Businesskleidung mit übermüdeten roten Augen begegnet. Die ersten Flieger morgens ab München sind eine Zumutung, weil der Flughafen so weit draußen liegt. Man braucht ja selbst mit dem Auto an reiner Fahrzeit fast 40 Minuten, um dorthin zu kommen. Ein Abflug gegen sechs Uhr heißt also vor fünf aufzustehen. Eigentlich bin ich eine gute Frühaufsteherin. Aber mit »früh« meine ich ab fünf. Noch zeitiger aufstehen zu müssen, stresst mich schon beim Einschlafen, da ich Angst habe zu verschlafen. Da hilft auch kein Handywecker. An diesen Red-Eye-Bomber-Tagen habe ich nachmittags immer einen Tiefpunkt, aber meine Selbstdisziplin verbietet es mir, dem nachzugeben. Ich denke dann an meinen Chef, der in Hamburg immer vor acht landet, damit er sich im Büro entspannt einrichten kann, bevor die Kollegen kommen.

An dem Tag verschlafe ich glücklicherweise nicht und treffe Christoph Stoecker pünktlich im Café. Ich finde ihn gleich sympathisch – ein smarter Hanseat um die 50. Wunderbar, dass er große Lust hat, mit G+J über mein Vorhaben zu verhandeln. Ich spüre sofort, dass es gut ist, von ihm vertreten zu werden. Wir werden uns schnell handelseinig und besprechen die kommenden Schritte. Es gebe zwei Möglichkeiten, den MBO umzusetzen, sagt er: als → Share-Deal, bei dem wir das Vermögen und alle Wirtschaftsgüter kaufen würden, die der aktuellen *emotion* Verlag GmbH gehörten, oder als → Asset-Deal, bei dem wir alle Anteile an der GmbH erwerben würden.

Ein wichtiges Entscheidungskriterium ist bei solchen Deals die Haftung bei möglicher Insolvenz nach dem Kauf des Unternehmens.

Wir müssen also abwägen, was wir am besten vorschlagen sollten, und besprechen die nächsten Schritte. Dann verabreden wir uns für ein Telefongespräch in den nächsten Tagen.

Wann ist ein Magazin erfolgreich?

Nach München zurückgekehrt, sende ich Christoph Stoecker gleich am Wochenende meinen Businessplan zu und erläutere ihm noch ein paar Spezifika aus der Magazin- und Zeitungsbranche. Dazu gehört etwa, dass Zeitungs- und Magazinverleger stets die doppelte Menge drucken lassen müssen, als sie tatsächlich verkaufen können. Das hat folgenden Grund:

Die Presseverkaufsstellen in Deutschland – 2018 waren es laut Statista 101 239 – müssen für ihre Verkäufe von Druckerzeugnissen in Vorleistung gehen. Sie müssen alle Zeitungen und Magazine, die in ihren Regalen liegen, *ein*kaufen, bevor sie sie an die Kunden *ver*kaufen. Zwar bekommen sie das Geld für die Zeitschriften und Zeitungen rückerstattet, die sie nicht an die Kunden bringen können, aber für den Einkauf zuvor brauchen sie viel Geld. Sie müssen auf die Hoffnung hin, alles verkaufen zu können, in Vorleistung gehen. Doch alles lässt sich nie verkaufen. Erfolgreich ist ein Magazin schon dann, wenn es sich zu 45 bis 47 Prozent verkauft, also eine Remissionsquote von 53 bis 55 Prozent hat, sprich: Wenn in einem Laden zehn Exemplare eines Magazins liegen, kann der Händler froh sein, wenn er die Hälfte davon verkaufen kann. Das bedeutet wiederum, dass ein Verleger mindestens die doppelte Menge an Magazinen drucken muss, als er verkaufen kann – und dies, auch wenn er ein sehr erfolgreiches Magazin verlegt. Entsprechend gestaltet sich die Erlösstruktur von Zeitungen oder Magazinen vertrieblich. Das heißt, an jedem Presseprodukt verdienen mindestens drei Personen: *erstens* der Verleger, der die Zeitung oder das Magazin in seinem Verlag produziert und druckt; *zweitens* der Grossist, der die Zeitung oder das Magazin ab Druckerei übernimmt, also kauft, und an die Verkaufsstellen ausliefert; *drittens* der Pressehändler, der die Zeitung oder das Magazin an den Kunden verkauft. Der Grossist sammelt die nicht verkauften Restbestände wieder ein und vernichtet sie.

Was bedeutet das alles für mich als künftige Verlegerin der *emotion*?

Die Kunst besteht darin herauszufinden, an welchen Verkaufsstellen *emotion* liegen muss, um mit möglichst geringer Druckauflage die höchstmöglichen Verkäufe zu erzielen. Und wir müssen in Erfahrung bringen, an welchen Verkaufsstellen gar nichts läuft. Denn wenn sich ein Magazin dreimal hintereinander in einem Laden oder an einem Kiosk *nicht* verkaufen lässt, wird es automatisch aussortiert, um die Verkaufsstelle zu entlasten.

Christoph Stoecker hat das schnell verstanden und ist in Kürze mit der Materie vertraut. Wir arbeiten uns Schritt für Schritt voran, um meinem Businessplan den letzten Schliff zu geben.

Eine bittere Absage kurz vor dem Stichtag

In der Woche darauf habe ich einen weiteren Termin in München bei einer Beteiligungsgesellschaft. Ein Freund hat mich darauf hingewiesen, dass es in jedem Bundesland sogenannte Beteiligungsgesellschaften gibt, die sich an Start-ups und anderen Unternehmungen finanziell beteiligen, um die Wirtschaft im jeweiligen Bundesland zu unterstützen. In Bayern ist es die Bayerische Beteiligungsgesellschaft. Ich bekomme nach meinem Anruf dort sofort einen Termin und darf Herrn W., der sich meiner Anfrage annimmt, auch gleich meine Unterlagen und die letzten Ausgaben von *emotion* zusenden.

Ein paar Tage später werde ich zu einem Präsentationstermin eingeladen und kann vorsprechen. Die Ernüchterung lässt nicht lange auf sich warten. Herr W. hört meiner Präsentation in seinem kahlen Büro aufmerksam zu, dann räuspert er sich. Er verstehe ja nichts vom Verlagsgeschäft, gibt er zu. Er gehöre ja auch nicht zur Zielgruppe. Seiner Frau habe die *emotion* zwar gut gefallen, aber das tue ja nichts zur Sache. Vor mir habe ein junger Mann ein neues Patent für einen Supermarktwagen präsentiert, und dieses Konzept habe ihn absolut fasziniert und überzeugt. Er habe auch dessen Geschäftsmodell sofort verstanden. Das Verlagsgeschäft sei ja etwas komplizierter – und so aufwendig! Dass wir so hohe Produktionskosten hätten und eine solch hohe Auflage drucken müssten, obwohl wir dann weniger als die Hälfte verkaufen könnten, das sei schwierig. Er schaue sich alles auf jeden Fall noch mal an, aber er könne mir nichts versprechen.

Beim Verlassen seines nüchternen Büros habe ich, die Optimistin, kein gutes Gefühl. Und das bestätigt sich auch ein paar Tage später. Herr W. ruft mich an und sagt das Investment ab. Dann wird seine Stimme vertraulicher. Er will mir, da er selbst eine Tochter in meinem Alter habe, unbedingt davon abraten, mein Vorhaben umzusetzen. Er habe schon so viele Unternehmer scheitern sehen. Davor würde er mich gerne beschützen, sagt er. Ich höre ihm fassungslos zu. Muss mich setzen. Bin sprachlos. Und enttäuscht. Wieder eine Chance weniger.

Aber ich lasse mich nicht einschüchtern. Mehr denn je spüre ich, dass ich meinen Weg gehen muss.

Im Verlag merke ich, dass ich mich innerlich langsam von meinem Arbeitgeber entferne. Mein Blick verändert sich. Ich hinterfrage viel mehr Dinge als zuvor und weiß, dass ich – ob der MBO klappt oder nicht – meine Zukunft nicht mehr bei G+J sehe. Nun wird sich rasch alles entscheiden. Ich fühle mich gewappnet und bin sehr aufgeregt. Das Wochenende vor dem entscheidenden Montag will ich in Hamburg verbringen und mich mit Jonas' Patenonkel treffen.

Hamburg, April 2009 – guter Rat eines Erfahrenen

Am Samstag besuche ich mit Jonas seinen Patenonkel Rolf. Die Sonne scheint, es ist ein selten schöner Frühlingstag, und er lädt uns ein, auf der Terrasse seines Hauses einen Kaffee zu trinken.

Er hat sich gut vorbereitet und kommt gleich zur Sache. Mein Businessplan überzeugt ihn, was die ersten zwei Jahre betrifft, danach steigen die Zahlen seiner Meinung nach zu schnell an. → Hockey-Stick-Effekt nennt man das, sagt er. Jungunternehmer planen die Folgejahre nach der Gründung oft zu optimistisch. Auch ich erliege diesem Effekt und schaue wohl zu optimistisch in die Zukunft. Meine Planung vom dritten bis zum sechsten Jahr könne ich nicht auf belastbare Daten oder Fakten stützen. Ich wisse doch gar nicht, ob sich das Anzeigengeschäft wirklich so positiv entwickeln wird, auch wenn ich die Anzeigen künftig selbst verkaufen werde. Und wie sich die Printauflagen entwickeln werden, wüsste derzeit doch sowieso niemand. Er würde, um es kurz zu machen, auf jeden Fall ab dem dritten Jahr viel konservativer planen. Ich höre ihm aufmerksam zu, mache viele Notizen. Aufgrund meiner Begeisterung für das Projekt, die ich mir von einem nicht mehr aktiv tätigen Manager nicht kaputt machen mag, denke ich auch – ziemlich naiv, wie sich später herausstellen wird –, dass ich mein Geschäft mit *emotion* doch besser kennen müsse als er. Dennoch nehme ich mir vor, meinen Businessplan noch einmal zu überarbeiten.

Anschließend diskutieren wir meine Angebote an G+J. Er überzeugt mich davon, G+J anzubieten, als Verlag noch in Minderheit beteiligt zu bleiben. Alternativ könne mir G+J ein → Wandeldarlehen zum Start gewähren und sich damit eine Wandeloption in Anteilen sichern, für den Fall, dass mein Unternehmen erfolgreich wird. Auf diese Weise würde sich der Verlag die Chance erhalten, an einem möglichen Erfolg zu partizipieren. Ich selbst hätte so aber von Beginn an einen finanzstarken Partner an der Seite, der an einem Erfolg interessiert sei, und hätte dennoch Gestaltungsfreiheit, wenn ich die Mehrheit der Anteile halten würde. Darüber hinaus verschaffe sich der Verlag die Möglichkeit, über eine kleine Beteiligung als Gesellschafter dabei zu sein und zu lernen, auf welche Art und Weise und zu welchen Kosten man ein Magazin wie *emotion* auf dem Markt halten kann. Dies sei eine Win-win-Situation für beide Partner.

Dennoch warnt er mich auch vor dem Vorhaben und weist mich darauf hin, dass es sicherlich viele Jahre dauern werde, bis mein Unternehmen auf soliden Beinen stehen wird. Und dass es eine anstrengende Aufgabe sein wird, für alles zuständig zu sein und dazu die wichtigste Verkäuferin des Ladens zu sein. Selbstständig sein hieße ja auch, »selbst« und »ständig« für sein Unternehmen tätig zu sein.

Ich bedanke mich und verabschiede mich schnell, weil es schon spät ist und ich ins Büro will. Ich möchte jetzt schnell weiter an dem Konzeptpapier für meinen Termin mit dem Vorstandsvorsitzenden Bernd Buchholz arbeiten.

Nach dem Treffen mit Jonas' Patenonkel sitze ich in meinem Hamburger Büro und brüte über meinem Businessplan. Die Situation auf dem Markt hat sich noch weiter verschärft. Im Verlag gibt es immer mehr Kandidaten auf der *black list* – und *emotion* führt diese »Todesliste« weiterhin an. Der oberste Sales-Chef von G+J hat mich in den letzten Tagen darauf vorbereitet, dass die Situation für *emotion* immer enger wird, da sich das Anzeigengeschäft immer schwieriger gestaltet. Ich gehe mittlerweile davon aus, dass ich den Vorstand von der Zustimmung zu meinem MBO als Alternative zu einer Schließung von *emotion* überzeugen muss. Denn ich habe schon lange nichts mehr von einem anderen Kaufinteressenten gehört.

Hamburg, 19. April 2009 – am Vorabend des Stichtags

Am Sonntagabend fühle ich mich gut vorbereitet.

Mein Konzept für den Vorstand von G+J besteht aus folgenden Teilen:

Es skizziert erstens das Projekt bis April 2009, also bis heute, bei G+J, fasst zweitens das Projekt → Management-Buy-out von *emotion* zusammen, und in einem dritten Teil stelle ich die drei Handlungsalternativen für G+J vor.

Nach erneuter Überarbeitung weist mein Businessplan eine Finanzierungslücke von etwa einer Million Euro auf. So viel Geld muss ich auftreiben, sollte der Vorstand meinem Vorhaben zustimmen.

Dazu schlage ich vor, die Übernahme im Herbst zu vollziehen, da die Anzeigenkunden ihre Budgets und Mediapläne für das kommende Jahr jeweils im Herbst planen. Zu diesem Zeitpunkt müssten wir mit unserem Vermarktungsteam loslegen.

Hamburg, 20. April 2009 – das entscheidende Gespräch

Nun stehe ich also im Flur vor dem Vorstandsbüro und warte.

Bei solchen Terminen trage ich gern High Heels zur Jeans und Jackett, weil sie mich selbstbewusster machen. Ich halte die blaue Mappe mit meinem Konzept in der Hand, dazu die letzten beiden Ausgaben von *emotion*. Wieder und wieder gehe ich mein Gespräch im Kopf durch.

Dann öffnet mir die Sekretärin die Tür, und ich betrete das sonnendurchflutete große Vorstandsbüro. Bernd Buchholz begrüßt mich und bietet mir mit einer einladenden Handbewegung einen Platz auf dem schwarzen Ledersofa an, das relativ mittig im Raum steht. Er setzt sich in den Sessel gegenüber – breitbeinig und herausfordernd lächelnd wie so oft. In einer

Ecke seines repräsentativen Büros steht etwas ganz Persönliches: seine Gitarre, er spielt nach wie vor in der G+J-Allstars-Band.

Während ich meine Mappe öffne, um das Konzept herauszuholen, schaue ich kurz aus dem Fenster und genieße den atemberaubenden Blick auf den Hafen. Gleichzeitig spüre ich, dass es so gar nicht mein Traum ist, einmal selbst in diesem Büro zu sitzen, ein Gedanke, der mich sofort in meinem Vorhaben stärkt. In dem ausladenden Sofa drücke ich so gut es geht den Rücken durch, setze mich aufrecht hin, schaue Bernd Buchholz in die Augen und sage mit ruhiger Stimme:

»Mein Entschluss steht fest. Ich möchte *emotion* vor der Schließung retten und den Verlag kaufen – im Rahmen eines Share-Deals. Und ich kann mir vorstellen, dass G+J noch eine Weile beteiligt bleibt.«

Ich überreiche ihm das Konzept und bin froh, dass mir alles so gelingt, wie ich es mir erhofft habe. Meine Nervosität ist verflogen.

Er beugt sich vor, nimmt das Papier wortlos entgegen und blättert es einmal durch. Dann legt er es auf den Couchtisch, der zwischen uns steht, und sagt:

»Du willst also *emotion* kaufen? Du weißt, dass du dafür mindestens eine Million Euro brauchst. Hast du schon einen Investor an der Hand?«.

»Nein«, sage ich. »Aber ich führe bereits Gespräche und werde einen finden.«

»Das ist sportlich«, meint er, richtet sich auf und beendet unser Gespräch mit einer klaren Ansage:

»Ich gebe dir acht Wochen Zeit, um die Million aufzutreiben. In dieser Zeit prüfen auch wir unsere Optionen für *emotion*. Du wirst verstehen, dass ich für den Verlag die beste ziehen muss. Aber du hast eine faire Chance, den Zuschlag zu bekommen, wenn du Investoren findest und wenn uns dein finales Angebot zusagt.«

»Alles klar«, entgegne ich knapp.

»Und«, fügt er noch hinzu, »wir werden auf keinen Fall weiterhin als Investor dabei sein«, und steht dabei auf. Ich erhebe mich, schüttele ihm die Hand und verlasse sofort sein Büro.

Als er die Tür hinter mir geschlossen hat, bleibe ich kurz stehen, schließe die Augen, atme tief durch und entspanne mich. Mir wird ganz warm.

Jetzt geht mein Leben endlich richtig los. Die Verwirklichung meines Traums beginnt! Ich straffe den Rücken, will am liebsten einen Freudenschrei ausstoßen und in die Luft springen. Aber ich bin nicht zu Hause und auch nicht in meinem Auto, in dem ich immer mal wieder gerne meinen Emotionen ihren Lauf lasse. Also lächele ich nur in mich hinein und mache mich sofort auf den Weg in mein Büro zwei Etagen tiefer. Als ich an Jonas' Tür vorbeikomme – er ist ja nun Assistent von Buchholz – klopfe ich, öffne die Tür, stecke kurz den Kopf hinein und mime wortlos meine Freude. Seinen fragenden Blick beantworte ich mit einem Kopfschütteln. Ich will abends alles in Ruhe mit ihm besprechen.

Nun geht es tatsächlich los. Und es fühlt sich verdammt gut an! Warum ich das Gefühl habe, dass alles klappen wird? Ich weiß es einfach. Es gibt jetzt kein Zurück mehr.

In meinem Büro schließe ich die Tür und rufe gleich Christoph Stoecker an. Ich habe die Chance bekommen, sage ich. Und füge hinzu, dass G+J, falls sie sich für mein Angebot entscheiden sollten, ohne Beteiligung verkaufen will. Danach schreibe ich meinem Chef eine kurze Mail, damit auch er informiert ist.

IV. Meinen Traum verwirklichen

Hamburg–München, Montag, 20. April 2008

Acht Wochen Zeit! Die müssen jetzt gut genutzt werden. Auf dem Rückweg nach München erarbeite ich im Flieger eine neue To-do-Liste. Welche Leute spreche ich nun als potenzielle Investoren an? Mit welchen Mitarbeitern will ich weiter zusammenarbeiten? Wie viele Personen benötige ich nun künftig in der Redaktion? Wie viele Mitarbeiter brauche ich für die Vermarktung? Wie finde ich sie? Denn ich weiß, dass ich niemanden aus dieser Abteilung übernehmen werde. Wo und zu welchen Konditionen werde ich künftig die Hefte drucken? Mit welchem Dienstleister werde ich den Vertrieb organisieren? Fragen über Fragen.

Aber zuerst brauche ich einen oder mehrere Investoren. Als ich in München gelandet bin und im Parkhaus am Flughafen meinen Dienstwagen bestiegen habe, drehe ich die Musik – Jamiroquai – bis zum Anschlag auf und mache mich auf den Weg von Hallbergmoos in die Innenstadt.

Man kann dem Leben nicht mehr Zeit geben, aber der Zeit mehr Leben, hat mir mal mein Chef auf eine Geburtstagskarte geschrieben. Und genau in diesem Moment, als ich auf der A9 bin, spüre ich das Leben. Alles ist möglich! Vielleicht werde ich in einem Jahr ein eigenes Unternehmen haben – vielleicht auch keins mehr und einen Job ganz woanders. *Nein! Ich werde einen eigenen Verlag haben!*

Zu Hause angekommen, schenke ich mir ein Glas Weißwein ein, lege mich auf mein weißes Sofa, schließe die Augen und sehe mich in einem großen, weiten, hellen Büro. Viele Frauen wuseln um mich herum, wir arbeiten begeistert an einem neuen Magazin.

Alles wird gut, sage ich mir. Dann kommt mir ganz unvermittelt mein Vater in den Sinn. Er hatte so viele Talente. So viele Ziele. Und dann endete sein Leben in Polen ganz plötzlich, als er mit 38 Jahren von einem Balkon im achten Stock fiel. Er war suchtkrank. Alkoholiker. Manchmal spüre ich, dass ich tief im Innern Angst davor habe, seine Enttäuschung könnte sich in meinem Leben wiederholen: viele Talente zu haben, sie aber nicht in Erfolg übersetzen zu können. Schnell verwerfe ich diesen Gedanken wieder. Ich habe ja auch die Gene meiner Mutter geerbt, die voller Disziplin Schritt für Schritt ihre Lebensziele erreicht hat.

Ich gehe früh ins Bett, denn in den kommenden Wochen werde ich viel Kraft brauchen. Vorher aber schreibe ich noch ein paar Sätze in mein Tagebuch, wie so oft, wenn ich etwas erlebt habe, was mir bedeutend für mein Leben erscheint.

Investorensuche und Optimismus

Am nächsten Tag fahre ich ins Büro, kümmere mich zuerst ums Tagesgeschäft und berichte dann meiner Assistentin Barbara bei geschlossener Tür von der neuen Entwicklung. Dann rufe ich Olaf Köhnke an, den ich kürzlich in Hamburg persönlich kennengelernt habe. Er hat mir seinen Partner vorgestellt, wie sie *emotion* inhaltlich weiterentwickeln würden und zu welchen Kosten er *emotion* künftig machen könnte. Sein Partner ist mal erfolgreicher Chefredakteur eines Frauenmagazins gewesen. In einigen Punkten stimme ich mit ihnen überein. Einige sehe ich anders. Spannend ist jedoch, dass sie sich zutrauen, die redaktionelle Leistung zu erheblich niedrigeren Kosten, als wir sie bisher haben, umzusetzen. Ich erzähle Olaf vertraulich von meinem Vorhaben, um herauszufinden, ob er auch dann noch daran interessiert wäre, für mich zu arbeiten, wenn ich selbst und nicht G+J der Auftraggeber wäre. Und vielleicht kennt er ja einen möglichen Investor für mich.

Auch Olaf K. findet mein Vorhaben »sportlich«, aber er ist auch Geschäftsmann und will auf jeden Fall, was auch immer geschieht, dabei sein. Er nennt zwei Personen, die er gut fragen könne, ob ein Investment für sie interessant wäre. Wir einigen uns auf die Konditionen. Er will sich so rasch wie möglich bei mir melden, versichert er, und legt auf.

Ich hole meine aktuelle To-do-Liste heraus und wähle mal wieder die Nummer eines möglichen Investors. Ich weiß nicht mehr, wie viele Telefonate ich in dieser Phase auf der Suche nach einem passenden Finanzpartner schon geführt habe – mit Bekannten und Unbekannten. Wie vor ein paar Wochen bei meiner Begegnung mit Markus geht es aber stetig weiter. Ich spreche mit möglichen Investoren, die, wie Markus, zwar nicht selbst investieren wollen, aber mir dann zumindest jemanden empfehlen können, bei dem ich es mal versuchen soll. Die Gespräche verlaufen weiterhin nach dem gewohnten Schema. Dennoch ist da etwas tief in mir, was mich davor schützt, mich von den vielen im Sand verlaufenden Gesprächen nicht verunsichern zu lassen. Im Gegenteil. Der fehlende Erfolg stachelt mich eher an, es jetzt erst recht zu schaffen. Ich bin ehrgeiziger, als ich es mir zunächst gedacht habe! Will ich es anderen zeigen? Ich glaube, es ist mehr der Wunsch, es mir selbst zu beweisen, dass ich – anders als mein Vater – etwas erfolgreich entwickeln und zum Ziel bringen kann. Und es ist auch der Wunsch, aus einer Arbeitssituation im Großverlag auszubrechen, die es mir nicht ermöglicht, meine Stärken weiter auszubauen.

Unglaublich motivierend ist in dieser schwierigen Phase, dass kaum einer meiner Freunde und Gesprächspartner zu meinem

Vorhaben nur »Nein« sagt. Es ist immer ein »Nein, aber ...«. Denn meist fällt meinem Gegenüber doch noch ein möglicher Investor oder Gesprächspartner ein oder eine nützliche Website für Kreditgesuche oder ein M&A-Berater, der mir möglicherweise helfen könnte. Und so geht es schnell weiter.

Über Olaf lerne ich einen weiteren potenziellen Investor, Heiner Bente, kennen. Eine gute Bekannte von ihm ist Coach, kennt *emotion* und damit ist er der Erste, der einen anderen Zugang zu meinem Projekt hat. Und er kennt die Erfolgsstory von *brand eins*. So kommen wir schnell ins Gespräch, und ich habe das erste Mal das Gefühl, dass es etwas werden könnte. Er investiere sonst eher in technische Projekte, meint er, aber er sei interessiert. Wir treffen uns mehrere Male in Hamburg mit Olaf und dann auch ohne ihn, um die Details zu klären. Das Schwierigste ist die Bewertung meines künftigen Unternehmens, das bisher ja nur tiefrote Zahlen geschrieben hat. Welche Bewertung passt zum Start? In den Verhandlungen spüre ich, dass es mir wirklich wichtig ist, mit ausreichend viel eigenen Anteilen am Unternehmen zu beginnen, da ich ja noch nicht weiß, wie weit ich mit dem Startkapital kommen werde. Und das versteht er. Wenn ich auf dem weiteren Weg noch mehr Geld brauchen sollte, will ich nicht Gefahr laufen, mit meinen Anteilen vorzeitig in die Minderheit zu rutschen. Christoph Stoecker schlägt vor, die finale Verhandlung um die Höhe der Anteile zu verschieben, bis ich weiß, wie viel Kredit ich selbst bekomme, das heißt, welches Eigenkapital ich einbringen kann.

Mein Gespräch mit der Sparkasse München ist inzwischen noch einen Schritt vorangekommen, sodass ich immerhin eine Zusage für 50 000 Euro bekommen habe. Das ist aber weit von dem entfernt, was ich brauche. Aber ich halte mir diese Option offen. Für den Notfall. Es frustriert mich sehr, dass es ohne eigene Kapitalrücklage oder Immobilien, die ich als Sicherheiten anbieten könnte, so schwierig ist, an Geld zu kommen.

Hamburg, Mai 2009 – eine neue Chance

Dann schlägt mir Jonas vor, den Vater seines besten Freundes kennenzulernen, Karl Dietrich Seikel. Er ist seit 2008 (bis 2010) Medienkoordinator der Freien Hansestadt Hamburg. Zwei Tage später sitze ich in seinem Büro im Mittelweg. Das Thema MBO ist ihm ein Begriff, denn er ist Geschäftsführer des *Spiegel* gewesen, als Gabriele Fischer 1998 Chefredakteurin und Verlegerin des Wirtschaftsmagazins *Econy* war. *Econy* war als Wirtschaftsmagazin im *Manager-Magazin*-Verlag entwickelt worden, die erste Ausgabe kam 1998 im April auf den Markt, und nach nur zwei Ausgaben (!) wurde das Magazin wegen mangelnden Erfolgs (1. Auflage: 24000 Stück) eingestellt. Gabriele Fischer hat dann mit ihrer Eigentumswohnung als Sicherheit einen Kredit aufgenommen und in einem MBO die Rechte an *Econy* erworben.

Die dritte Ausgabe von *Econy* kam dann übrigens unter abenteuerlichen Bedingungen zustande: Die enthusiastische Redaktion arbeitete Tag und Nacht kostenfrei, um das Magazin zu retten. Nur die freien Mitarbeiter wurden bezahlt. Dann wurde der Verlag für Wirtschaftsmedien in Mainz gefunden, der sich aber bereits ein Jahr später von der Redaktion und seiner Chefin wegen unterschiedlichen Auffassungen trennte. *Econy* wurde mit neuem Redaktionsteam fortgesetzt.

Das wieder vogelfreie ursprüngliche Team mit Gabriele Fischer gründete nun mit neuem Konzept das Wirtschaftsmagazin *brand eins*, das schnell erfolgreich war. Als die glücklichen Gründer hörten, dass *Econy* eingestellt wurde, hatten sie einen Konkurrenten weniger.

Eine Magazingeschichte, von der nach vielen Jahren immer noch alle möglichen Leute voller Bewunderung erzählen. Auch Karl Dietrich Seikel. Er interessiert sich weniger für das inhaltliche Konzept meines Vorhabens. *Daher wird er kein Investor werden,* geht es mir durch den Kopf, und ich hake diese Möglichkeit für mich im Geiste auch sofort ab. Wieder nichts!

Aber dann erzählt er mir, warum er zum Medienkoordinator gewählt worden ist. Dass die Stadt Hamburg unter Bürgermeister Ole von Beust ihre Position als Medienstandort stärken wolle. Daher würde er mich gerne an die Bürgschaftsgemeinschaft Hamburg vermitteln, die Jungunternehmern wie mir dabei helfe, einen Kredit aufzunehmen – natürlich gegen ein entsprechendes Entgelt.

Ich werde hellwach und lasse alle negativen Gedanken fallen. Die Möglichkeit, die sich hier eröffnet, vielleicht doch einen hohen Kredit aufnehmen zu können, klingt großartig. Außerdem, so führt er weiter aus, könnte ich – vorausgesetzt, die entsprechenden Gremien sind von meinem Vorhaben überzeugt –, die Beteiligungsgesellschaft der Stadt Hamburg (BTG) als stille Beteiligte akquirieren. Die BTG befindet sich unter dem Dach der Bürgschaftsgemeinschaft Hamburg (BG), einer Bürgschaftsbank, die der Hamburger Wirtschaftsförderung dient. Ich muss sogleich an meine Erfahrung mit dem Herrn von der Bayerischen Beteiligungsgesellschaft (BayBG) denken, sage aber nichts. Neue Stadt, neues Glück?

Ob denn Hamburg für mich als Standort infrage komme. Darüber habe ich noch nicht nachgedacht. Im Gegenteil! Denn gerade habe ich Jonas davon überzeugt, künftig unseren Wohnsitz nach München zu legen, sollte mein MBO klappen. Außerdem wohnt ja auch Dorothee in München. Und die Mitarbeiter, die ich mitnehmen will. Aber eines steht fest: Meine Möglichkeit, persönlich hohe Kredite aufzunehmen, ist begrenzt, solange ich mich nicht auf abstruse Zinsen verbunden mit einer Bürgschaft einlassen will.

»Klar!«, schießt es also aus meinem Mund! »Natürlich würde ich auch nach Hamburg ziehen, wenn das den MBO erleichtern würde.«

»Gut«, sagt er, steht auf, geht zu seinem Schreibtisch und nimmt zielstrebig den Telefonhörer in die Hand, um Frau Karstens von der BTG/BG anzurufen. Er erzählt ihr kurz von meinem Vorhaben und kündigt eine Mail an, mit der er uns vernetzen wird, und zwar nicht ohne zu betonen, dass mein Projekt unter Zeitdruck steht. Im Anschluss ruft er im Start-up-Center einer Bank an und vermittelt mir auch dort einen Kontakt. Es sei wichtig, auf jeden Fall mit zwei Banken zu sprechen, sagt er, um die besten Konditionen zu verhandeln. Plötzlich scheint alles wieder möglich zu sein. Ich danke ihm herzlich und strahle übers ganze Gesicht, als ich mich von ihm verabschiede.

Hamburg, Mai 2009 – bei der BTG/BG Hamburg

Zwei Tage später sitze ich im Wartezimmer der BTG/BG und vertreibe mir die Zeit, indem ich an den Wänden die Bildergalerie von Gründern studiere, die von der BTG/BG bisher gefördert wurden. Es sind nur wenig Frauen darunter. Ich denke an all meine Gespräche über den MBO, die ich bisher ausschließlich mit Männern geführt habe. Warum eigentlich? Gibt es weniger Gründerinnen als Gründer? Haben wir Frauen es schwerer bei der Kreditvergabe? Wären meine Gespräche mit den bisherigen Banken und der Beteiligungsgesellschaft anders verlaufen, wenn ich ein Mann wäre? Bin ich zu naiv gewesen? Pitchen Männer anders um Kredite?

Leider habe ich keinen Unternehmerfreund an der Seite, der schon mal Kredite aufgenommen und ein eigenes Unternehmen gestartet hat, mit dem ich mich darüber unterhalten könnte. *Auf jeden Fall würde dieser Galerie der Gründer eine weitere Gründerin guttun*, geht es mir durch den Kopf.

Frau Karstens bittet mich in ihr Büro. Endlich sitze ich einer Frau gegenüber, die das Printgeschäft versteht und vorbereitet ist. Sofort stellt sie mir Detailfragen zu meinem Konzept und zum Businessplan. Sie hat schon einige Fehlinvestitionen verkraften müssen, wie sie erzählt, aber sie nimmt mir nicht den

Mut. Und ich habe sofort das Gefühl, dass ich sie für meinen MBO und *emotion* begeistern kann. Ich spüre, dass sie Lust hat, mich durch die Gremien zu bringen, die einer Investition der BTG/BG zustimmen müssen. Ich frage, über welche Höhe eines Investments wir sprechen können, und sage ihr, dass ich eine knappe halbe Million brauche. Sie schaut mich zunächst wortlos an. Mir stockt kurz der Atem. Hätte ich eine geringere Summe nennen sollen? Aber lieber will ich um ausreichend Kapital bitten als um zu wenig.

»Wir werden sehen, was sich machen lässt«, meint sie dann nur kurz. Allerdings würde ich professionelle Unterlagen brauchen. Sie gibt mir die Visitenkarte einer Beratungsgesellschaft, die sich darauf spezialisiert hat, für Gründer Investitionsgutachten zu erstellen. Das würde mich noch mal etwas kosten, sagt sie. Aber ohne Gutachten ginge es nicht. Ich danke ihr und verabschiede mich. *Alles wird gut,* sage ich mir wieder einmal. Aber ich spüre, wie ich mich ein wenig darum sorge, dass die Uhr unaufhörlich und ohne Erbarmen tickt. Doch mehr als konsequent meine To-dos abzuarbeiten kann ich ja nicht leisten. Meine Freunde sehen mich in dieser Zeit gar nicht. Und Jonas beschäftigt sich an den Wochenenden selbst, da ich nur am Schreibtisch sitze oder in Gesprächen bin. Ich achte darauf, meinen regelmäßigen Yogastunden und meinem Joggen treu zu bleiben, um meinen Kopf zwischendurch immer wieder frei zu bekommen.

München, Mai 2009 – Warnungen ignorieren, stark bleiben

Ab und an treffe ich meine Mutter und Wolfgang, meinen Stiefvater, spätabends beim Italiener. Eines Tages erzähle ich ihnen, dass ich wohl einen Investor gefunden und dazu ein gutes Gefühl habe, die BTG/BG überzeugen zu können. Dann würden mir nur noch wenige Hunderttausend Euro fehlen. Die wolle ich über private Darlehensgeber einsammeln.

»Du meinst es also wirklich ernst«, sagt Wolfgang.

Ich kann nicht glauben, dass er immer noch denkt, er könne mich davon überzeugen, bei G+J zu bleiben.

»Warum willst du bloß alles, was du bisher erreicht hast, aufs Spiel setzen? Du verdienst gut, fährst einen schicken Dienstwagen und kannst dich doch auch für ein anderes Projekt begeistern. Wir können doch immer noch überlegen, wie wir G+J einen Rückzug ermöglichen, sodass du mit oder ohne *emotion* weiterhin im Verlag bleiben kannst. Das bekommen wir schon hin.«

Er schaut mich aufmunternd an. Ich bin sprachlos und spüre Wut in mir aufsteigen. Dann frage ich ihn entrüstet, wann er es wohl endlich verstünde, dass ich nicht an einer Karriere bei G+J interessiert sei. Meine Mutter lenkt ein.

»Wolfgang möchte dich doch nur vor dem Risiko schützen, das dein Plan mit sich bringt«, sagt sie. »Ich selbst bin ganz ruhig, und das gibt mir das gute Gefühl, dass du das Richtige machst. Wir bekommen das alles schon hin.«

Ich weiß, dass sie das ernst meint. Meine Mutter kennt keine Angst. *Alles ist möglich, wenn ich nur weiß, was ich im Leben möchte,* denke ich und fahre nach Hause.

Ein Gutachten muss her ...

Am nächsten Tag rufe ich bei der Beratungsgesellschaft an und erfahre, dass sie mir gern ein Gutachten erstellen könnten, allerdings koste es um die 10 000 Euro. Da muss ich mich erst mal wieder hinsetzen. Ich antworte, dass ich mich wieder melden würde.

Zwischenzeitlich stellt mich Dorothee ihrer Hamburger Freundin Kirsten Soyke vor, einer erfolgreichen Juristin, die sogleich vom Projekt begeistert ist und investieren will. Zumindest will sie ein Darlehen gewähren. Christoph Stoecker erstellt zügig den ersten Vertrag über ein → partiarisches Darlehen. Dann fahre ich zu Kirsten Soyke nach Hamburg, und sie unterzeichnet den Vertrag und ist damit für den Fall, dass mein MBO klappt, dabei! Meine erste Investorin ist an Bord. Ich bin überglücklich. Wieder ermutige ich mich, dass alles gut wird. Ich muss nur daran glauben. Mit Kirsten Soyke spreche ich auch über das Gutachten, das ich für meinen Kredit brauche, und sie knüpft einen Kontakt zu einer anderen Beratungsgesellschaft, die mir ein attraktiveres Angebot für das notwendige Gutachten für die BTG/BG macht. Ich kann meinen Gesprächspartner zudem davon überzeugen, einen Deal mit mir einzugehen. Sollte der MBO klappen und mein Unternehmen tatsächlich bald starten, würde ich seine Gesellschaft anschließend mit der Steuerberatung meines Unternehmens beauftragen. Dann würde er die Kosten für das Gutachten noch einmal erheblich senken. Ein fairer Deal.

Zwei Tage darauf treffe ich zwei Berater dieser Gesellschaft, die mein Vorhaben noch einmal unter die Lupe nehmen wollen – und komme schon wieder an einen Tiefpunkt in meiner Unternehmensplanung. Ein sehr lehrreicher Prozess beginnt: Die beiden hinterfragen einfach alles. Ich muss jede einzelne Planungsziffer verteidigen. Nun wird es sehr konkret. Ich hole jetzt für jede Dienstleistung mindestens zwei Angebote ein. Alles natürlich nach vorab geschlossenen Vertraulichkeitsvereinbarungen, damit mein Team und der Markt nichts von meinen Plänen mitbekommen. Gemeinsam setzen wir eine Präsentation für die BTG/BG auf, in der wir die Historie von *emotion* vorstellen, das Heftkonzept und die Positionierung darlegen, die Leserschaft beschreiben, dazu den Markt erläutern, in dem ich tätig bin. Welche Konkurrenten oder Marktbegleiter, wie ich sie lieber nenne, gibt es? Wen sprechen sie an? Mit welchen Konzepten?

Ich bearbeite auch die Fragen, warum *emotion* bei G+J nicht funktioniert:

1. Der krisenbedingte Rückgang unserer Anzeigenerlöse kann mit internen Kosteneinsparungen nicht aufgefangen werden, da die Kosten des Gesamthauses, die Gemeinkosten und die Kosten unserer aktuellen Redaktion zu hoch sind. Bei den vorhandenen Strukturen würde der → Break-even für *emotion* daher – selbst nach einigen Veränderungen – zu weit in die Zukunft rücken.
2. Hinzu kommt, dass wir von Beginn an mit der Schwierigkeit zu kämpfen gehabt haben, unsere Einzelstellung in der gemeinsamen Vermarktung mit den Flaggschiffen des Hauses G+J hervorzuheben, insbesondere im Verbund mit der *Brigitte*-Gruppe, der *Gala* und der *Eltern*-Gruppe. Die → Crossmedialität von *emotion* ist zudem nie kapitalisiert worden, da es kein entsprechendes Know-how im Vermarktungsteam gibt.
3. Ich bin von Anfang an gegen Widerstände gelaufen, sobald ich weitere Formate, also Verwertungsmöglichkeiten, in Zusammenhang mit *emotion* vorgeschlagen habe, etwa Seminare, Vorträge und mehr.
   Ich habe mir anhören müssen, die *Brigitte* habe ja schon 20 Jahre zuvor keinen wirtschaftlichen Erfolg mit Seminaren gehabt, und daher zweifle die Verlagsgeschäftsführung daran, wie ich mit solchen und ähnlichen Formaten Erfolg haben wolle, wo *emotion* doch eine so viel kleinere Auflage als die *Brigitte* habe. Ich solle doch erst einmal 100 000 Exemplare im Einzelverkauf schaffen, dann könnten wir ja weiterreden. Außerdem sei an eine wirkliche Kooperation mit der *Brigitte* oder eine Unterstützung von der *Brigitte* nicht zu denken.

Warum tun sich Frauen manchmal so schwer zusammenzuarbeiten? Warum gönnen sie sich gegenseitig so wenig? Ich lerne in dieser Zeit die Bedeutung der Politik im Konzern kennen.

Wegen der Rivalität zwischen den Marken *Brigitte* und *emotion* ist gar nicht daran zu denken, *emotion* mit anderen Frauenmagazinen zusammenzuführen. So würde vielmehr das Konzept nur zulasten der Qualität von *emotion* verwässert werden. Vielleich würde man das heute anders sehen.

4. Auch die Erschließung weiterer Erlösfelder ist mir verwehrt geblieben. Ein Akademie-Konzept und eine digitale Testplattform für *emotion*-Projekte, die zusätzliche Erlösquellen erschließen sollten, sind beide abgelehnt worden. Ich solle doch erst einmal auf die 100 000-Auflage kommen, hieß es immer wieder. Ich habe es nicht mehr hören können.

Aus diesen Gründen geht es für *emotion* bei G+J einfach nicht weiter. Der MBO bietet G+J hingegen gute Chancen zur Fortführung ohne Imageverlust, wenn G+J weiterhin beteiligt bliebe (die Beteiligung will ich auf jeden Fall noch einmal vorschlagen) – auch wenn der Verlag *emotion* komplett an mich veräußert. Denn G+J würde mit einer Beteiligung das Überleben der Marke *emotion* und der damit verbundenen Arbeitsplätze als eigene Leistung darstellen können und so eine gute PR-Story gewinnen.

Wir hinterfragen noch einmal meine Businessidee: Was macht *emotion* einzigartig? Was ist der sogenannte → USP, der Unique-Selling-Point, das herausragende Leistungsmerkmal, das *emotion* von den Konkurrenten abgrenzt beziehungsweise *emotion* einen Vorteil im Markt verschafft? Und welches Marktpotenzial kann ich damit künftig überhaupt erschließen?

emotion soll das führende Magazin der neuen Frauenbewegung sein und intelligente Leserinnen durch die Lebensmodelle anderer Frauen ermutigen und inspirieren; es soll ihnen neue Perspektiven für das eigene Leben aufzeigen und den Dialog untereinander anregen und fördern. Weiterhin soll *emotion* Partner für die persönliche und berufliche Weiterbildung und -entwicklung von Frauen sein, die endlich immer mehr – aber noch viel zu wenig – auch in führenden Positionen zu finden sind.

Überhaupt ist das Thema Weiterentwicklung ein großes, bedeutendes Thema geworden. Es ist die Zeit der Coaches, die Psychotherapeuten im Hinblick auf die persönliche und berufliche Weiterentwicklung mehr oder weniger abgelöst haben. Es ist ›in‹, zum Coach zu gehen. Wir vermitteln bei *emotion* Coaches, die wir zuvor geprüft haben. Ich sehe so viele Möglichkeiten vor uns, die Marke *emotion* künftig zu kapitalisieren.

Wir sprechen außerdem über die passende Unternehmensstruktur, die wir anschließend in den Unterlagen erläutern.

Endlich ist mein Businessplan für die ersten sechs Jahre gründlich überarbeitet und das MBO-Konzept fertig. Inzwischen habe ich auch alle Angebote der möglichen künftigen Dienstleister gesichtet, die besten ausgewählt und die Konditionen verhandelt. Wir schließen sogenannte → Letters-of-Intent ab, Absichtserklärungen, die alle Eckdaten unserer künftigen Zusammenarbeit festlegen.

München, Juni 2009 – die Sache kommt in Schwung

Zwischenzeitlich stelle ich das Projekt über die Vermittlung eines Coaches, den ich sehr schätze, einem Schweizer Verlag vor, der einen kleinen Standort in Berlin hat. Nach einem guten Gespräch in Zürich und einem weiteren mit dem deutschen CEO in Berlin gibt es noch eine Möglichkeit der Partnerschaft für den Fall, dass Heiner Bente doch nicht investieren möchte oder die Kooperation mit der BTG/BG nicht klappt. Es widerstrebt mir zwar, erneut in Partnerschaft mit einem größeren Verlag zu arbeiten, aber ich bin so sehr vom Potenzial von *emotion* überzeugt, dass ich dies in Kauf nehmen will, wenn es notwendig wird.

Und endlich scheint Schwung in die Sache zu kommen: Nach mehreren Verhandlungen mit weiteren potenziellen Darlehensgebern im Freundeskreis und einigen weiteren mit Heiner Bente, der auch die Entwicklung mit der BTG/BG begleitet, werde ich immer sicherer, dass es klappen wird.

Schließlich sagt mir Heiner Bente zu, und wir einigen uns für den Fall, dass die BTG/BG zustimmen wird, darauf, dass er mit einem Anteil von 21 Prozent startet. Ich bin glücklich und dankbar. Tief im Innern spüre ich, dass der Satz stimmt, den ich einmal in mein Tagebuch geschrieben habe:

»Wenn ich für etwas brenne, kann ich auch andere dafür entzünden.«

Und:

»Alles ist möglich, wenn ich nur hart genug dafür kämpfe.«

Dazu ergeben sich über die positive Reaktion von Heiner Bente plötzlich noch weitere Möglichkeiten. Es ist, als habe sich eine Schleuse geöffnet. Den Investoren im »Wartemodus« fällt es nun leichter, sich positiv zu entscheiden. Einer zieht die anderen mit. Leider geht es dagegen mit der BTG/BG nur in kleinen Schritten voran. Die Gremien tagen alle paar Wochen. Eine entscheidende Sitzung wird verschoben. Ich spreche bei verschiedenen Gremienmitgliedern vor, um sie durch gute Argumente und Begeisterung auf meine Seite zu ziehen. Sie sollen für mein Projekt stimmen. Und ich muss mich zwangsläufig gedulden bis zur Abstimmung.

Hamburg, Juni 2009 – mit Bankern verhandeln

Ich nutze die Zeit, um erneut Gespräche mit den beiden Banken zu führen, von denen eine die Investitionen der BTG/BG begleiten würde. Ich entscheide mich schließlich für die Hamburger Sparkasse (Haspa) als Bankpartner. Denn dort treffe ich auf zwei überzeugende Kundenberaterinnen, die sogleich von *emotion* begeistert sind und mein Projekt in ihrem Haus gemeinsam mit Frau Karstens durchfechten wollen. Sie möchten alle endlich mal eine Frau beim Gründen unterstützen, sagen sie. Und ich freue mich, dass ich als Frau auch einmal Vorteile genießen kann. Bis zu diesem Zeitpunkt gibt es zu wenig weibliche Gründerinnen in Hamburg.

Für die Haspa spricht außerdem, dass sie die Betreuung des Unternehmensinvestments sowie die Betreuung meines Privatkredits, den ich auf mein persönliches Risiko hin aufnehmen und für den sich die BG verbürgen will, in einer Abteilung bündelt. Das scheint mir ein großer Vorteil zu sein. Denn mir wird langsam bewusst, wie viel ich künftig als selbstständige Unternehmerin ganz allein regeln muss. Ich werde nicht mehr wegen jeder Kleinigkeit auf eine Abteilung zurückgreifen können. Die Servicenummer, die bei G+J fast alle Probleme zu lösen vermag, wird für mich bald nicht mehr erreichbar sein. Daher ist es gut, die Anzahl meiner wichtigen Ansprechpartner so gering wie möglich zu halten.

Dorothee, Olaf, sein neuer Partner Andreas Möller und ich sprechen nun auch über das künftige Team. Es wird sich einerseits zwangsläufig verändern durch den Umzug nach Hamburg, andererseits will ich ja auch nicht mit allen weiterarbeiten. Dorothee selbst möchte pendeln. Ihr Mann arbeitet in einer Klinik in München und kann daher nicht nach Hamburg ziehen. Ich bewundere ihren Mut und ihre Entschlossenheit. Sie ist ein Vorbild für andere Frauen.

Parallel dazu entwickle ich mit Christoph Stoecker unser finales Angebot für G+J und das genaue Timing, das die Übernahme im Oktober vorsieht. Die Wochen fliegen nur so dahin.

Ich muss meinen Job bei G+J weiterhin so gut erfüllen, dass nach außen hin niemand Verdacht schöpft, es könne sich etwas ändern. Da ich aber in Gedanken ständig auch in der Zukunft bin, weiß ich irgendwann gar nicht mehr, wer über meinen geplanten MBO Bescheid weiß und wer nicht. Und nach wie vor kann ich den Verdacht nicht abschütteln, dass kaum jemand meinen Plan wirklich ernst nimmt. *Euch werde ich es noch zeigen,* denke ich manchmal nach frustrierenden Terminen. So soll ich unter anderem die Kosten für das Einstellen von *emotion* und für den Stopp eines anderen neuen Magazins von G+J, *Healthy Living*, errechnen. Ein anderes Mal soll ich die möglichen Synergien darstellen, die eine Zusammenlegung von *emotion* mit der *Brigitte* haben würde.

München, Ende Juni 2009 – jetzt wird es ernst

Kurz vor Ablauf der gesetzten Frist, in der mir nur noch die Zustimmung der BTG/BG fehlt, auf die ich aber noch eine Weile warten muss, schreibe ich Bernd Buchholz an und erbitte einen Termin, um ihm mein Angebot vorzulegen. Das Gespräch soll zehn Tage darauf, im Juli, stattfinden. Dieses Mal würden wir in größerer Runde zusammensitzen. Neben Buchholz, mir und meinem Berater sollen Matthias Mahler, Stabsstelle Development & Controlling G+J, sowie Tilman Kruse, Chefjustiziar G+J, dabei sein. Ich bin nun ganz cool. Jetzt will ich endlich den nächsten Schritt unternehmen.

Mitte Juli legen wir unseren Übernahmeplan vor. Und ich werde das Gefühl nicht los, dass der Verlag erst in diesem Moment mein Vorhaben ernst nimmt. Das Gespräch verläuft nüchterner als von mir erwartet und dauert nicht lange. Mein Angebot scheint attraktiv zu sein.

Kurze Zeit später erfahre ich, dass ich die Zustimmung erhalten würde, sobald mir die BTG/BG die Beteiligung und die Kredite zugesagt hätte. Endlich geht es richtig los!

Ich rufe sogleich Frau Karstens an und sage ihr, dass nun alles von der Entscheidung der Gremien der BTG/BG abhänge. Und ich spüre, dass sie das nicht so glücklich macht. Ich müsse doch noch Alternativen haben, meint sie. Nein, die hätte ich nicht, denn ich wolle selbstständig sein und nicht wieder unter ein Verlagsdach schlüpfen müssen. Aber ich habe jetzt etwas Aufschub bekommen. Es ist Urlaubszeit. Endlich kann auch ich etwas zur Ruhe kommen. Nach den Anstrengungen der letzten Monate freue ich mich auf meinen Urlaub mit Jonas in der Toskana, den wir in zwei Wochen antreten werden. Alles läuft gut, ich werde bald *emotion* kaufen können und Unternehmerin sein.

Doch oft kommt alles ganz anders, als man es sich vorstellt.

Eine Beerdigung und noch eine schlechte Botschaft

Mitten in meiner Aufbruchstimmung stirbt der Mann, den ich als Nenngroßvater bezeichne, seit er und seine Frau meiner Mutter und mir damals in München unter die Arme gegriffen haben. Er hatte die letzten Jahre in einem Altersheim in Essen gelebt. Als ich mich mit dem Auto auf den Weg nach Essen mache, um ihn noch einmal sehen zu können und mich von ihm zu verabschieden, klingelt mein Blackberry. Mein Kollege aus dem Controlling von G+J, der mit den Verhandlungen mit mir und meinen künftigen Partnern betraut ist, kündigt eine schlechte Botschaft an. Er fände es schwierig, mir diese zu überbringen: Der Vorstand habe in letzter Minute noch einen Verlag gefunden, der nicht nur *emotion*, sondern auch *Healthy Living*, das andere Magazin, das auf der Abschussliste steht, kaufen will. Ich traue meinen Ohren nicht und nehme wie ferngesteuert die nächste Autobahnausfahrt. Ich muss dringend an die frische Luft, muss ein Stück gehen, um mich zu beruhigen. Ich lande in einer kleinen Siedlung, parke meinen X3 und steige aus. Ich kann einfach nicht glauben, was mir mein Kollege erzählt.

»Sie hatten mir doch gesagt, dass Sie den für G+J besseren Deal wählen würden?!« Das Angebot des Verlags sei der bessere

Deal, meint der Kollege, da *beide* Titel übernommen werden könnten. »Aber ich habe doch schon Ihre Zusage«, entgegne ich. »Das galt doch nur unter der Voraussetzung, dass die BTG/BG dabei ist«, erwidert er, »und diese gibt es doch noch nicht.« Und außerdem sei dieser Deal doch für *alle* der bessere. Ich solle doch mal überlegen, ob ich nicht auch das zweite Magazin übernehmen wolle. Er wisse, dass ich kommende Woche in den Urlaub fliege, da könne ich doch in Ruhe darüber nachdenken, ob ich *beide* Titel übernehmen möchte.

Entrüstet lege ich auf. Und rufe sofort meinen Mitinvestor Heiner Bente an. Natürlich kommentiert er die neue Situation so, wie ich es schon erwartet habe:

»Sie haben mir doch ein paarmal gesagt, dass Sie gerade nicht von dem zweiten Magazin überzeugt sind, sondern nur von *emotion*«, sagt er ruhig. Und ich habe doch *emotion* schon eng kalkuliert. »Manchmal ist man beim Start einer Unternehmung sehr weit, dann kommt es aber doch anders. Vielleicht ist das ein Zeichen.«

Er bereue es, fährt er fort, denn er wäre gerne mit dabei gewesen. Aber auf keinen Fall sollten wir zwei Titel übernehmen. Man müsse von seinem Projekt zu 150 Prozent überzeugt sein, um mit dieser Kraft alles, was auf dem Weg der Selbstständigkeit auf einen warte, überstehen zu können. Denn es komme immer alles schlimmer, als man es geplant habe. Da ich bisher noch nie von dem zweiten Magazin überzeugt gewesen sei, seien das keine guten Startvoraussetzungen. Davon müsse er mich abhalten.

Ich lege auf und bin unglaublich enttäuscht. Der Traum, den ich verwirklichen wollte, mein ganzes Kartenhaus ist in wenigen Minuten zusammengebrochen. Ich setze mich auf den Randstein, lasse meinen Kopf zwischen die Beine sinken und atme ein paarmal tief durch. Alles dreht sich. Es ist vorbei. Heiner Bente hat recht. Ich habe nie an den Kauf von *Healthy Living* gedacht und sollte mich jetzt nicht in etwas drängen lassen, was ich nicht wollte. Jetzt muss ich wieder von vorne anfangen, denn ich werde nicht mehr unter einem anderen Geschäftsführer arbeiten. Ich brauche einen neuen Plan. Leider muss ich jetzt auch noch – und das ist besonders schmerzhaft – in meiner Rolle als Verlagsleiterin bei G+J den neuen Käufer von *emotion* treffen und mit ihm die Übernahme besprechen. Ich greife wieder zum Blackberry und rufe meinen Kollegen an, um ihm gleich abzusagen. Ich sei nicht daran interessiert, beide Magazine zu erwerben. Sollte sich doch noch etwas ändern, könne er mich gern wieder anrufen. Schnell lege ich auf, atme tief durch und setze mich wieder in meinen Wagen.

Juli 2009 – Ich will keine Angestellte sein!

Mein Entschluss steht fest: Ich will diesen neuen Weg auf keinen Fall mitgehen. Auch wenn ich den möglichen neuen Käufer von *emotion* sympathisch finde, weiß ich, dass nicht nur mein Ende bei G+J, sondern auch mein Ende als Angestellte gekommen ist.

Trotz der negativen Nachrichten bin ich erleichtert, zumindest diese Entscheidung für mich persönlich getroffen zu haben.

Ein paar Tage später fahre ich mit Jonas zum Glück in den Urlaub und versuche abzuschalten beziehungsweise mich innerlich wiederaufzubauen. Es wird auch ein Leben ohne *emotion* geben, tröste ich mich betrübt. Vielleicht sogar ein besseres. Ich könnte jetzt ein neues Projekt »in der Garage« starten, ohne das ganze große Investment. Und mit wenigen Mitarbeitern. Ich könnte Schritt für Schritt eine neue Marke entwickeln. So traurig es auch ist, es hat auch etwas Gutes: Ich weiß jetzt sicher, dass ich kein Konzerntyp bin. Keine Angestellte. In den letzten Monaten habe ich endlich begriffen, dass ich Unternehmerin bin. Dass ich etwas Eigenes aufbauen will.

In den zehn Jahren bei G+J habe ich viel gelernt. Ich bin dankbar für alle Erfahrungen. Aber nun fühle ich mich bereit für die

Welt ohne den Schutz eines Konzerns, ohne sicheren doppelten Boden. (An G+J hält der Medienkonzern Bertelsmann die meisten Anteile und übernimmt G+J ein paar Jahre später, 2014, vollständig.) Ich will endlich etwas wagen. Und es ist mir bewusst, dass dieser Wunsch ohne größeres Risiko nicht realisierbar ist. Wann, wenn nicht jetzt? Ohne Kind, ohne Familie. Ich bin Mitte 30, habe ausreichend Berufserfahrung gesammelt, habe keine Angst davor, noch einmal bei null anzufangen.

Toskana, 9. August 2009 – ein überraschender Anruf

Jonas und ich sitzen gerade auf der Terrasse des Relais Poggio ai Santi und genießen den atemberaubenden Blick über die Hügelkette bis zum Meer, als mein Blackberry klingelt und ich die Nummer meines Verhandlungskollegen von G+J erkenne.

Er verzichtet auf jegliche Einleitungsfloskel und bietet mir an, *emotion* nun doch ohne das zweite Magazin kaufen zu können! Der andere Käufer sei abgesprungen. Ich bin kurz sprachlos.

Ist das jetzt der Moment, den MBO abzusagen? *Ich will zunächst noch einmal in mich hineinhören und dann meinen Investor anrufen*, denke ich. Also bedanke ich mich für die Nachricht und teile dem Kollegen mit, nach dem ganzen Hin und Her nun etwas Zeit zu brauchen, um alles noch einmal zu überdenken, denn eigentlich hätte ich mittlerweile andere Pläne entwickelt – und lege auf.

Was soll ich nun machen?

In den kommenden Tagen wägen Jonas und ich die beiden Varianten meines künftigen Weges ab. Ich bin wieder einmal dankbar, ihn an meiner Seite zu wissen. Und natürlich setzt sich mein Bauchgefühl wieder durch. Ich glaube an *emotion*. Ich mag nicht noch mal von vorne anfangen. Ich sehe die größere Chance darin, auf dem aufzusetzen, was ich und mein Team bei G+J schon erreicht haben, auch auf dem Investment, das G+J bereits in die Marke gesteckt hat.

Auf dem Rückweg nach München steht mein Entschluss fest. Ich rufe Heiner Bente an, der erfreulicherweise gleich wieder an Bord ist. Und ich melde mich erneut bei Frau Karstens und bitte sie, meinen Investmentantrag wieder hervorzuholen. »Ich brauche das Geld«, sage ich ihr. Sie antwortet, dass der Prozess jetzt wieder etwas Zeit in Anspruch nehme, aber sie werde sich nach wie vor für unser Projekt einsetzen. Und so kommt es auch.

Doch bevor es so weit ist, muss ich noch ganz andere Steine aus dem Weg räumen, die ich nie für möglich gehalten hätte:

Ich bin verleumdet worden. Jemand aus meinem Umfeld will den MBO verhindern und setzt das Gerücht in die Welt, einer meiner Investoren sei bei Scientology engagiert. Dies verzögert alles noch einmal.

Glücklicherweise kann mich diese Hiobsbotschaft nicht mehr aus der Ruhe bringen. Ich vertraue darauf, dass alles klappen wird. Und dieses Mal kämpfen meine G+J-Kollegen mit mir gemeinsam gegen die Verleumdung. Sie möchten den MBO jetzt auch zum Abschluss bringen, und es gelingt uns schließlich, den Täter zu überführen.

In den Monaten nach unserem Toskana-Urlaub habe ich mich weiterhin um das Startkapital meiner Firma und um die Voraussetzungen für den Standort Hamburg gekümmert. Die Wochen und Monate fliegen nur so dahin, und unversehens heißt es Abschied nehmen von München.

Und dann wartet wieder etwas Unvorhergesehenes auf mich und verlangt meine ganze Energie und Entschlusskraft. Als künftig unabhängige Verlegerin werde ich die Fähigkeit, die ich nun beweisen muss, nämlich stur etwas einzufordern, ohnehin noch brauchen.

München, 19. November 2009 – mein Umzug nach Hamburg

Heute ziehe ich nach Hamburg um, und morgen soll ich den MBO-Vertrag unterzeichnen. Am Nachmittag tagt das Gremium des BTG/BG wegen meines Investments. Ich habe mich entschieden, an diesem Tag umzuziehen, weil ich mir nicht vorstellen kann, wie ich sonst die Spannung aushalten soll, bis gegen 16 Uhr die Entscheidung des BTG/BG zu erfahren. Jetzt hängt alles wirklich nur noch von der Zustimmung dieser Runde ab.

Gegen 16 Uhr klingelt mein Blackberry und ich lasse mich auf einer der Umzugskisten nieder und schaue aufs Display: Frau Karstens.

Sie freue sich, sagt sie, mir eine gute Nachricht überbringen zu können. Sie habe die Zusage für einen Teil des Geldes für mich. Einen Teil? Ich kann es nicht glauben und frage nach. Die Hälfte? Es durchzuckt mich. Nervös springe ich von der Umzugskiste auf und straffe den Rücken. Mir jagen gleichzeitig viele Gedanken durch den Kopf: Ich habe in Hamburg bereits Büroräume für uns gefunden und gemietet, alles im Vertrauen darauf, dass es mit dem MBO klappen wird. Und dann sagt mir die BTG/BG nur die Hälfte meines Kredits zu? Ich nehme meinen ganzen Mut zusammen und sage klar und deutlich:

»Das geht nicht, liebe Frau Karstens. Wir sind nun gemeinsam schon so weit gekommen. Wir werden jetzt auf keinen Fall mehr umkehren. Sie müssen bitte das Gremium umstimmen und mir den Kredit und die Beteiligung in der gesamten Höhe besorgen. Und ich muss es noch heute wissen, denn morgen soll ich den Vertrag unterzeichnen.«

Frau Karstens schweigt nur wenige Sekunden und verabschiedet sich dann mit einem »Ich versuche es« von mir.

Ich kann es nicht fassen. Was habe ich da gerade gesagt? Und wie hat sie reagiert?

Die Möbelpacker machen munter weiter, während ich nervös durch meine Wohnung laufe und meine Gedanken wie im Karussell kreisen.

Eine Stunde später, ich bin in meiner nun fast schon leeren Wohnung, klingelt mein Handy.

Sie habe es geschafft, sagt Frau Karstens. Ich setze mich auf einen der letzten Umzugskartons und mir laufen die Tränen übers Gesicht. Endlich! Ich bin erleichtert. Mein Sprung ins kalte Wasser, raus aus dem goldenen Käfig einer Führungsposition in einem großen Konzern wird mir gelingen!

Veränderung braucht spontanes Handeln

Ich denke an einen Abend in der Toskana zurück, als Jonas und ich beim Abendessen mit unseren Gastgebern ins Gespräch kamen und der Besitzer der Finka mich fragte, was ich beruflich mache. Ich quälte mich ja gerade mit dem Abwägen zwischen dem MBO mit *emotion* und einem möglichen Neustart herum. Und so brach es aus mir heraus, dass ich mich entscheiden müsse, ob ich den Sprung aus meiner Festanstellung wirklich wagen wolle. Da erzählte er mir, dass es immer schon sein Traum gewesen war, sich mit einer Finka in der Toskana selbstständig zu machen und diese ökologisch nachhaltig zu bewirtschaften: mit eigener Olivenplantage, regenerativer Energie und so weiter. Und während er davon träumte, sei es in seinem Job als Ingenieur in einem Großkonzern immer weiter für ihn nach vorne gegangen. Er spürte, dass es immer schwerer wurde, den Absprung zu schaffen, da der Käfig der Festanstellung nach und nach vergoldet wurde: noch mehr Gehalt, noch mehr Freiheiten, ein noch größerer Dienstwagen. Irgendwann riet ihm sein Freund, dass er – sollte er es mit der Finka wirklich ernst meinen – aber nun bald abspringen müsse. Denn sonst würde er für die Veränderung viel zu bequem werden und die Kraft nicht mehr aufbringen können. Das überzeugte ihn. Ein paar Wochen später kündigte er. Er hat es niemals bereut, meinte er abschließend. In dem Moment wurde mir selbst klar, dass meine Zeit gekommen war. Warum sollte ich nicht mit *emotion* den Absprung wagen?

Eine schriftliche Zusage

Die bestätigende Mail der BTG/BG erhalte ich eine Stunde nach der mündlichen Zusage von Frau Karstens. Damit soll ich am nächsten Tag beim Kauf von *emotion* die Investition der BTG sowie die Sicherheit für meinen eigenen Kredit bei der Haspa über die BG belegen können.

Der kommende Tag wird aufregend werden. Eine der größten Veränderungen meines Lebens wartet auf mich. Ich packe die restlichen Sachen ein und warte, bis die letzte Umzugskiste abgeholt ist. Dann wische ich die Wohnung durch und schaue aus dem Fenster in den Innenhof. Die Sonne ist mittlerweile untergegangen, es ist ein grauer Novembertag gewesen. Die Kastanie bewegt sich wie zum Abschied mit ihren kahlen Ästen langsam im Wind. Ich werde melancholisch, gehe durch alle Zimmer und verabschiede mich. Dann schließe ich die Wohnung ab, in der ich über zehn Jahre glücklich gelebt habe. In der letzten Nacht in meinen eigenen vier Wänden in München habe ich überraschend ruhig geschlafen.

Ich spüre nur ein bisschen Wehmut, weil eine glückliche, sorgenfreie Zeit vorbei ist. Zwar habe ich auch viel Stress im Job erlebt, aber keine existenziell bedrohlichen, wirklich schwierigen Momente. Die Krisen im Laufe meines Angestelltendaseins, die ich in diesen Wänden analysiert und mit meinen Nächsten diskutiert habe, sind im Nachhinein wichtige Schritte auf dem Weg meines Erwachsenwerdens gewesen. Jede einzelne krisenhafte Situation hat mich etwas gelehrt und ist sinnvoll gewesen.

Und wer weiß, wann ich mein Unternehmer-Gen entdeckt hätte, wenn *emotion* nicht in Schwierigkeiten geraten wäre?

Diese Gedanken, die ich später einmal mit Dorothee diskutieren sollte, würden uns dann zu einer kleinen Rubrik für die neue *emotion* anregen, der Dorothee den schönen Titel »Meine schönste Krise« geben wird. Prominente erzählen uns von persönlichen Krisen, die sich irgendwann zu den größten Chancen für sie entwickelt haben.

In Hamburg haben Jonas und ich inzwischen über unseren Freund Felix Friedlaender eine Wohnung gefunden, in die wir nun gemeinsam einziehen werden. Ich hätte nie gedacht, dass ich einmal nach Hamburg ziehen würde. In ein anderes Land schon eher. Nachdem ich als frischgebackene Abiturientin mal ein halbes Jahr in New York City verbracht habe, wollte ich immer noch einmal dorthin zurückgehen, um im Big Apple zu arbeiten. Aber Hamburg?

Mein Leben ändert sich ab sofort

Ab morgen werde ich nun mein eigenes Unternehmen in der Hansestadt starten und damit einen Großteil meines künftigen Lebens im Norden verbringen. Das fühlt sich unwirklich an. Ich werde das erste Mal in einer anderen Stadt als meine Mutter leben. Keine spontane Verabredung zum Abendessen beim Italiener mehr. Kein Glas Wein *after work* mit meinem besten Freund Florian. Nicht mehr mal schnell meine beste Freundin Annabel und mein Patenkind besuchen gehen. Oder ins Pepe e Sale mit Bettina. Mein Leben wird sich ab morgen ändern, wie ich es mir zum Jahresstart auch gewünscht habe.

Als ich später am Abend mit meinen Eltern und Dorothee im La Cucina sitze, um auf den Start in mein neues Leben anzustoßen, überwiegt die Vorfreude auf den nächsten Lebensabschnitt. Und alles fühlt sich richtig an.

München, 20. November 2009 – Vertragsunterzeichnung

Am kommenden Morgen stellen wir im Büro meines Chefs Volker Breid zunächst die Person, die meinen MBO zu verhindern versucht hatte. Danach unterschreibe ich den Kaufvertrag und kaufe mit unserem jungen Medienhaus Inspiring Network, das ich zuvor mit Heiner Bente als GmbH & Co. KG gegründet habe, die *emotion* Verlag GmbH im Rahmen eines → Share-Deals.

V. Plötzlich bin ich Unternehmerin!

Hohe Luft in Hamburg

Plötzlich bin ich Unternehmerin! Die entsprechende Pressemitteilung geht raus, die mir meine Freundin Petra, Kommunikationsexpertin und die Frau meines Verlagskollegen und Freundes Felix, vorbereitet hat. Die Fachpresse ist begeistert. Der erste MBO bei G+J ist vollzogen.

Ich bin aufgeregt, fühle mich frei, habe aber kaum Zeit, über alles nachzudenken, denn ich muss zum Flieger nach Hamburg. Die Umzugswagen sind schon am Vorabend aus München aufgebrochen.

In Hamburg übernehme ich die Bürofläche, deren Mietvertrag ich in der letzten Woche unterzeichnen musste, als ich noch gar nicht wusste, ob mit meinem MBO alles klappen wird. Die Räume in einer alten Tabakfabrik im Hamburger Stadtteil Hoheluft haben mich gleich überzeugt. Ein heller Großraum mit kreativer Loft-Atmosphäre. Es sind die ersten Räume, die ich bei meiner Suche nach einem neuen Standort in Hamburg besichtigt habe. Ich war eigentlich sofort überzeugt, hatte aber auch Alternativen sehen wollen, um ganz sicher zu sein. Nachdem mich der Immobilienmakler dann durch das verregnete Hamburg zu drei weiteren Flächen gefahren hatte, an denen ich jeweils etwas auszusetzen hatte, fragte er mich, ob ich mich nicht schon längst entschieden habe. Er hatte recht. Ich nahm die Räume in der ehemaligen Tabakfabrik. *Dort würde etwas Gutes entstehen, wenn nicht* emotion, *dann etwas anderes,* dachte ich. Meine Mutter riet mir auch dazu, obwohl der MBO noch gar nicht unterzeichnet war. Es werde schon alles gut gehen, sagte sie. Und so unterschrieb ich mit klopfendem Herzen meinen ersten Gewerbemietvertrag mit einer Laufzeit von sieben Jahren.

Am Freitagabend lädt uns meine erste Investorin Kirsten Soyke in die Hanse Lounge zum Abendessen ein. Meine Mutter und ich sind zum ersten Mal in einem Businessklub. Wir sitzen an einem runden, festlich gedeckten Tisch mit Blick auf das Hamburger Rathaus. *Meine neue Heimatstadt,* denke ich. Gemeinsam mit Dorothee, meiner Mutter und Jonas stoßen wir mit Kirsten Soyke auf unser Unternehmen an und feiern unseren Erfolg. Wir schmieden Pläne, wie wir *emotion* schnell weiter bekannt machen werden. Immer noch fühlt sich alles für mich unwirklich an, als würde ich in einem Film die Hauptrolle spielen. Und über noch etwas freue ich mich sehr: Am nächsten Tag ziehen Jonas und ich in unsere erste gemeinsame Wohnung ein.

Hamburg, 23. November 2009 – der Start als Unternehmerin

Mein erster Arbeitstag in der Selbstständigkeit. Ich sitze an einem alten Esstisch von Jonas, den wir aussortiert und ins Großraumbüro gestellt haben. Einen zweiten Tisch, der es nicht in unsere neue Wohnung geschafft hat, nutzt unsere künftige Art-Direktorin Inga. Einen dritten Tisch haben wir von unserem Vormieter übernommen. Er ist nun unser Besprechungstisch. Geschirr und Gläser stammen von Jonas. Und noch einige andere nützliche Dinge landen nach unserer Haushaltszusammenführung im Büro. Ich bin schon früh am Morgen da, nachdem ich noch einen ersten Einkauf erledigt habe, damit wir vom Kaffee bis zum Toilettenpapier in unserem neuen Büro mit den wichtigsten Dingen ausgestattet sind. Gegen neun Uhr setze ich mich an meinen Laptop, schaue in den noch fast leeren Großraum und atme tief durch. Ich habe es tatsächlich geschafft. Ich bin dankbar. Dankbar für das große Glück, von meiner Mutter so viel Lebenskraft und Optimismus geerbt zu haben. So aufregend die letzten Monate auch waren, mein Traum ist in Erfüllung gegangen. Diese spannenden Wochen zwischen Hoffnung und Bangen haben mir gezeigt, dass alles möglich ist, wenn ich ein klares Ziel vor Augen habe und ausreichend dafür kämpfe. Und dass ich mit viel Energie und Kraft belohnt werde, wenn ich mich traue, meinen Weg zu gehen, mein Leben bis in alle Details selbst zu bestimmen.

Das ist genau der Moment, in dem ich zur »Missionarin« werde.

Ich möchte diese Erfahrung, dass alles möglich ist, unbedingt vielen Frauen weitergeben, sie mit meiner Zuversicht anstecken und davon überzeugen, dass es sich lohnt, für seine Ziele zu kämpfen. Und ich spüre, dass das Wissen darüber, *wofür* ich stehe und was ich im Leben bewegen möchte, die Kraftquelle meines Lebens ist.

Entschlossenes Handeln führt zum Erfolg

Ein paar Wochen später berichtet die *Süddeutsche Zeitung* über meinen MBO auf der Medienseite. Ich bin ganz aufgeregt, als ich zum Kiosk gegenüber gehe, um mir die *SZ* zu holen. Und dann finde ich mein Bild prominent auf der Seite über einem vierspaltigen Artikel!

> »Frau mit Heft. Die 35-jährige Katarzyna Mol kämpfte bei Gruner + Jahr für ›Emotion‹ – jetzt hat sie den Titel gekauft«

Hoffentlich lesen nun sehr viele Frauen und Kunden von unserem Schritt, geht es mir durch den Kopf. Nun bin ich bekannt. Hoffentlich hilft das unserem Geschäft! Hoffentlich gehen nun erst recht viele Frauen ans Zeitschriftenregal und kaufen die *emotion*.

In den nächsten Tagen flattern einige Briefe und Glückwünsche zum mutigen Schritt in die Selbstständigkeit ins Münchner Büro. Darunter ist auch der Brief einer Frau, die mir schreibt, sie habe ein Vermögen geerbt und sei daran interessiert, bei *emotion* einzusteigen, wenn dies mit einer führenden Aufgabe vereinbar sei.

Als mir meine Assistentin Barbara diesen Brief am Telefon vorliest, denke ich, dass ich gerade vieles brauche, aber auf keinen Fall eine reiche Tochter, die branchenfremd ist und sich als Investorin betätigen möchte. Und so legen wir den Brief erst mal zur Seite.

In vielen Interviews, um die ich gebeten worden bin, kommt nun immer die Frage, ob ich ein besonders mutiger Mensch sei und ohne Angst lebe. Ja, ich bin sicherlich mutig gewesen, als ich aus der gut dotierten Führungsposition in die Ungewissheit der Selbstständigkeit gesprungen bin. Aber ich bin davon überzeugt, dass jeder von uns Mut hat. Er verlässt uns nur schnell, wenn wir eine große Entscheidung zu lange abwägen. Denn in dem Moment, in dem die Bequemlichkeit überhandnimmt, ist der Mut schnell weg. Da bin ich ganz einer Meinung mit dem Besitzer der Finka in der Toskana. Wenn ich meine Entscheidung mit vielen Freunden diskutiert hätte, die selbst keine Unternehmer oder einfach sehr sicherheitsbewusst sind, hätte mich das bestimmt irgendwann auch verunsichert. Meine Erfahrung zeigt mir, dass die Menschen, die uns nur Gutes wünschen, in Situationen, in denen es um solche gravierenden Entscheidungen geht, oft ihre eigenen Ängste in einen Ratschlag projizieren. Insofern ist es meiner Meinung nach wichtig, schnell zu handeln, wenn man seinen Weg gefunden hat. Auch wenn er einen Sprung ins Ungewisse bedeutet, denn es gibt immer einen Weg zurück!

Die ersten Wochen als Unternehmerin …

Mit G+J habe ich verabredet, die Büros in München noch bis Ende des Jahres zu behalten. Mittlerweile muss die Redaktion aus dem zweiten Stock in einen Großraum im Souterrain umziehen. *Es wird Zeit, dass wir einen Abschluss finden,* denke ich, als ich die Räume das erste Mal sehe. Unseren Büroumzug nach Hamburg planen wir für Mitte Dezember. Zunächst muss die Februar-Ausgabe von *emotion* fertig werden. Denn trotz der Veränderungen müssen wir den nächsten Erscheinungstermin einhalten, damit unsere Leser und Anzeigenkunden nicht verunsichert werden und die neue *emotion* wie gewohnt an jedem zweiten Mittwoch eines Monats erhalten.

Parallel bauen wir – Dorothee, Andreas Möller, der Chefredakteur im Redaktionsbüro von Olaf, und ich – ein neues Verlagsteam auf. Olaf kümmert sich nun als mein Dienstleister um das Thema Redaktionsmanagement und hat dafür ein abgegrenztes Büro in unserem großen, offenen Büro-Loft gestellt bekommen. Täglich sitzen Olaf, Dorothee und ich mit den neuen Mitarbeitern zusammen, um den Relaunch von *emotion* vorzubereiten. Die März-Ausgabe, die Anfang Februar erscheint, soll die neue Ausrichtung von *emotion* zeigen. Gleichzeitig produziert in München das alte Team die letzte Ausgabe, die noch auf Kosten von G+J erscheinen wird.

Daneben gilt es zu klären, welche Mitarbeiter mit nach Hamburg kommen und welche bei G+J bleiben möchten, wenn sie dort eine neue Aufgabe finden, und welche den MBO für einen eigenen Neuanfang nutzen werden. So führe ich mit dem Betriebsrat in München und jedem einzelnen »alten« Mitarbeiter

Gespräche und hoffe, einige Kollegen von einem Neustart in Hamburg überzeugen zu können. Im Laufe der Verhandlungen muss ich mit Enttäuschungen fertigwerden:

Ich lerne, dass ich einige Mitarbeiter falsch eingeschätzt habe. Nicht jeder, der mir vorher zugesagt hat, äußert das auch in Anwesenheit des Betriebsrats. Ich begreife, dass es in dieser Situation der Auflösung des Verlags bei G+J für jeden einzelnen zuallererst um seine eigene Situation geht. Obwohl mir einzelne Kollegen in den letzten Tagen zugesichert haben, mich nicht allein zu lassen und zumindest von München aus weiter mitzuarbeiten, sieht es nun anders aus. Als wir mit dem Betriebsrat Abfindungszahlungen für alle Mitarbeiter in Aussicht stellen, die eine betriebsbedingte Kündigung akzeptieren, schlagen mehr in den Deal ein, als ich erwartet hatte. Schnell wird mir klar, dass es ein Fehler war, G+J zuzusagen, die Auflösungsgespräche gemeinsam mit dem Betriebsrat durchzuführen. Ich habe mich verantwortlich gefühlt und diese emotional aufwühlende Aufgabe daher übernommen. Aus Dankbarkeit dafür, dass der Verlag meinem MBO zugestimmt hat, habe ich mit einem befreundeten Arbeitsrechtler, Michael Eulenstein, der mich beim MBO unterstützt hat, bei G+J einen bestimmten Geldbetrag ausgehandelt, den ich für die Abfindungszahlungen nutzen, aber auch nicht überschreiten kann.

Es war ein Fehler, diese Aufgabe freiwillig zu übernehmen. Denn nun muss ich erkennen, dass Solidarität ihre Grenzen hat, wenn es um den eigenen Weg geht. Jeder kämpft für sich allein – durchaus verständlich! Fast jeder versucht, für sich das Beste herauszuholen. Das ist menschlich, höre ich von Michael Eulenstein, und lerne, dass ich keinen Altruismus in Situationen erwarten sollte, in denen es um die eigene Absicherung und oftmals auch noch um die Absicherung der Familienangehörigen geht. Und noch etwas Wichtiges nehme ich in mein junges Unternehmerinnenleben mit: Der MBO ist *mein* Traum. *Mein* Weg.

Vielleicht in gewisser Weise auch der Weg von Dorothee, die mit ihrer Zusage, mir zu folgen – Abfindung hin oder her –, ihre Chance auf Veränderung wahrnimmt. Aber es ist eben nicht der Traum der anderen Kollegen. Die Aussicht, Mitarbeiter in einem Start-up zu sein, auf eine Abfindung zu verzichten und den Sprung in eine unsichere Zukunft zu wagen, hält viele ab. Das ist ein Weg, den sie nicht einschlagen möchten, jetzt, wo es ernst wird. Ich begreife auch, dass es so gut ist, wie es läuft. Denn schlimmer wäre es für mich, wenn mich einige Mitarbeiter nach Hamburg begleiteten, für die ich stets die Verantwortung spüren würde, weil sie meinetwegen auf eine Abfindung verzichtet hätten. Und wenn sie dann vielleicht doch nicht in Hamburg oder mit dem Job glücklich würden, hätte ich Schuldgefühle. Diese Erkenntnis versöhnt mich ein wenig mit der Situation. Dennoch bin ich enttäuscht. Aber auch das ist menschlich.

Selbst ist die Frau oder Mädchen für alles …

Schon im alten Job habe ich gedacht, dass ich viel arbeite und die Zeit rast. Aber die kommenden Wochen zeigen mir, dass das Leben noch viel anstrengender sein und schneller laufen kann. Denn dass ich nun Chefin bin, bedeutet, vom CEO bis zum Hausmeister alle Rollen zu erfüllen. Ich darf und muss mich um alles kümmern. Ich bin für alles nicht nur verantwortlich, sondern auch zuständig: von der Bestellung des Telefon- und Datenanschlusses – ich habe ein Büro ohne WLAN gemietet! – über den Abschluss eines Druckvertrags in Höhe mehrerer Hunderttausend Euro bis hinunter zum Kauf einer Kaffeemaschine. Unsere neue Art-Direktorin gibt mir am ersten Tag auch gleich zu verstehen, dass sie als Grafikerin nicht ohne Internetzugang arbeiten kann. Ich traue mich nicht, zu fragen, warum, denn *als Grafiker recherchiert man doch nicht,* denke ich, werde aber eines Besseren belehrt und besorge kurzerhand vier UMTS-USB-

Sticks, die uns für die nächsten vier Wochen Internetzugänge und damit die Produktion sichern. Ich bin dankbar, dass mein IT-Kollege aus München mein Angebot angenommen hat und mich jetzt bei der Einrichtung der IT-Infrastruktur unterstützt. Mir reicht schon die Verhandlung mit der Telekom!

Zunächst scheint alles kein Problem zu sein, und dann warten wir doch über drei Wochen auf unsere große Datenleitung.

Außerdem schließe ich nun Kontoverträge bei der Haspa, Verträge mit Dienstleistern und mit neuen Mitarbeitern. Ich kaufe Macs im Apple Store mit meiner Kreditkarte und betreue nebenbei die Handwerker, die in unserem Großraumbüro drei eigene, getrennte Büroräume einbauen. Zwei Wochen lang arbeiten wir in einer staubenden, lärmenden Großbaustelle. Einige Mitarbeiter müssen sich in Gelassenheit üben.

Hamburg, Dezember 2009 – Möbel schleppen gehört dazu

Zwei Wochen später kommen die drei Mitarbeiter, die den Sprung in die Ungewissheit der neuen *emotion* gewagt haben, außerdem auch alle Möbel, die ich von G+J mitgekauft habe, in Hamburg an. Es ist einer der seltenen Schneetage in Hamburg. Ein ruhiger, grauer Samstag. Vor unseren großen Fenstern rieselt der Schnee. Wir schleppen in der Kälte Tische, Lampen, Schränke und viele Rechner in die neuen Räume. Ein Ausnahmeschneetag in einem Winter, an den ich mich gewöhnen muss. Ein grauer Himmel mit Nieselregen ist in dieser Jahreszeit in Hamburg die Regel. Schnee ist die Ausnahme.

Die Verbindung zu G+J ist gekappt, als wir die Druckdaten der Februar-Ausgabe Mitte Dezember in München zur Druckerei übersendet haben. Ein paar Tage später gebe ich meinen Dienstwagen und meinen G+J-Mitarbeiterausweis ab und fühle etwas Wehmut aufkommen. Nach 17 Jahren beginne ich jetzt ein Leben ohne eigenes Auto. Einen Dienstwagen hatte ich während der Entwicklung des Businessplans ja aus Kostengründen gestrichen. Dafür mache ich mir selbst ein Geschenk zum MBO und kaufe mir ein schweres Hollandrad, das für die kommenden fünf Jahre mein tägliches Lastenfahrzeug sein wird.

Hamburg, Mitte Dezember 2009 – das Team wächst

Jetzt wird *emotion* nur noch in Hamburg produziert. Mit Dorothee und ihrer Mitarbeiterin Katharina verabrede ich, dass wir für die beiden in München ein kleines Büro mieten. Dort schaffen wir noch zwei weitere Arbeitsplätze für freie Mitarbeiter, die aus München zuarbeiten sollen. Dorothee wird alle zwei Wochen nach Hamburg zur Produktion pendeln und die restlichen zwei Wochen im Münchner Büro sein. Das Verrückte dabei ist, dass ich nach längerer Suche ein Büro in dem Haus finde, in dem ich mit meiner Mutter unsere erste Wohnung in München hatte, nachdem wir aus dem Asylantenheim ausgezogen waren. Ein schöner Zufall.

Mittlerweile sind wir sieben feste Mitarbeiter. Hinzu kommt das freie Team, das mit Olaf zusammenarbeitet. Mein großes Glück ist Claudia Meier, eine Auszubildende von G+J, die mir als Mitarbeiterin für die Vermarktung empfohlen wurde. Sie suchte nach ihrer Ausbildung bei G+J einen Anschlussjob, und so treffen wir uns kurzfristig zu einem Vorstellungsgespräch.

Als wir uns kennenlernen, bin ich gerade bei der Vorbereitung einer kleinen, spontan beschlossenen Weihnachtsfeier für unser Team. Claudia begeistert mich sofort. Sie ist offen, neugierig und traut sich zu, als Disponentin bei uns anzufangen und diese neue Abteilung aufzubauen. Das beeindruckt mich. Im Anschluss frage ich sie, ob sie nicht gleich zur Weihnachtsfeier bleiben möchte, und drücke ihr Dekomaterial in die Hand.

Sie schaut mich nur eine Sekunde überrascht an und ist in der nächsten schon dabei, unsere Etage zu dekorieren. Am Tag darauf stelle ich sie ein. Sie ist nach Dorothee die erste in Hamburg engagierte Mitarbeiterin unseres jungen Verlags.

In den ersten Wochen wohnt Dorothee ununterbrochen in Hamburg und durch Zufall in der Nähe meiner neuen Wohnung, die nur 15 Minuten zu Fuß vom Verlag entfernt ist. So gehen wir morgens oft zu zweit ins Büro und besprechen dabei schon Themen, die uns wichtig sind. Sie ist mir eine große Stütze, allein schon aufgrund ihrer Lebenserfahrung und Gelassenheit.

Hamburg, Januar 2010 – alle helfen mit

Die Wochen rasen dahin. Ich finde kaum noch Zeit für Jonas, für Freunde, für mein Tagebuch. Jonas' Patenonkel hatte mich bei unserem Treffen gewarnt, dass man als Unternehmer *selbst und ständig* zu tun hat. Ich hatte das damals noch belächelt. Jetzt weiß ich, dass an diesem Satz viel dran ist.

Ich habe das Gefühl, ständig mit Adrenalin geflutet zu sein, und muss viele Bälle gleichzeitig in der Luft halten. Um mich zu unterstützen, engagiere ich meine Freundin Inga, mittlerweile Mutter zweier Töchter, die mir bei der Eventplanung und -organisation helfen wird. Außerdem gewinne ich Nicola für uns, eine Freundin und ehemalige Mitarbeiterin, die mit mir damals die *P. M.*-Wissenstour umgesetzt hatte und zu Beginn auch Marketingleiterin von *emotion* gewesen war. Sie war dann aber der Liebe wegen nach Hamburg gezogen und packt jetzt wieder im Marketing mit an, was mich sehr glücklich macht. Beide sind in dieser Aufbauphase wichtige Stützen für mich.

Unsere erste eigene Ausgabe von *emotion* möchten wir mit einem besonderen Cover-Modell gestalten. Nach einigem Brainstorming kommen wir auf Steffi Graf. Mein Team ist unsicher, ob wir die Königin des Tennis, die sich aus der Öffentlichkeit zurückgezogen hat, in kurzer Zeit erreichen und für ein Interview begeistern können. Vor Jahren hatte ich einmal mit ihrem Anwalt zu tun, als wir ihre Stiftung »Children for Tomorrow« mit *emotion* unterstützt haben. »Warum sollten wir es also nicht hinbekommen, sie als Cover-Modell zu gewinnen?«, frage ich, und rufe gleich Jörg Fischer an. Er ist nicht sehr optimistisch, sagt auch sofort, dass Steffi Graf in den nächsten Wochen (es sind bald Weihnachtsferien) nicht nach Deutschland kommen wird. Aber wenn wir aus dem vorhandenen aktuellen Fotomaterial schöpfen wollen und uns etwas gefällt, hilft er uns, ein Interview mit ihr zu bekommen. Wir sind begeistert, und unsere neue Bildchefin startet sofort mit der Recherche.

Zwei Wochen und unzählige Telefonate später, in denen wir mit Steffi Graf die Bilder diskutieren, die wir passend für unser Cover finden, und sie letztendlich einem zustimmt, wissen wir, dass es klappt. Steffi Graf gibt uns ein längeres Telefoninterview.

Hamburg, Februar 2010 – das erste Heft aus Hamburg

Die März-Ausgabe von *emotion* erscheint, unsere erste eigene Kreation. Mit der großartigen Steffi Graf auf dem Cover. Ich fühle mich mit meiner Einstellung wieder einmal bestätigt: Alles ist möglich, wenn du dafür kämpfst. Und es ist wichtig, auch das zunächst Unerreichbare zu versuchen. Im schlimmsten Fall klappt es nicht, aber dann hast du es doch zumindest versucht!

Wir sind überglücklich und feiern unsere erste Ausgabe mit einer kleinen Party in unseren Verlagsräumen. Die Presse sorgt für eine große Öffentlichkeit, was uns sehr hilft. Denn der Markt für Frauenmagazine ist weiterhin rückläufig. Die Auflagen sinken, der Anzeigenmarkt schrumpft.

Zwar ist der Fachmarkt von unserer MBO-Geschichte begeistert, dennoch ist das Anzeigengeschäft unsere größte Herausforderung. In den ersten Wochen stehen Claudia und ich manchmal am Faxgerät, um zu prüfen, ob es wirklich funktioniert, weil einfach keine Anzeigenaufträge hereinkommen. Wir müssen unsere Kundenbeziehungen neu aufbauen, was mit dem mühsamen Erarbeiten von Adressdateien startet. Ich habe als Vermarktungschefin eine ehemalige Außendienstmitarbeiterin von G+J eingestellt, die dringend Unterstützung braucht. Leider merke ich schnell, dass gute Verkäufer nicht so leicht zu finden sind. Und nicht jeder traut sich, bei einem Start-up mitzuarbeiten und seine Festanstellung im Großunternehmen aufzugeben. Auf der anderen Seite möchten einige gerade das: in flachen Hierarchien in einem Start-up arbeiten, mit viel Transparenz und ohne Grenzen zwischen den einzelnen Abteilungen. Denn wir sitzen alle – die Redaktion wie andere Verlagsmitarbeiter – in einem Großraum. Das ist insbesondere für Mitarbeiter aus größeren Verlagen neu, die eine klare, auch räumliche Trennung zwischen Redaktion und den anderen Abteilungen gewohnt sind. Uns verbindet das ehrgeizige Ziel, allen zu zeigen, was in *emotion* steckt, Frauen für unsere Marke zu begeistern und den Verlag gemeinsam voranzubringen. Wegen der engen, mittlerweile auch freundschaftlichen Verbindung von Dorothee und mir, entsteht eine familiäre Unternehmenskultur. Wir fordern viel von unseren Mitarbeitern, da wir selbst vom Markt gefordert werden. Wir möchten ihnen aber auch eine besondere Arbeitsatmosphäre bieten, die den großen Einsatz aufwiegt. Dabei lerne ich, dass es bei der Zusammenstellung unserer Teams besonders darauf ankommt, dass der Einzelne nicht nur das entscheidende Know-how mitbringt und engagiert ist, sondern dass auch die Chemie stimmen muss. Dass es daher manchmal ratsamer ist, auf jemanden, der perfekt ins Team passen würde, länger zu warten, als einen Mitarbeiter einzustellen, der zwar sofort verfügbar ist, bei dem aber mein Bauchgefühl sagt, dass er nicht hundertprozentig zu uns passt. Mich nur deshalb für jemanden zu entscheiden, weil wir dringend Unterstützung brauchen, ist falsch. Solche Entscheidungen holen mich schnell wieder ein.

Und ich lerne, dass es ab einer gewissen Größe des Unternehmens nicht mehr möglich ist, jede wichtige Tätigkeit selbst zu erledigen oder zu kontrollieren. Ich muss mich in manchen Bereichen auf gute Mitarbeiter verlassen, die idealerweise das Terrain abdecken, auf dem ich persönlich nicht kompetent bin. Als Unternehmerin muss und kann ich nicht die Beste in allem sein. Ich darf daher keine Angst vor herausragenden Mitarbeitern haben, sondern bin vielmehr gefordert, das bestmögliche Team für meine unternehmerischen Aufgaben zusammenzustellen. Dabei setze ich auf die Förderung der Stärken des Einzelnen. Denn ich bin davon überzeugt, dass wir weiterkommen, wenn sich jeder von uns auf seine Stärken konzentriert, statt sich damit zu verzetteln, Dinge zu machen, die andere besser und damit auch mit mehr Leidenschaft machen.

Mit diesen Erkenntnissen verändert sich langsam mein Führungsstil. Ich schätze Transparenz und flache Hierarchien. Mir ist wichtig, unsere Mitarbeiter eigenverantwortlich zu führen. Sie sollen lernen, selbstwirksam und unternehmerisch zu handeln, so wie ich es anfangs auch bei G+J gelernt habe. Ich nehme mir vor, das dafür notwendige Vertrauen und Zutrauen aufzubringen, um Mitarbeiter auch selbst in ihrem Aufgabenbereich entscheiden zu lassen.

Nach ein paar Wochen spüre ich eine weitere Chance, die in der Selbstständigkeit liegt: die große Freiheit, meinen Job nun zu meinem Leben passend zu gestalten. Es ist die aufregendste Zeit meines Lebens. Wir bauen auf. Ich lerne und lerne. Zum Beispiel auch, dass ich als Verlegerin und Unternehmensgründerin unbewusst im Fokus aller Mitarbeiter stehe. Da mein Büro in der Mitte unseres Großraums liegt, nur getrennt durch Glaswände, kann mich jeder Mitarbeiter beobachten und aus meinem Verhalten Schlüsse ziehen. Ich mache mir klar, dass ich nicht nur bewusst, sondern auch unbewusst führe. Mein Verhalten, auch unbewusste Gesten und Reaktionen von mir, werden wahrgenommen und interpretiert.

Neben den alltäglich wiederkehrenden notwendigen Dingen kümmere ich mich parallel um die langfristig wirksamen Aufgaben wie Buchhaltung, Finanzen, Geldfluss und Investoren.

Die ersten zwölf Monate – Liquidität ist entscheidend

Die Auflage entwickelt sich nicht so gut, wie ich es geplant hatte. Die Frauenmagazine sind auf dem Markt weiterhin im Sinkflug. Wir haben kein großes Marketingbudget, um dieser Entwicklung etwas entgegenzusetzen. Auch das Anzeigengeschäft entwickelt sich nicht nach Plan. Das Vermarktungsteam funktioniert noch nicht richtig. Ich habe selbst zu viel anderes zu tun, als dass ich mich nur auf die Akquise von Anzeigenkunden konzentrieren kann.

Was für ein Glück, dass sich Claudia kontinuierlich weiterentwickelt und mir langsam auch in der Buchhaltung zur Seite steht. Doch nicht jeder aus dem Team hält dem Druck stand, der wie in jedem Start-up täglich zu spüren ist. Ich muss Veränderungen im Team vornehmen. Und es bewahrheitet sich bald, dass ein Unternehmen in der Startphase meist doch mehr Geld verbrennt als geplant. Bei uns sind es die Erlöse im Vertriebs- und Anzeigenmarkt, die geringer ausfallen, als es mein Businessplan vorsah. Der gesamte Vertriebsmarkt ist rückläufig. Dazu merken wir, dass viele Anzeigenkunden erst wieder Vertrauen in *emotion* aufbauen müssen. Manchmal habe ich auch das Gefühl, dass einige Kunden erst abwarten möchten, ob wir mit *emotion* in der Selbstständigkeit wirklich überleben. Ich ärgere mich ein wenig, als ich mir das eingestehen muss, aber es hilft nicht. Eine Lösung muss her.

Ich lerne, dass Liquidität stets vor dem Thema Rendite stehen muss. Denn wenn ich eine gute Rendite erwirtschaften kann, aber auf dem Weg dorthin zahlungsunfähig werde, nützt mir die Aussicht auf die tolle Rendite nichts. Es führt kein Weg daran vorbei: Ein paar Monate nach unserem Start muss ich erneut Investoren akquirieren. Und wir starten mit einer wöchentlichen Liquiditätsplanung.

Mein Investor möchte nicht noch einmal nachschießen, um die bald auf uns zukommende Liquiditätslücke zu schließen. Ich habe kein Kapital, dies zu tun, auch wenn ich es wollte. Weitere Kredite werden mir erst einmal nicht gewährt. Als junges Unternehmen, das noch keine schwarzen Zahlen schreibt, genehmigt uns auch die Bank keinen Dispokredit. So komme ich auf die Idee, kleine Investorenabende zu veranstalten, zu denen ich wohlhabende Menschen einlade, von denen ich denke, dass sie investieren und zu uns passen könnten. Dorothee und ich stellen bei diesen Treffen die Geschichte des MBO und unsere Vision für das Unternehmen vor. Am Ende rufe ich die Teilnehmer dazu auf, uns dabei zu unterstützen, weitere Darlehensgeber zu finden oder selbst zu investieren.

Den ersten Abend organisieren wir in den repräsentativen Räumen des Auktionshauses vom Ehemann meiner engen Studienfreundin Julia. Er selbst wurde durch einen MBO Unternehmer.

Im Laufe der nächsten Monate steigen noch weitere Darlehensgeber ein und helfen uns, über das erste Jahr zu kommen. Nun erinnere ich mich an den beiseitegelegten Brief von Anke Rippert und rufe sie an. Überraschend für mich ist, dass ich sie während des Telefonats vom ersten Augenblick an sehr sympathisch finde. Wir verabreden uns zu einem persönlichen Kennenlernen, denn sie ist nach wie vor interessiert. Mein Mitgesellschafter ist mittlerweile bereit, dem Unternehmen in der Weise Hilfe zu leisten, dass er seine Anteile zum etwas verzinsten Einstiegspreis an mich abzugeben bereit ist. Er möchte unserem weiteren Wachstum nicht im Weg stehen und doch auch lieber aus dem Risiko raus sein. So habe ich nun die Möglichkeit, seine Anteile zu einer höheren Bewertung an einen neuen Investor zu verkaufen, um dem Unternehmen auf diesem Weg weitere Mittel zuzuführen.

Wenige Tage später begrüße ich Anke und ihre Hündin Puppe. Anke hat gerade ihre PR-Agentur verkauft, die sie ein paar Jahre mit einer Partnerin geführt hatte, und sucht eine neue Aufgabe. Sie ist bereit zu investieren, möchte aber in einer Führungsposition arbeiten, um an der Entwicklung ihres Investments teilzuhaben. Sie bringt keinerlei Know-how im Mediengeschäft mit, kann aber PR und Eventmanagement und hat viel Erfahrung als Kundenberaterin in einer großen Kreativ- und Kommunikationsagentur gesammelt. Wir merken schnell, dass wir uns gut ergänzen und unsere Wertvorstellungen zusammenpassen. Dazu verspüre ich große Lust, meinen Verlag künftig mit ihr an meiner Seite zu führen. Ich bin gerne Teamplayerin und freue mich auf eine Sparringspartnerin. Um sicherzugehen, dass wir gut miteinander arbeiten können, schlage ich vor, dass Anke bei uns erst einmal auf Tagessatzbasis als freie Mitarbeiterin anfängt. Sie soll unser Eventgeschäft rund um *emotion* ausbauen.

Mittlerweile haben wir im ersten Stock weitere Räume angemietet. Dort zieht nun Anke ein und wird von drei weiteren Mitarbeiterinnen unterstützt. Sie legt schon in der ersten Woche richtig los. Von Beginn an habe ich ein gutes Gefühl und vor allem vollstes Vertrauen. Sie kommt aus einem Unternehmerhaushalt und möchte das geerbte Geld nicht nur anlegen, sondern etwas damit aufbauen und bewirken.

Endlich können wir das machen, was ich die ganze Zeit vorhatte: das Geschäft rund ums Magazin *emotion* ausbauen. Anke kümmert sich um den Start unserer ersten *emotion*-Vortragsreihe mit hochkarätigen Rednern zu allen beruflich oder für die Work-Life-Balance relevanten Themen, um unsere Coaching-Datenbank, die ich schon bei G+J hatte starten wollen, und um den Onlineauftritt von *emotion*. Sie wird schnell meine engste Vertraute neben Dorothee. Und es fühlt sich gut an.

Hamburg, Herbst 2010 – Verstärkung der Geschäftsführung

Mittlerweile haben sich Anke und ich so weit angenähert, dass wir uns auch eine Zusammenarbeit auf Gesellschafterbasis vorstellen können. Anke hat Lust, mit ihrem Investment zum Wachstum unseres Verlages beizutragen. Und sie hat zwei eigene Bereiche zu verantworten – Events und das Digitale. Da aufgrund unserer finanziellen Lage die Zeit drängt, verhandeln wir zügig die Eckdaten ihres Einstiegs, den Unternehmenswert sowie die Verträge. Ich kaufe Heiner Bentes Anteile und verkaufe sie mit höherer Bewertung, die unserem mittlerweile gestiegenen Unternehmenswert entspricht, an Anke weiter. Ich habe ein gutes Gefühl, die richtige Entscheidung getroffen zu haben. Anke wird Mitgeschäftsführerin. Und nach und nach kommen wir uns auch privat näher, eine Freundschaft entsteht. Es ist schön, eine Frau an meiner Seite zu wissen, die das gleiche Ziel hat und von den gleichen Werten überzeugt ist.

Ein weiteres Magazin – wir wachsen

Die Zeit rast. Die Herausforderung an mich selbst, entspannter zu werden, bleibt – trotz aller Aufgaben, die der Alltag für mich bereithält. Eine Freundin versucht, mich davon zu überzeugen, dass der Erfolg kommt, wenn ich lerne loszulassen. Das ist aber etwas, was ich von meiner Mutter gerade *nicht* gelernt habe.

Leichtigkeit ist nicht ihr Ding. Meine Mutter arbeitet als Angestellte mehr als 60 Stunden in der Woche. Und auch wenn sie sich darüber immer mal wieder beschwert, glaube ich, dass sie es für ganz normal hält. Man hat einfach so viel zu arbeiten, wie es der Job erfordert. Trotzdem wird sie nicht müde, mir ins Gewissen zu reden, dass ich weniger arbeiten und mehr auf mich aufpassen soll. Nicht sehr überzeugend aus dem Mund eines Workaholics.

Wie soll und kann ich ruhiger werden, wenn es in meinem jungen Start-up an einigen Stellen immer wieder brennt? Das Thema Liquidität vor Rentabilität spüren wir täglich. Ende jeden Monats warten hohe Rechnungen, die es zu begleichen gilt. Wir bekommen keinen Kredit von der Bank, bis wir nachhaltig schwarze Zahlen schreiben. Zwar steigen nun langsam die Anzeigenumsätze und auch unser Eventgeschäft nimmt Fahrt auf, aber der Markt verändert sich weiter. Und unsere Anpassungen, Kürzungen und Veränderungen reichen nicht aus. Es bleibt ein ständiger Wettlauf. Die Auflagen der Magazine allgemein sinken nach wie vor. Und dennoch haben wir uns gerade dazu entschlossen, einen weiteren Titel auf den Markt zu bringen: *Hohe Luft*, eine Zeitschrift für philosophisch Interessierte, die hier zu allen relevanten gesellschaftlichen Themen verständlich geschriebene Essays vorfinden und dazu inspiriert werden, die Themen, die sie beschäftigen, mal aus einem neuen Blickwinkel zu betrachten, dem philosophischen. Der Name leitet sich aus der Straße ab, in der unser Verlag seinen Sitz hat. Und er passt wunderbar zum Anspruch des neuen Magazins, dessen erste Ausgabe am 17. November 2011 erscheint.

Es ist eigentlich verrückt, dass wir schon im zweiten Jahr unseres Verlages noch einmal ein neues Magazin auf den Markt bringen. Aber wir haben das Gefühl, dass wir alles stemmen können, seit der MBO gelungen ist. Ein französischer Verleger hat mich gefragt, ob ich ihn dabei unterstützen könne, mit ihm eine deutsche Version seines französischen Philosophie-Magazins auf den Markt zu bringen. Das Projekt hat mich sofort entzündet, und ich habe gleich meinen ehemaligen Kollegen und Chefredakteur von *P. M.*, Thomas Vašek, angerufen, da ich wusste, dass er ein Faible für Philosophie hat. Als der Franzose und ich uns nicht handelseinig geworden sind beziehungsweise mein Bauchgefühl mir gesagt hat, dass ich mit ihm nicht gut würde zusammenarbeiten können, hat uns Thomas überzeugt, zumindest eine Ausgabe eines Philosophie-Magazins zu testen. Würden wir diese nicht gut verkaufen können, wüssten wir zumindest, dass es für Philosophie keinen Markt gebe. Würden wir gut verkaufen, könnten wir überlegen, ob wir *Hohe Luft* fortsetzen möchten. So haben wir unser zweites Magazinprojekt gestartet. Die erste Ausgabe verkaufte sich weit über unseren Erwartungen, sodass wir das Projekt *Hohe Luft* fortsetzten. Was wir zu dem Zeitpunkt noch nicht wussten: Erst sieben Jahre später sollte es endlich schwarze Zahlen schreiben.

Als wir für unser Wachstum – auch aufgrund der Investition in *Hohe Luft* – mehr Geld benötigen, überzeugt Anke ihren Bruder davon, bei uns mit einzusteigen. Er ist Unternehmer und hat den sehr erfolgreichen Betrieb des Vaters übernommen. Ich habe das Gefühl, dass er als Investor passt, und bin beiden dankbar, dass sie die Entwicklung unseres Verlags Inspiring Network unterstützen und wir vorerst keinen externen Investor überzeugen müssen. Ende 2010 sind wir nun drei Gesellschafter.

Netzwerken, netzwerken, netzwerken …

Mittlerweile werde ich als Rednerin von einigen Frauennetzwerken angefragt. Sie möchten erfahren, wie ich es geschafft habe, den MBO zu realisieren. Und ich gehe auch selbst auf Netzwerkveranstaltungen, um Frauen kennenzulernen, die unsere Aktivitäten in die Öffentlichkeit und zu den richtigen

Frauen und potenziellen Leserinnen und/oder Investorinnen weitertragen.

Zu Beginn meiner Besuche von Netzwerkveranstaltungen mache ich die Erfahrung, dass dort zwar Frauen gleicher Interessen zusammenkommen, die ähnliche Herausforderungen haben und Probleme lösen müssen, doch leider verharren viele bei der Analyse einer »frauenfeindlichen Arbeitswelt«, statt nach vorne zu schauen und sich gegenseitig zu unterstützen.

Das Netzwerken kostet viel Zeit, und daher gilt es, zunächst die Frage zu klären, was meine Ziele sind. Möchte ich netzwerken, um mich selbst weiterzuentwickeln? Um einen neuen Job zu finden oder einen Partner für meine berufliche Veränderung?

Nein, ich mache es für die Zukunft unseres Verlages. Daher ist es für mich enorm wichtig, genau zu prüfen, welches Netzwerk mich als Unternehmerin von Inspiring Network weiterbringt, wo ich mich einbringen muss, damit wir mit unserem Verlag sichtbarer werden. Über die Suche nach Investoren habe ich schon die Grundsteine für mein persönliches Netzwerk gelegt. Und ich habe dabei gelernt, dass es darauf ankommt, nicht nur zu geben, sondern sich zu trauen, auch etwas zu nehmen.

Was das Netzwerken so alles bewegen kann, lerne ich nach einem Jahr als selbstständige Unternehmerin. In den ersten Monaten meines Start-ups fehlte mir ja ein vertrauensvoller Sparringspartner auf Augenhöhe und ein Austausch mit erfahrenen Unternehmern, die alle schwierigen Situationen, die es beim Aufbau eines Unternehmens zu bewältigen gibt, schon einmal durchlebt haben. Seit Anke ins Unternehmen gekommen ist, habe ich mit ihr nun eine wertvolle Sparringspartnerin, der ich absolut vertraue. Sie hat aber noch keine langjährige Erfahrung als Unternehmerin. In manchen brenzligen Situationen merke ich, dass mir der Austausch mit erfahrenen Unternehmern fehlt. Daher werde ich hellwach, als mich eines Abends

Michael Lützenkirchen, ein Bekannter, anruft, der für sein Unternehmernetzwerk eine Frau sucht und von meinem MBO gehört hat. Ich habe ihn vor längerer Zeit über meine Freundin Inga als starken Vertriebsmann kennengelernt. Er möchte mich vom Vorteil einer Mitgliedschaft im internationalen Unternehmernetzwerk EO, Entrepreneurs' Organization, überzeugen. Allerdings ist die Mitgliedschaft mit einer fast monatlichen Frequenz des persönlichen Austauschs verbunden, wovor ich etwas zurückschrecke. Denn neue terminliche Verpflichtungen sind gerade das Letztc, was ich jetzt gebrauchen kann.

Zwischenzeitlich bin ich schon wieder aus einigen Netzwerken ausgetreten. Auch suche ich keine weiteren Berater. Aber dieses Gespräch bleibt in meinem Kopf. Und als ich dann eines Abends mal wieder allein eine Finanzierungslücke erkenne, die auf uns zukommt, sage ich *doch* zu. *Warum nicht?,* denke ich. Vielleicht wird es mir helfen, mich mit anderen Unternehmern auszutauschen, die schon viel länger selbstständig sind als ich und viele Situationen, die wir zum ersten Mal meistern müssen, bereits kennen. Denn ein solcher Erfahrungsaustausch fehlt mir.

Jonas ist mir ein überaus wertvoller Gesprächspartner, aber er ist eher sicherheitsbewusst, kein Unternehmertyp wie ich. Und manchmal hinterfragt er mein angstfreies Handeln. Außerdem möchte ich in dieser Situation weder Jonas noch meine Eltern mit meinen Sorgen belasten oder ängstigen. Ich habe zwar von meiner Mutter gelernt, alles mit mir selbst auszumachen, aber nun kann ich einen Austausch mit erfahrenen Unternehmern draußen gut gebrauchen.

Kurze Zeit später bin ich Mitglied von EO. Und schon nach dem ersten Treffen wird mir klar, wie wertvoll ein vertraulicher Erfahrungsaustausch unter Gleichgesinnten ist. Seitdem treffe ich die Mitglieder meines sogenannten Forums, einer Kleingruppe von Unternehmern, zehnmal im Jahr und habe jedes Mal das Gefühl, sehr zu profitieren.

Ein Forum besteht aus maximal zehn Teilnehmern, die aus unterschiedlichen Branchen kommen und keine Geschäftspartner sein dürfen. Der absolut streng vertrauliche Austausch unter Gleichgesinnten ist das Ziel. Die Regeln bestimmen, dass jeder nur in der Ich-Form von seinen eigenen Erfahrungen berichtet und niemals anderen Rat erteilt. Die Erfahrungsberichte der Einzelnen ermöglichen es den anderen, zu wachsen – persönlich wie beruflich. Doch jegliches Wachstum erfordert eine Investition. So verbringe ich viele Stunden bei EO, möchte diese Zeit aber nicht missen. Auch Jahre später bin ich Michael Lützenkirchen noch dankbar, dass er meine Nummer gewählt hat, als er eine Unternehmerin für sein Forum suchte.

Im Austausch bei EO lerne ich die Beweggründe kennen, warum sich meine Unternehmerfreunde selbstständig gemacht haben: So hat sich Kai Lüssem, der heute mit einem Geschäftspartner die eigene Gastronomiekette mama trattoria führt, in seinem ersten Beruf vollständig fremdbestimmt gefühlt.

Er sagt: »Ich wollte frei sein und etwas kreieren.« Daher habe er etwas »unternommen«, um genau das zu bekommen, und sein erstes Restaurant gegründet. Janna Schmidt-Holtz, Gründerin von Eventinc, hat auch ein »großes Bedürfnis nach Freiheit und Kreativität, Lust etwas zu schaffen«, verspürt und liebt als Unternehmerin das »Gefühl von ultimativer Freiheit und Unabhängigkeit«.

Was mich antreibt

Im Laufe der Zeit lerne ich meine Stärken immer besser kennen: Begeisterungsfähigkeit, verbunden mit Überzeugungskraft. Ich kann andere für meine Ideen begeistern. Und mir wird langsam klar, dass ich sehr kreativ bin. Eine Eigenschaft, die ich mir im Konzern nie eingestanden habe, denn ich hatte ja den kaufmännischen Weg gewählt, der meine Kreativität nur wenig gefordert hat. Dafür war ja die Redaktion oder die Kreativagentur da. Und ich hatte mir selbst nicht zugestanden, dass ich eigentlich auch schreiben möchte. Dass ich gern netzwerke, also gern und unvoreingenommen neue Menschen kennenlerne und neugierig auf das bin, was sie beschäftigt, hat sich nun noch einmal bestätigt. Und dass ich es liebe, unabhängig zu sein, und stark intrinsisch, also selbstmotiviert bin, ist die Voraussetzung gewesen, um mich selbständig zu machen. Ohne intrinsische Motivation hätte ich meinen ersten Job bei G+J wohl auch nicht so gut überlebt. Wie meine Mutter habe ich nie eine Motivation von außen gebraucht. Ich lerne aber, wie wichtig es ist, meinen Mitarbeitern Wertschätzung entgegenzubringen und zu erfahren, was sie motiviert.

Glücklicherweise verfüge ich über eine große Energie. Spätestens seit dem gelungenen MBO weiß ich, dass ich eine Macherin bin. Ich mag das Zitat von John F. Kennedy:

»Einen großen Vorsprung im Leben hat, wer da schon handelt, wo die anderen noch reden.«

Ich habe über meinen Weg und die Hürden, die ich überwinden musste, gelernt, dass es aufs Machen ankommt. Weniger aufs Reden, sondern aufs Aufstehen und Weitermachen, wenn man mal gestolpert ist. Meine Unternehmerfreundin Janna Schmidt-Holtz drückt es sehr passend aus:

»It's not about the amount of times you win. It's about the many times you lose and get up again.«

Auf Veranstaltungen werde ich oft gefragt, ob ich denn keine Angst vor dem Scheitern habe. Eine berechtigte Frage, denn wir sind mit unserem Unternehmen in einer Branche tätig, die sich seit meinem MBO schon wieder so stark verändert hat, wie ich es nicht für möglich gehalten hätte. Und: nein! Ich habe keine Angst vor dem Scheitern. Denn zum einen habe ich als Unternehmerin gelernt, dass Fehler zum Leben dazugehören und dass uns gerade der richtige Umgang mit ihnen voranbringt und stärkt.

Ich merke, wie schwer es einigen meiner Mitarbeiter fällt, Fehler zuzugeben. Die Angst, Fehler zu machen, hält einige Menschen davon ab, Dinge zu wagen und ihre Träume zu realisieren.

Ich glaube auch, dass die Angst vor dem Scheitern vor allem uns Frauen oft davon abhält, in die Unsicherheit eines Neuanfangs zu springen. Zum Beispiel aus dem Angestelltenverhältnis in die Selbstständigkeit. Und die Angst hält manche von uns auch davon ab, eine neue Geschäftsidee zu versuchen, wenn die bisher verfolgte nicht so richtig vorankommt.

Frauen, traut euch mehr zu!

Es hat mich erschreckt zu sehen, dass so wenig Frauen in Deutschland Unternehmen gründen. Laut Wirtschaftsprüfungsgesellschaft KPMG ist zwischen 2013 und 2016 der Anteil an weiblichen Gründerinnen von nur 12,8 auf nur 13,9 Prozent gewachsen. Und Deutschland hat generell, was die Arbeitsbedingungen für Frauen betrifft, noch stark aufzuholen: Laut einer Untersuchung von PricewaterhouseCoopers rangierte Deutschland 2017 im Indexwert für die wirtschaftliche Stärkung von Frauen in den OECD-Ländern an 18. Stelle! Selbst in Polen und Slowenien finden die Frauen allgemein bessere Arbeitsbedingungen vor.

Und wenn man diese Zahlen kennt, wundert man sich auch nicht über folgende: Der Verdienstabstand zwischen Männern und Frauen, auch Gender Pay Gap genannt, lag 2018 in Deutschland bei 21 Prozent – wie schon in 1995 (Quelle: Statista, 2019, in Prozent des durchschnittlichen Bruttostundenverdienstes der Männer). Und der Frauenanteil in Führungspositionen lag 2018 in Deutschland im Schnitt bei 22,6 Prozent, der Anteil von Frauen in Aufsichtsräten bei nur 17,1 Prozent (Quelle: Bürgel, 30. Oktober 2018)

Da geht noch mehr, noch viel mehr! Denn ich bin mir sicher, dass es Frauen nicht an Geschäftsideen mangelt. Ich glaube eher, dass sie auf dem Weg manchmal der Mut verlässt, da sie zu sehr daran denken, was alles schiefgehen könnte. Manchmal glauben sie auch, dass sie das nötige Know-how noch nicht hundertprozentig haben, statt dass sie es einmal mit nur 80 Prozent wenigstens versuchen. Und sie fürchten die Kommentare, die sie dann von anderen vielleicht ertragen müssen, wenn sie scheitern werden, statt sich vorzustellen, wie sie mit ihrer Idee erfolgreich sind. Scheitern ist bei uns in Deutschland leider immer noch verpönt – ganz anders als in den USA. In Deutschland sucht jeder die Erfolgsstorys, die Gründer, die alles richtig gemacht haben. Aber ehrlich gesagt inspirieren mich Menschen, die erfolgreich sind, aber auch den Mut haben zuzugeben, dass und warum sie auf ihrem Weg schon einmal gescheitert sind, mehr.

Natürlich ist es wunderbar, Champions kennenzulernen. Aber nur das Scheitern gibt uns die Möglichkeit zu lernen, es beim nächsten Mal besser zu machen. Daher schätze ich so sehr den Austausch mit anderen Unternehmern. Denn ich bin davon überzeugt, dass wir nicht nur aus eigenen Fehlern, sondern auch aus denen anderer viel lernen können. Umso wertvoller ist es, wenn andere mit uns offen ihre Erfahrungen teilen – so, wie ich es in meinem EO-Netzwerk schätze. Für uns alle und für unsere Wirtschaft wünsche ich mir eine Kultur, die das Scheitern als Chance begreift! Ich möchte mehr Frauen und Männer kennenlernen, die mit mir offen teilen, warum sie gestolpert sind und welche Entscheidungen sie im Nachhinein anders getroffen hätten und warum. Dazu habe ich mittlerweile auch den Podcast »Kasia trifft …« gestartet, in dem ich großartige Frauen vorstelle, die eine Krise als Chance genutzt haben und mit mir und unseren Zuhörerinnen ihre Erfahrungen teilen, die sie auf ihrem Weg gemacht haben. Wir brauchen mehr Menschen in der Öffentlichkeit, die uns zeigen, dass Hinfallen kein Makel ist, sondern auf dem Weg zum Ziel ganz einfach dazugehört.

So begrüße ich auch Events, wie die FuckUp-Nights, in denen Menschen nicht nur von ihrem Scheitern erzählen, sondern das Scheitern feiern – als eine Chance, im Leben etwas dazuzulernen. Dazu passt der Leitsatz von Lea Lange, einer Gründerin, die ich sehr schätze, hier später noch vorstelle und mit der ich auch in meinem Podcast »Kasia trifft …« gesprochen habe:

»Sometimes you win. Sometimes you learn.«

Natürlich tut es weh, wenn ich mit einer Idee, einem Projekt oder einer Planung gescheitert bin. Natürlich ärgere ich mich über mich selbst und über meine Entscheidung, die zu einem Misserfolg geführt hat. Manchmal bin ich auch verzweifelt. Aber dann sage ich mir, dass das Leben weitergeht.

Und ich erinnere mich daran, wie viele Chancen sich in meinem Leben gerade aus Krisen entwickelt haben und dass es allein darauf ankommt, etwas versucht zu haben und vor allem aus den gemachten Fehlern zu lernen. Daher spreche ich auch offen über eigene Fehler, die ich gemacht habe, damit mein Team und andere von meinen Erfahrungen profitieren und den Mut aufbringen, selbst offen über mögliches Scheitern zu sprechen. Das erfordert gegenseitiges Vertrauen, ermutigt aber auch dazu, selbst Entscheidungen zu treffen, selbstwirksam zu sein und damit selbstverantwortlicher zu arbeiten. Dabei folge ich dem Vorschlag meines Unternehmerfreundes Martin Ostermayer, einem sehr erfolgreichen Unternehmer, den ich in meinem EO-Forum kennengelernt habe. Er ermutigt seine Mitarbeiter immer wieder, lieber um Verzeihung als um Erlaubnis zu bitten, damit sie lernen, selbst Entscheidungen zu treffen und eben selbstwirksam zu arbeiten.

Was für mich vor allem zählt, ist der Mut, unseren Weg zu gehen, Träume zu wagen. Und der Mut, das Risiko des Scheiterns einzukalkulieren. Und wenn wir dann mal fallen, gilt:

»Hinfallen, aufstehen, Krone richten und weitergehen!«

Die folgenden Berichte von Frauen, die nach einer Niederlage aufgestanden sind und sich nicht haben unterkriegen lassen, machen uns allen Mut!

*Susann Atwell, *1967, Moderatorin und Partnerin der Agentur Atwell Geyer PR*

Meine Karriere als Fernsehmoderatorin hat in den goldenen Zeiten des Privatfernsehens begonnen. Ich habe zuerst bei Sky gearbeitet und später bei Pro Sieben die Sendung *SAM* moderiert. Verdient habe ich gut. Ein verrücktes Luxusleben habe ich trotzdem nie geführt – als alleinerziehende Mutter hatte mein Zuhause Priorität. Die Mieten in München waren schon damals hoch, dazu kamen die Kosten für Flüge meiner Tochter nach Hamburg, damit sie ihren Vater besuchen konnte. Was ich mir geleistet habe, waren Klamotten: Bei Gucci auf der Maximilianstraße war ich regelmäßig Kundin. Ich musste mir keine Sorgen machen, ob genug Geld da war. Doch das sollte sich bald ändern.

Die Probleme begannen, als ich mich um meine Altersvorsorge kümmern wollte und auf den falschen Rat eines Anlageberaters hörte. Ende der Neunzigerjahre habe ich in Ost-Immobilien investiert, unterschrieb mehrere Kaufverträge, unter anderem für die Beteiligung an einem Parkhaus und für ein Zinshaus in Schwerin. Zuerst schien alles gut zu sein – doch dann wurde klar, dass in dem Zinshaus immer wieder Wohnungen leer standen. Ich musste draufzahlen. Hinzu kam, dass direkt gegenüber vom Parkhaus ein riesiges Einkaufszentrum gebaut wurde, mit 1 000 freien Gratis-Parkplätzen. Parkhäuser sind eigentlich eine Gelddruckmaschine. Bei unserem war das leider nicht der Fall. In regelmäßigen Abständen habe ich mich mit Bankberatern zusammengesetzt, Zugeständnisse gemacht und Vermögensauskünfte vorgelegt.

Immer häufiger fiel dabei das Wort »Insolvenz«. Aber niemand konnte mir sagen, was passiert, wenn jemand, der wie ich regelmäßig im Fernsehen präsent ist, plötzlich sagt: »Ich habe keine Kohle mehr.«

Würde ich meinen Job verlieren? Meine Wohnung? Es hieß, der Vermieter würde automatisch benachrichtigt werden, wenn man insolvent sei, und in der Regel werfe er einen dann auch raus. Mit inzwischen zwei Kindern wäre das schlimm gewesen, es war ja unser Zuhause. Eine neue Mietwohnung hätte ich nicht so leicht bekommen, dafür braucht man ja eine Schufa-Auskunft. Deshalb habe ich lange mit mir gerungen und abgewartet, bis gar nichts mehr ging. Das war eine schlimme Zeit, denn es kamen permanent Mahnungen bei mir an. Ich konnte zum Teil die Raten nicht bezahlen – und dann kam auch noch das Finanzamt mit einer Geldforderung auf mich zu. Am Ende hat mir dies das Genick gebrochen. Ich erinnere mich noch gut an den Moment im Büro meines Steuerberaters, in dem er zu mir gesagt hat:

»Frau Atwell, das wird nichts mehr. Fahren Sie jetzt zum Gericht und melden Sie Insolvenz an.«

Und das habe ich dann auch gemacht. Ich bekam einen Stapel Formulare ausgehändigt, den ich ausfüllte, abschickte – und dann war es ausgesprochen. **Der Schritt ist mir schwergefallen, gleichzeitig war er eine unglaubliche Erleichterung.** Ich hatte jetzt die Chance, aus der ganzen Sache herauszukommen. Natürlich musste ich mir sehr genau überlegen, wo ich einkaufen ging und wie viel Geld ich für was ausgebe. Statt im Feinkostladen kaufte ich bei Penny. Aber wir kamen klar und unser Vermieter schmiss uns zum Glück nicht raus. Meine Töchter hatten ihre Väter, die sie unterstützten.

Abgesehen von meinen Freunden habe ich niemandem von meiner Lage erzählt. Und es hat geklappt: Niemand hat über mich berichtet. Erst als ich nach zwei Jahren vorzeitig aus der Insolvenz freigekommen bin, habe ich gesagt: Es ist vorbei, ich bin da raus. Das war ein gutes Gefühl.

Verrückterweise ist die Insolvenz nicht die größte Katastrophe, die mir in meinem Leben passiert ist. Das Ganze war zwar schlimm, hatte aber nie etwas Lebensbedrohliches für mich. Geld ist nicht das Wichtigste, so banal das auch klingen mag. Ich habe mir meine Kinder angeguckt und gewusst, dass alles okay ist. Ich habe ein Dach über dem Kopf, ich habe Freunde, die mich unterstützen, eine tolle Familie – und weiter geht's.

Und trotzdem habe ich mich durch die Insolvenz verändert, leide unter Existenzängsten, die ich vorher nicht kannte. Ich weiß, wie leicht es als Freiberuflerin ist, in eine solche Situation reinzurutschen. Deshalb bin ich froh, dass ich mir neben meinen Moderationsjobs inzwischen ein zweites Standbein aufgebaut habe: Mein Geschäftspartner Carsten Geyer und ich haben 2017 eine PR-Agentur gegründet. Das Kapital, das ich einbringe, sind meine Kontakte.

Wichtig: keine Angst vor dem Nullpunkt haben. Wir können immer wieder aufstehen. Im Gegenteil: Ein Absturz kann uns auch stark machen, denn er übt uns, wieder von vorn anzufangen. Haben wir ihn einmal gemeistert, macht uns diese Erfahrung stark und angstfrei für alles, was uns noch in unserem Leben als Gründerin und Unternehmerin erwartet.

***Kira Grünberg**, *1993, ehemalige österreichische Spitzensportlerin, nach einem Unfall im Sommer 2015 änderte sich ihr Leben*

In meinem früheren Leben war ich Stabhochspringerin. Meine Tage waren klar getaktet: Morgens von acht bis elf Uhr stand die erste Trainingseinheit auf dem Programm. Danach bin ich in die Uni gefahren, habe Pharmazie-Vorlesungen besucht. Am Nachmittag absolvierte ich eine zweite Trainingseinheit. Abends habe ich entweder etwas mit Freunden unternommen oder für die Uni gelernt. Das war alles ganz schön stressig – aber ich mochte dieses Leben. Ich träumte davon, bei den Olympischen Spielen in Tokio 2020 um eine Medaille zu kämpfen.

Doch an einem Tag im Juli 2015 änderte sich mein Leben von einem Moment auf den anderen: Als ich statt auf der Matte im Einstichkasten gelandet bin – mit dem Nacken exakt auf der Metallumrandung –, wusste ich, dass von nun an alles anders sein würde. Aber wie genau anders, davon hatte ich keine Vorstellung. Was es wirklich heißt, querschnittsgelähmt zu sein, wurde mir erst später klar.

Natürlich habe ich mich am Anfang immer wieder gefragt, wieso mir das passiert ist und ob ich das nicht hätte verhindern können. Das Grübeln hat mich zermürbt. Es hilft, sich zu sagen, dass das Ganze Schicksal war und niemand schuld daran ist, auch ich selbst nicht; dass es im Leben Dinge gibt, die in das persönliche Lebensbuch geschrieben sind und an denen man nichts ändern kann. So zu denken ist für mich ein guter Weg, um mit meinem Schicksal klarzukommen.

Und so verrückt es klingen mag: In der Zeit nach dem Unfall habe ich nicht nur schlimme Momente erlebt, sondern auch viele schöne. **Zum Beispiel habe ich mich früher stark über den Sport definiert. Plötzlich merkte ich, dass die Menschen in meiner Umgebung meine Persönlichkeit sehen.** Am meisten gestützt haben mich mein Freund, mit dem ich inzwischen seit mehr als acht Jahren zusammen bin, und meine Familie. Es tat gut zu wissen, dass sie immer da sind und dass auch meine Sportkollegen und Freunde zu mir stehen. Dafür bin ich sehr dankbar.

Natürlich hadere ich manchmal damit, dass ich im Rollstuhl sitze und viele Dinge nicht selber machen kann. Ich versuche dann, mir vor Augen zu führen, was ich schon alles erreicht habe: Ich kann mir selber ein T-Shirt anziehen und die Zähne putzen, ich kann selber essen, mich schminken, mir die Haare kämmen und sie auch wieder selber föhnen. Ich kann mit dem Rollstuhl fahren und komme zu Hause gut zurecht. Das war ein langer Prozess bis dahin. Beim Zähneputzen habe ich am Anfang immer wieder Pausen machen müssen, weil die Zahnbürste so schwer (!) war. Das ist mittlerweile zum Glück wieder etwas ganz Alltägliches geworden.

Den Sport vermisse ich zwischendurch schon sehr. Aber ich habe heute andere Ziele, als Weltmeisterin zu werden. Ein großes privates

Ziel von mir ist es, eines Tages eine eigene Familie zu gründen und ein ganz normales Leben zu führen. Auch beruflich habe ich noch einiges vor. Ich bin inzwischen in der Politik aktiv, als Behindertensprecherin für die Neue Volkspartei. Das Thema liegt mir sehr am Herzen, weil ich in den vergangenen Jahren erfahren habe, wie es ist, mit einer Behinderung zu leben. Ich möchte anderen Menschen helfen, die in der gleichen Situation sind. Außerdem halte ich Motivationsvorträge in Firmen und vor Schulklassen. Wenn danach Menschen zu mir kommen und sagen, dass sie meine Ausführungen toll fanden und daraus etwas für sich mitnehmen können, freut mich das unheimlich. Das fühlt sich dann fast so an, als würde ich eine Medaille verliehen bekommen.

*Ingrid Mumm, *1955, Berufsanfängerin mit Anfang 50*
Als ich meinen ersten festen Job annahm, war ich 53 Jahre alt. Eine Arbeit habe ich vor allem deshalb gesucht, weil mein Mann und ich uns kurz zuvor hatten scheiden lassen und ich sehen musste, wie ich über die Runden kam. Mein größtes Problem bei der Jobsuche war, dass ich über keinerlei Qualifikation verfügte. Ich habe die Schule mit der Mittleren Reife abgeschlossen und nie eine Ausbildung gemacht. Stattdessen habe ich jung geheiratet und drei Kinder aufgezogen.

Nach der Trennung musste ich sehen, wie ich klarkomme. Per Zufall habe ich erfahren, dass bei der Aidshilfe in der Kleinstadt, in der ich lebe, ein Minijob als Bürokraft frei geworden war. Ich bin da auf gut Glück hingefahren und habe gesagt, dass ich die Stelle gern übernehmen würde. Eine Woche später kam die Zusage. Diesen allerersten Job habe ich noch relativ entspannt gesehen. Ich war den Umgang mit dem Computer gewohnt, konnte Excel-Tabellen erstellen, musste mich also nicht groß einarbeiten.

Sehr viel schwerer wurde es, als der Landesverband in Hannover angefragt hat, ob ich ein Familienprojekt für die Aidshilfe übernehmen möchte. Am Anfang war ich überzeugt davon, dass ich das auf keinen

Fall kann. Ich war dafür nicht ausgebildet, und das habe ich den Kollegen auch sofort gesagt. Als Antwort kam nur, dass man das nicht gewusst habe, es aber auch keine Rolle spiele. Ich hätte meine Arbeit immer gut gemacht, man würde mir diesen neuen Job durchaus zutrauen.

In den ersten Wochen und Monaten musste ich ganz schön kämpfen. Mich haben Selbstzweifel geplagt, außerdem war ich überall die Neue, musste immer wieder erzählen, wer ich bin und was ich da mache. Nach einem Jahr habe ich zum ersten Mal gedacht: Das kriege ich gewuppt. Nach zwei Jahren habe ich noch ein weiteres Projekt übernommen, bei dem es darum ging, Geflüchtete zu unterstützen.

Inzwischen arbeite ich seit mehr als zehn Jahre bei der Aidshilfe, und die Sicht, die ich auf mich selbst habe, hat sich sehr verändert. Ich bin in einer Familie aufgewachsen, in der mir zu verstehen gegeben wurde, dass ich dumm sei. Ich habe das nie infrage gestellt, das war wie eingebrannt. Bei der Arbeit habe ich deshalb lange Zeit gesagt, es sei ein großes Glück, was man mir alles zutrauen würde. Eine junge Kollegin sagte daraufhin irgendwann zu mir: **»Ingrid, man arbeitet nicht neun Jahre lang irgendwo und hat nur Glück, man hat auch gut gearbeitet.«** Mit diesem Hinweis hat sie mir sehr geholfen.

Dann, im vorletzten Sommer, sollte ich auf einem Kongress in Salzburg zwei Vorträge halten. Allein die Nachricht hat mich fertiggemacht. Ich war mir sicher: »Da hat sich einer in mir getäuscht.« Meine Chefin sagte nur: »Wenn du von deiner Arbeit erzählst, dann läuft das.« Und so war es auch. Ich kam auf die Bühne und hatte erst mal einen Blackout – doch nach und nach habe ich mich auf das konzentriert, was ich sagen wollte, ich wurde ruhiger und ab der zweiten Folie lief es richtig gut. Das Feedback im Nachhinein war unheimlich groß. Dieses Erfolgserlebnis hat mich sicherer und selbstbewusster gemacht. **Ich kann nur jedem versichern, dass das Umsetzen der eigenen Ziele und Träume nicht an das Lebensalter gebunden ist.** Und dass man auch mit über 50 Jahren noch mit etwas Neuem beginnen kann.

Lieber ein kleines Stück vom großen Kuchen ...

Die Krisen, die im Laufe der Monate und Jahre auf uns zukommen, zeigen mir, dass ich eine Kämpferin bin. Auch eine Eigenschaft, die ich von meiner Mutter geerbt beziehungsweise mir von ihr abgeschaut habe. Sie hat es mir vorgelebt auf ihrem Weg, der nie leicht war, über den sie sich aber auch nie beklagt hat. Im Gegenteil: Sie hat sich ihre Erfolge erkämpft. Und so hat sich in mir der Glaubenssatz verfestigt, dass alles möglich ist, wenn ich nur voller Überzeugung dafür kämpfe. Und so kämpfe ich um das Unternehmen, um Investoren und um die Höhe der eigenen Anteile am Unternehmen. Mir ist es zunächst wichtig, Inspiring Network auch mehrheitlich zu behalten, um es mal meinen Kindern zu vermachen.

Im Laufe der Zeit und nach einigen Gesprächen mit meinem engen Freund Martin begreife ich aber, dass es mir noch wichtiger ist, lieber einen kleinen Anteil an einem großen Kuchen zu haben als einen großen Anteil an einem kleinen Kuchen. Das heißt, es wird mir wichtiger, mit Investoren und mehr Eigenkapital ein großes Medienunternehmen aufzubauen, als einen großen Anteil an einem kleinen Unternehmen zu haben, das ständig ums Überleben kämpfen muss und nichts Großes bewegen kann. Denn über die Jahre erkenne ich auch, dass ich mit unserem Verlag etwas Bleibendes hinterlassen möchte. Und mit der Zeit wird meine Mission immer deutlicher und gewinnt an Kraft: Ich möchte die Welt etwas besser machen, indem ich Frauen über meine eigene Geschichte und die tollen Geschichten anderer Frauen darin bestärke, mehr an sich zu glauben, sich genau zu überlegen, wer sie sein wollen, und sich zu trauen, mutig ihren eigenen Weg zu gehen. Und sie darin zu ermutigen, darauf zu vertrauen, dass auch sie ihr Ziel erreichen werden, wie ich es geschafft habe.

Wie ist es anderen Gründerinnen ergangen? Ich habe darüber mit Lea Lange gesprochen:

*Lea Lange, *1987, Mitbegründerin des Start-ups JUNIQE.de*
Ich liebe es, Wohnungen einzurichten. Nur die Wände sind ein schwieriges Thema. Wenn man nicht gerade Kunstexperte ist und Tausende Euros ausgeben kann, hat man wenig Möglichkeiten. Aus dieser Überlegung heraus ist die Geschäftsidee für das Start-up, das wir zu dritt aufgezogen haben, entstanden: JUNIQE.de, ein Onlineshop für bezahlbare Kunst.

Die erste Phase der Gründung war sehr anstrengend, weil wir uns um alles selbst gekümmert haben und uns noch kein großes Team für die Umsetzung zur Seite gestanden hat. Wir hatten schlaflose Nächte, haben uns immer wieder Lösungen für Probleme überlegen müssen, von denen wir vorher gar nicht wussten, dass es sie gibt. So kräftezehrend das alles auch war: Vor allem die Anfangszeit hat mich sehr beflügelt. Ich konnte abends sehen, was ich geschafft habe – ganz anders als in den Beratungsjobs, die ich während meines Studiums gemacht habe. Und wir waren dabei, unsere eigene Idee, hinter der ich zu 100 Prozent stand, in die Tat umzusetzen. Ein tolles Gefühl. **Für eine Gründung ist meiner Ansicht nach das Allerwichtigste: Man muss wirklich davon überzeugt sein, dass eine Geschäftsidee funktionieren kann. Gleichzeitig sollte man nicht zu lange zögern, sondern irgendwann wirklich loslegen.** Ich glaube, dass es sogar hilfreich ist, mit einer gewissen Naivität an die Sache heranzugehen. Denn wenn man schon im Vorfeld wüsste, was das alles bedeutet, würde man wahrscheinlich niemals gründen.

Ich werde häufig gefragt, ob ich Angst hatte zu scheitern. Die Wahrheit ist: Ich hatte überhaupt keine Zeit, darüber nachzudenken. Das gesamte erste Jahr gab es so viel zu tun, dass ich mich immer nur auf die nächsten Schritte konzentriert habe. Hinzu kam: Ich war 26 Jahre alt und niemandem verpflichtet. Mir war klar: Wenn unser Projekt schiefgeht, finde ich einen anderen Job und habe trotzdem viel gelernt. Es gab also nichts zu verlieren, ich konnte mich einfach auf meine neue Aufgabe freuen.

Die Entscheidung, zu dritt zu gründen, war im Nachhinein betrachtet genau richtig. Wir haben alle unterschiedliche Stärken, jeder macht das, was er gut kann. So haben wir die verschiedenen Abteilungen unter uns aufgeteilt. Ich bin verantwortlich für Kuration, Brand, PR, Content, Merchandising und den Bereich Human Resources. Ich sage immer: Alles, was Spaß bringt, das mache ich.

Natürlich lief nicht sofort alles glatt. Vor allem in den ersten zwei Jahren passierten viele Dinge, auf die wir nicht gefasst waren. Zum Beispiel haben wir eine Gutscheinaktion organisiert, bei der die Einlösung der Gutscheine nicht funktioniert hat – und einmal, kurz vor Weihnachten, mussten wir feststellen, dass unser Produzent wegen der Feiertage verkürzte Lieferzeiten hatte, uns deshalb also ein Teil unseres Gewinns durch die Lappen ging. Mittlerweile sind wir auf solche Situationen vorbereitet. Und wir machen vieles nicht mehr selbst, sondern haben ein Team, das aus knapp 100 Leuten besteht und dem wir die meisten Aufgaben übertragen können. So ist es möglich, dass wir uns vor allem auf die Strategie des Unternehmens und auf Großprojekte konzentrieren können.

In den fünf Jahren, die es JUNIQE.de inzwischen gibt, habe ich mich sehr verändert. Ich bin daran gewöhnt, eigenständig zu arbeiten, mir neue Konzepte zu überlegen und gemeinsam mit den anderen Entscheidungen zu fällen. Es würde mir, glaube ich, sehr schwerfallen, irgendwann wieder fest angestellt zu sein. **Die Gründung hat mich gelassener gemacht, es gibt kaum etwas, das mich aus der Fassung bringen kann.** Denn was auch immer passiert – ich weiß, dass wir gemeinsam eine Lösung finden werden.

VI. Kind und Unternehmen – das geht!

Die biologische Uhr tickt – Januar 2011

Wieder einmal habe ich in München zu tun und schaue im Büro nach den Kollegen. Und weil ich abends noch einen Termin in der Stadt habe, nutze ich die Gelegenheit, besuche meine Mutter und übernachte bei ihr. Inzwischen hat sie ihre Hoffnung, Großmutter zu werden, aufgegeben. Morgens gehen wir zusammen an der Isar laufen. Und dann sagt sie ganz unvorbereitet und nebenher:

»Weißt du, ich finde es okay, wenn du keine Kinder bekommst.« – »Wie meinst du das?«, frage ich und bleibe abrupt stehen. »Na, dein Verlag ist doch schon dein Kind. Und wenn du damit glücklich bist, ist alles in Ordnung für mich.«

Und wenn das für mich nicht in Ordnung ist?, denke ich und könnte vor Wut schreien. Vielleicht möchte ich ja den Verlag führen und gleichzeitig Kinder haben. Es soll im 21. Jahrhundert tatsächlich möglich sein, Kind und Karriere beziehungsweise Unternehmertum zu vereinen. Meine Mutter hat mich ja selbst als alleinerziehende, arbeitende Frau großgezogen. Und aus mir ist doch was geworden – oder? Andererseits: Vielleicht ist es mit dem Kinderkriegen nicht so ganz einfach?

Je näher ich meinem 40. Geburtstag komme – ich bin jetzt 37 –, desto mehr Fragen zum Thema Kinderkriegen werden an mich herangetragen, und meine berufliche und private Situation wird nun gern mal ungefragt kommentiert: »Du hast ja jetzt den Verlag. Da hast du dich sicher gegen Kinder und für deine Karriere entschieden, oder?« In solchen Momenten ärgere ich mich, dass ich nicht schlagfertig genug bin und kontern kann, dass diese Frage nur mich persönlich etwas angeht.

Wie geht es eigentlich Frauen, die keine Kinder haben, weil sie keine bekommen können? Oder weil sie eines verloren haben? Oder weil sie einfach keine Kinder haben möchten? So wie eine beruflich sehr erfolgreiche Freundin von mir, die seit vielen Jahren glücklich verheiratet ist und keine Kinder hat, weil sie einfach keine wollte. Das Warum kenne ich nicht, denn ich hatte nie das Gefühl, dass es mir zusteht, danach zu fragen, solange sie ihre Überlegungen dazu nicht mit mir teilen möchte. Ein paarmal habe ich aber erlebt, wie ihr in Frauenrunden distanzlos die Frage gestellt wurde, ob ihr der Beruf wohl einfach wichtiger war als der Kinderwunsch. Oder ob es mit dem Kinderkriegen nicht geklappt habe. Auf solche anmaßenden Bemerkungen reagiert meine Freundin meist gelassen oder schlagfertig. Ich bin bei solchen und ähnlichen Kommentaren hingegen oft einfach nur sprachlos.

Gespräche rund um das Thema Kinderkriegen fordern von uns Frauen viel Gelassenheit, vor allem, wenn wir untereinander darüber sprechen. Denn Frauen können gnadenlos gegenüber ihren Geschlechtsgenossinnen sein. Ich habe einige Freundinnen, die keine Kinder haben. Aus den unterschiedlichsten Gründen. Mal war nie der richtige Partner dafür an ihrer Seite, mal war die Lebenssituation unpassend, mal hat es einfach nicht geklappt mit dem Kinderwunsch. Eine Freundin hat sich ganz bewusst für den Beruf entschieden und ist die mit Abstand beste Tante, die sich Kinder wünschen können. Alle kinderlosen Freundinnen sehen sich – wie wahrscheinlich viele kinderlose Frauen – immer wieder mit wohl meist gut gemeinten, aber selten einfühlsamen Fragen nach dem Grund der Kinderlosigkeit konfrontiert. Warum eigentlich? Dürfen wir uns als Frauen nur dann »komplett« fühlen, wenn wir Kinder haben? Müssen wir uns schlecht fühlen, wenn wir die Geburtenrate nicht erhöhen? Mich hat es immer schon geärgert, wenn die Empathie für kinderlose Frauen fehlt, das Gespür dafür, ob eine Frau über das Thema sprechen möchte oder nicht.

Aus dem Grund reagiere ich wohl an diesem Morgen in München beim Lauf mit meiner Mutter etwas heftig. Vielleicht bin ich auch ein wenig traurig und enttäuscht darüber, dass sie nicht versteht, dass es mit dem Kinderkriegen gar nicht so leicht ist – vor allem, weil ich ein Unternehmen gestartet habe und viele Bälle auf einmal in der Luft jonglieren muss.

Ich denke an eine Frau in Japan, von der ich vor Kurzem gelesen habe, sie sei mit 52 Jahren Mutter geworden. Die Kommentare, die diese Geburt so ganz außerhalb der Norm hervorgerufen hat, waren zum Teil richtig aggressiv.

Vor allem seit ich wieder einen festen Partner habe, interessieren sich Menschen in meinem Bekanntenkreis plötzlich für die Frage, wie ich es – vor allem jetzt, als Unternehmerin – mit dem Nachwuchs halte. Wird mein Partner das eigentlich auch so oft gefragt? Und warum interessiert meine Kinderplanung so viele Menschen um mich herum? Ist es Neugierde? Das Fehlen von anderem Gesprächsstoff? Unsicherheit? Der Abgleich des eigenen Lebensmodells mit dem einer anderen Frau?

Wie kann es sein, dass wir in einer Gesellschaft leben, in der alles möglich zu sein scheint, wir aber trotzdem an traditionellen Bildern festhalten, wie etwas zu sein hat? Insbesondere Frauen fällt es schwer – das ist jedenfalls meine persönliche Erfahrung –, die Lebensmodelle anderer Frauen zu tolerieren, und zwar kommentarlos. Wo steht bitte geschrieben, dass jede von uns einen Kinderwunsch haben sollte? Oder dass wir nur bis zum Alter von 40 Jahren Kinder bekommen sollten?

Ich wünsche mir, dass wir uns gegenseitig mehr Sensibilität schenken und mehr Freiheit, unsere eigenen Wege zu gehen und uns so sein und handeln zu lassen, wie wir sein und leben wollen. Vielleicht machen andere Lebensmodelle manchen von uns Angst? Vielleicht setzen sie uns unbewusst unter Druck und lassen uns das eigene Lebensmodell hinterfragen?

Ich wünsche mir, dass wir lernen, die Lebensmodelle anderer Frauen zu akzeptieren. Wir müssen sie ja nicht gutheißen, aber jede und jeder von uns hat das Recht, sein Leben so zu leben, wie sie oder er es möchte. Das ist die große Freiheit, die wir in diesem Land haben.

Eine neue Sales-Chefin – voll engagiert und Mutter

Die Sorgen in meinem Alltag bleiben nicht aus. Die Branche wandelt sich weiter. *emotion* ist kein Selbstläufer. Der Ausbau unseres Anzeigengeschäfts ist schwieriger, als ich dachte. Die Verkäufe entwickeln sich nicht so schnell, wie ich hoffte. Wir bauen das Eventgeschäft aus, das jedoch unsere Einbußen im Hauptmarkt nicht aufwiegen kann. Schnell wird uns klar, dass wir noch mehr Geld brauchen werden. Nachdem unsere erste Anzeigenleiterin eine neue Herausforderung annehmen möchte, übernimmt Wencke von der Heydt die Leitung des Vermarktungsteams. Sie ist zweifache Mutter und Frau des Immobilienmaklers, der mir unsere schönen Räume vorgestellt hatte, und verstärkt unser Vermarktungsteam bereits seit einigen Monaten in der zweiten Reihe. Ich weiß noch, wie er mir damals seine Frau, die zu der Zeit noch in Elternzeit war, als eine der besten Marketingexpertinnen anpries, die für *emotion* Anzeigen akquirieren könnte. Seine Worte sind mir im Kopf geblieben. Als klar wird, dass wir mehr Unterstützung in der Vermarktung brauchten, rief ich ihn an, er stellte den Kontakt zu seiner Frau her, und Wencke von der Heydt überzeugte mich schnell. Als die Stelle der Executive-Sales-Direktorin frei wird, überlege ich nur einen Moment, ob die Leitung unseres wichtigen Erlösbereichs für eine Mutter von zwei Kindern in Teilzeit möglich ist. Wencke brennt für Sales und ist begeistert von *emotion*. Was für ein Glücksfall! Vielleicht ist auch sie eine der Frauen auf meinem Weg, die mir vorlebt, dass Kinder und Karriere möglich sind und dass wir beides vor allem auch mit viel Leidenschaft leben können. In den vielen Jahren ist sie zu einer tragenden Säule unseres Verlags geworden, die mit großer Leidenschaft alle Publikationen unseres Verlags sowie diejenigen unserer Mandanten vermarktet, und ich möchte sie nicht mehr missen.

Letzten Sommer habe ich das erste Mal mit Jonas über das Thema Heirat und Kinder gesprochen. Aber ich fühlte mich noch nicht so weit. Denn ja, der Verlag ist auch mein Kind. Und ich liebe meine Freiheit. Außerdem schreibe ich noch am Buch über den ungewöhnlichen, erfolgreichen Lebensweg meiner Mutter. Sie hat mich so viel Optimismus gelehrt! Es ist ein lang gehegter Herzenswunsch von mir, ihre Geschichte als ermutigendes Beispiel für Frauen zu erzählen und ihnen zu zeigen, dass *alles* im Leben möglich ist. Dass wir es uns nur zutrauen müssen.

Als ich nach dem gelungenen MBO das Gefühl hatte, dass es mir jetzt auch noch gelingen wird, einen Buchvertrag zu bekommen, hat es tatsächlich geklappt. Und jetzt habe ich den großen Ehrgeiz, dieses Buch neben meiner beruflichen Tätigkeit zu schreiben.

Aber wie soll das gehen, wenn ich vielleicht noch Mutter werde? In den Sommerferien, meinem ersten Urlaub in Selbstständigkeit, muss ich erst einmal wieder lernen abzuschalten. Und muss auch lernen, darauf zu vertrauen, dass meine Mitarbeiter eigenverantwortlich den Verlag am Laufen halten werden, wenn ich nicht da bin. Vor allem mache ich mir bewusst, dass ich jetzt Anke als starke Partnerin an meiner Seite habe.

Dennoch wird mir wieder einmal klar, dass ein eigenes Unternehmen beziehungsweise das Unternehmerin-Sein das *ganze* Leben verändert. Es gibt für mich keine Trennung mehr zwischen Job und Freizeit. Die Themen aus dem Verlag trage ich in den Abend hinein, ins Wochenende und in den Urlaub.

Im Urlaub einmal richtig loszulassen bleibt eine große Herausforderung. Alle Sorgen um unsere junge Firma einmal in eine Schublade zu stecken und darauf zu vertrauen, dass ein paar Tage Abwesenheit keine Katastrophe bedeuten, fällt mir extrem schwer. Doch es ist mein Ziel und ich arbeite daran, dass der Verlag auch funktioniert, wenn ich nicht da bin. Anke und ich wollen und müssen unseren Mitarbeitern vertrauen können, wollen und müssen ihnen etwas *zu*trauen und uns auf sie verlassen. Vielleicht ist dies ein wesentlicher Unterschied zu meiner früheren Tätigkeit im großen Verlag: Das große Haus gab mir die Sicherheit, dass alles ohne mich weiterlief. Jetzt als Selbstständige, die jeden Monat Gehälter, Miete, Druckkosten und viele andere Kosten zu tragen hat – nun gemeinsam mit Anke –, fühlt sich alles ganz anders an. Es gibt keine übergeordneten Abteilungen, die sich um alles kümmern und aus denen mal jemand einspringen könnte, wenn Anke und ich mal ausfallen. Umso mehr bin ich dankbar, in der Führung nicht allein zu sein. Ich muss wieder einmal an den Satz des Patenonkels von Jonas denken: »*Selbst* und *ständig* im Einsatz …« In diesen Momenten schiebe ich den Gedanken an Nachwuchs schnell wieder beiseite.

»Ein Zebra auf der Flucht wird nicht schwanger«

Dennoch: Ja, ich will ein Kind. Das habe ich schon immer gewusst. Aber wann ist der richtige Zeitpunkt dafür? Gibt es überhaupt einen richtigen Zeitpunkt? Den passenden Moment? Wann bin ich so weit? Was will oder sollte ich vorher eigentlich alles erreicht haben, bevor ich Mutter werde? Und werde ich überhaupt schwanger? Mein Gynäkologe in München hat schon vor ein paar Jahren mit dem Satz geunkt: »Ein Zebra auf der Flucht wird nicht schwanger.« So viel, wie ich arbeiten würde und unregelmäßig meine Tage bekäme, würde ich nicht so schnell schwanger werden. Ich solle bloß nicht zu spät mit dem Versuch, Mutter zu werden, beginnen. Soll ich es also einfach mal drauf ankommen lassen? Oder erst wenn das Unternehmen sicher den → Break-even-Point überschritten hat?

Ich bin froh, dass Anke nun als Geschäftsführerin an meiner Seite steht. Wir ergänzen uns gut und arbeiten beide daran, den Verlag voranzubringen. Und wir bemühen uns auch darum, gelassener zu werden, denn das Abschalten fällt uns beiden nicht leicht. Uns verbindet nicht nur ein großes Pflichtbewusstsein, sondern auch große Disziplin. Unsere Eltern haben uns gelehrt, dass wir für unseren Erfolg kämpfen müssen wie sie selbst, meine Mutter und Ankes Vater es auch ihr Leben lang getan haben. Wir sind mit dem Bewusstsein aufgewachsen, dass unseren Eltern nichts geschenkt worden ist. Erfolg kommt nach großem Einsatz – und unter Verzicht von Familienzeit und Freizeit.

Job und Kind – meine Mutter hat es mir vorgelebt

Am 21. Februar werde ich 37 Jahre alt. Mein Wunsch, ein Kind zu bekommen, regt sich mehr und mehr. Meine Mutter hat mir ja nicht nur Disziplin und Optimismus mitgegeben, sondern sie hat mir auch gezeigt, dass beides im Leben möglich ist: Kind und Karriere. Vielleicht hat sie es als junge Mutter damals in Polen zumindest deshalb auch leichter gehabt als ich jetzt, da es im kommunistischen Polen ganz natürlich war, Kinder zu bekommen und nach der Geburt eines Kindes auch schnell wieder arbeiten zu gehen. Für die Kindererziehung war die ganze Familie zuständig, von der Mutter über die Oma bis zur Tante. So war es damals auch bei mir selbst gewesen. Meine Mutter war erst

21 Jahre alt und noch im Studium, als ich zur Welt kam. Als Säugling und Kleinkind habe ich viel Zeit, oft die ganze Woche lang, mit meiner Oma und Tante in unserer großen Wohnung in Jelenia Góra verbracht, während meine Mutter in Wrocław (Breslau) die Uni besuchte. Als sie später Vollzeit gearbeitet hat, war ich zunächst bis fünf Uhr nachmittags im Kindergarten, später nach der Schule in der Obhut meiner Oma, die in einem Musikgeschäft halbtags arbeitete. Es war selbstverständlich, als Mutter berufstätig zu sein. Und das Bild von der arbeitenden Mutter war ein erlerntes Bild und prägte die Gesellschaft. Darüber machte sich meine junge Mutter auch wenig Gedanken. Sie war selbst sehr selbstständig aufgewachsen. Und so bin auch ich in ihrem Leben als Kind einfach mitgelaufen – was ich völlig okay fand, ich kannte es auch nicht anders. Ich war nur selten bei Freundinnen eingeladen, bei denen die Mutter nur zu Hause war. Später, nachdem ich als Siebenjährige mit meiner Mutter nach Deutschland geflüchtet war, war ich nachmittags nach Schulschluss immer im Gasthof, in dem meine Mutter zunächst arbeitete, mit dabei und habe mich allein beschäftigt und oft auch im Kiosk mitgeholfen, in dem wir Kleinigkeiten wie Getränke und kleine Snacks verkauften.

Als meine Mutter dann zwei Jahre später in einem medizinisch-technischen Labor eine ihrer Ausbildung zur Ingenieurin angemessene Arbeit fand, war ich knapp neun Jahre alt. Und das Labor wurde zum »zweiten Baby« meiner Mutter. Sie war schnell entzündet, das junge Labor im technischen Bereich weiterzuentwickeln. Sie wollte die IT des Betriebs auf den technisch neusten Stand bringen, technisch up to date bleiben. Nachdem wir durch die Unterstützung von Walter eine Wohnung direkt neben dem Labor fanden, konnte meine Mutter nachts schneller zur Stelle sein, wenn das »zweite Kind« nach ihr verlangte. Ich erinnere mich noch an den nächtlichen Einsatz meiner Mutter, wenn sie schwere Speicherplatten wechseln musste, damit die

Blutanalysen im Labor am Morgen darauf pünktlich fertiggestellt sein konnten.

Ich gewöhnte mich schnell daran, dass das »neue Familienmitglied« immer für eine Überraschung gut war, keine Mittagspause erlaubte, immer wieder mal eine Nachtschicht forderte oder auch den Start um fünf Uhr früh. So war es auch klar, dass ich nach der Schule im Hort bei der Nachmittagsbetreuung war, statt ein warmes Mittagessen zu Hause zu bekommen. Aber ich habe keine schlechtere Kindheit genossen als Kinder mit Müttern, die zu Hause waren, sondern einfach nur eine andere. Und ich bin von diesem Bild meiner berufstätigen Mutter sehr positiv geprägt worden: das Bewusstsein, dass es wichtig ist, als Frau immer sein eigenes Geld zu verdienen. Unabhängig zu bleiben, immer für sich selbst sorgen zu können, ob mit oder ohne Kind, ob mit oder ohne Mann. Umso mehr erschreckt es mich, in der *Frankfurter Allgemeinen Sonntagszeitung* vom 17. März 2019 zu lesen, dass in den alten deutschen Bundesländern immer noch nur 22 Prozent der Bevölkerung (Männer und Frauen) befürworten, wenn Mütter in Vollzeit arbeiten.

Ich glaube, dass dieses fest verankerte Bild in der westdeutschen Gesellschaft auch meine Mutter unbewusst beeinflusste, als sie mit mir nach Deutschland kam. Und natürlich prägte sie auch der Kontakt mit vielen Familien, die sie über meinen Stiefvater in München kennenlernte, die diese tradierte klassische Rollenaufteilung weiter festigten: Familien, in denen der Mann Alleinverdiener und die Frau für die Kindererziehung zuständig ist. Natürlich wird der Mann in solchen Konstellationen von allen lästigen, den Haushalt betreffenden Pflichten frei gehalten und auch von der Pflege der weiteren Familie und von Freundschaften.

So unabhängig meine Mutter auch ihr Leben führte, schien diese Erwartungshaltung der Gesellschaft sie zu beeinflussen. Denn in ihren schwachen Momenten sprach sie von ihrem schlechten Gewissen, das sie quälte, da sie so wenig Zeit für mich gehabt hätte, als ich in der Schule war.

Bis heute gelingt es mir nicht, ihr klarzumachen, dass ich eine glückliche Kindheit hatte und sie kein schlechtes Gewissen haben muss.

Diese Erfahrung bestätigt mich darin, dass es eine Marke wie *emotion* braucht, die uns Frauen nicht nur darin bestärkt, unabhängig von der Meinung der anderen den eigenen Weg zu gehen – ob mit oder ohne Kind –, sondern auch daran arbeitet, die tradierten Geschlechterbilder in der Gesellschaft zu verändern. Indem wir immer wieder Frauen vorstellen, die Kind und Karriere hinbekommen – und dies auch in den unterschiedlichsten Lebensmodellen. Und wir möchten als Verlag auch unseren Beitrag dazu leisten, es Frauen über flexible Teilzeitarbeitsmodelle zu erleichtern, auch als Mütter berufstätig zu bleiben.

Dass wir damit Erfolg haben, zeigt sich schon im zweiten Jahr unseres Bestehens: Es ist ein kinderreiches Jahr. Einige Mitarbeiterinnen werden schwanger. Und ich habe mehr denn je das Gefühl, dass ich das Kinderkriegen nun auch selbst nicht mehr aufschieben will.

Ich will das Glück herausfordern

Ist es Zufall? Oder sind meine Sinne dafür nun geschärft? In unserem Stadtteil Eppendorf nehme ich auf einmal immer mehr Mütter und Schwangere wahr. Meine eigenen Überlegungen bestärkten auch meine Freundin Julia. Ich treffe sie im März 2011 in München in der Goldenen Café-Bar im Haus der Kunst vor meiner Reise in den Skiurlaub. Wir sprechen über die plötzliche Krebserkrankung einer gemeinsamen Freundin, die uns mal wieder daran erinnert hat, dass das Leben sehr kurz sein kann. Und in diesem Moment geht mir durch den Kopf, dass einige Dinge erst einen Wert bekommen, wenn uns bewusst wird, dass wir nur begrenzt Zeit zur Verfügung haben. Dass oft die zeitliche Begrenzung etwas erst wertvoll macht. Und daher, fasst Julia zusammen, würde sie an meiner Stelle jetzt nicht länger mit dem Kinderwunsch warten. Wer weiß, wie lange ich brauchen würde, um schwanger zu werden, bei meinem Stress. Ich muss natürlich gleich wieder an das Zebra-Bild meines Münchner Gynäkologen denken. Und außerdem, so fährt Julia fort, werde mich das Unternehmen sicher noch viele Jahre in Atem halten. Für Kinder sei es aber irgendwann zu spät. Und den perfekten Zeitpunkt gebe es sowieso nicht.

Ich denke daran, dass ich jetzt schon 16 Jahre älter bin, als meine Mutter war, als sie mich bekommen hat. Ich weiß, dass Kinder zu meinem Lebensglück dazugehören. Und so, wie ich ticke, fälle ich an diesem Abend in der Goldenen Bar in München den Entschluss, im Urlaub mit Jonas konkret über das Thema zu sprechen.

Kniefall im Schnee – oder ein romantischer Antrag

Ein paar Tage später, an dem einzigen Abend, den Jonas und ich im Skiurlaub in Lech am Arlberg für uns allein haben und gemeinsam romantisch beim Fondue verbringen, fasse ich mir ein Herz und spreche das Thema an. Sage, dass es mir nicht wichtig ist, ob wir heiraten oder nicht. Lächelnd füge ich hinzu, dass das ja auch schon was bedeutet, da ich als polnische Katholikin eigentlich nicht an uneheliche Kinder denken sollte. Aber dass ich mich freuen würde, wenn auch er sich vorstellen könnte, Vater zu werden. Und ich bin glücklich, dass er Ja sagt! Mir fällt ein Stein vom Herzen, und ich stoße ein neues Kapitel meines Lebens auf: hoffentlich das der Unternehmerin mit Kind. Als wir an diesem Abend unter einem großartigen klaren Sternenhimmel ins Hotel zurückspazieren, bin ich sehr erleichtert. Dabei merke ich, dass Jonas leicht angespannt ist, aber ich bin zu sehr mit meinen eigenen Gefühlen beschäftigt, um darauf einzugehen. Mehrmals bleibt er stehen, als wolle er mir etwas sagen, aber mich zieht es jetzt schnell nach Hause, ins Hotel Schranz. Doch ein paar Meter davor bleibt Jonas abrupt stehen und geht auf die Knie. Ich verstehe gar nicht, um was es jetzt geht, und möchte ihn weiterziehen. Aber dann zieht er einen Ring hervor und fragt mich, ob ich mir vorstellen könnte, eine Wölfin zu werden! Wie verrückt! Meine Welt dreht sich. Ich bekomme an dem Tag, an dem ich mit Jonas übers Kinderkriegen gesprochen habe, einen Heiratsantrag! Ich schaue auf das Omeshorn, den Berg, der über Lech wacht und den ich meinen »Kraftberg« nenne, und bin glücklich wie schon lange nicht mehr. *Alles wird gut*, denke ich, und sage »Ja!«.

Ein paar Tage später fahren wir nach München zu meinen Eltern, um ihnen von unserer Verlobung zu erzählen. Und davon, dass wir in Polen im Mai des nächsten Jahres eine große Hochzeit feiern möchten. Am Rande von Jelenia Góra, der Stadt meiner frühen Kindheit, aus der sowohl Jonas' Eltern mütterlicherseits wie auch meine Familie kommen.

Kaum bin ich zurück in Hamburg, holt mich der Alltag wieder ein. Zwischendrin schweife ich immer mal wieder ab und frage mich, wie ich das alles hinbekommen werde: Hochzeit, Kind, Beruf. Und außerdem brennt mir der Termin zur Abgabe meines Manuskripts an den Verlag unter den Nägeln. Nachts und an den Wochenenden schreibe ich. Und wenn ich jetzt auch noch schwanger werde? Einen Schritt nach dem anderen, beruhige ich mich.

Völlig erledigt? Oder etwa schwanger?

Es vergehen nur wenige Monate bis ich in unserem Sommerurlaub am Atlantik bemerke, dass ich schwanger bin. Eigentlich habe ich es schon in den Wochen davor gespürt. Als wir großen Stress im Büro gehabt haben, weil im Sommer wegen der anzeigenschwachen Hefte das Thema Liquidität immer wie ein Damoklesschwert über unseren Köpfen schwebte. Abends ist mir ab und zu etwas übel gewesen, aber Jonas hat es für Magenprobleme gehalten, weil ich nicht gerade gesund lebe und dazu viel arbeite. Mein Team hat gemeint, dass ich endgültig nah am Burn-out sei. Ohnehin denken einige Leute, dass auch ich irgendwann mal dran sein müsse mit dem Ausgebranntsein. Ich habe mir das zwar nicht vorstellen können, habe aber zugeben müssen, dass mir einfach immer mal wieder etwas übel ist. Und als dann im Sommerurlaub die Übelkeit gar nicht mehr aufhört, erinnere ich mich daran. Doch erst meine Freundin Annabel stellt nüchtern fest, dass ich endlich mal in eine Apotheke gehen sollte, um mir einen Schwangerschaftstest zu kaufen. Sie glaubt nicht an einen Burn-out und spricht das aus, was ich angesichts meiner Arbeitsbelastung eigentlich befürchte – andererseits auch mit Freuden erwarte. Die Bestätigung folgt nur wenige Stunden später. Ich bin schwanger!

Und ich bin – wie ich zwei Wochen später in Hamburg erfahre – sogar schon am Ende des dritten Monats: Es ist ein sonniger Tag Ende August, als ich die Frauenarztpraxis besuche. Die sehr abgeklärte Ärztin, die meinen Arzt im Moment vertritt, macht einen Ultraschall, und ich sehe plötzlich ein kleines Wesen in meinem Bauch und höre einen lauten fremden Herzschlag, ein Erlebnis, das ich nie wieder vergessen werde. Es ist eindeutig. Ich kann es nicht glauben, bin überglücklich. Dann überkommt mich aber auch kurz ein Gefühl der Panik. Wie werden die Mitarbeiter reagieren? Wie erzähle ich es Anke, meiner Mitgeschäftsführerin? Wie werde ich das alles schaffen? Wir haben immer noch nicht den → Break-even-Point mit dem Verlag erreicht, da wir nun auch noch die *Hohe Luft* auf den Markt gebracht haben, die nun in zweimonatlicher Frequenz erscheint. Dazu muss ich mein Buch fertigschreiben und noch so viel mehr …

»Übrigens gehören Sie zu den eher älteren Müttern, daher muss ich Sie über die vielen Risiken Ihrer Schwangerschaft aufklären.«

Mit diesen Worten holt mich die Ärztin in die Wirklichkeit zurück. Zum Glück gehöre ich nicht zu den Menschen, die ständig alles im Internet nachschlagen, wenn ihnen etwas wehtut. Dennoch rege ich mich so über diese wenig empathische Frau auf, dass ich gar nicht wahrnehme, über welche Risiken sie spricht. Als ich die Praxis verlassen habe, rufe ich sofort Annabel an, die sich einfach nur freut. Und in diesem Moment, mit dem Handy am Ohr und meiner besten Freundin in der Leitung, spüre ich wieder meinen Lebensoptimismus und mein großes Glück. Ich werde Mutter! Alles ist okay! Und es geht mir verdammt gut. Meine Mutter hat mich ungewollt bekommen, mitten im Studium. Wer weiß, ob sie mit meinem Vater noch einen Versuch gestartet hätte, wenn ich nicht unterwegs gewesen wäre. Andere Frauen werden nicht schwanger, obwohl sie es immer wieder versuchen. Und bei mir hat es einfach so geklappt. Ich bin dankbar. Umso mehr, als ich sogar unbemerkt durch die kritische erste Phase gekommen bin. Es ist unglaublich und schön.

Beide Kinder sind wichtig!

Ich beschließe, von meiner Schwangerschaft erst einmal niemandem etwas zu erzählen, bis ich mich in der Situation zurechtgefunden habe. Als ich später wieder im Büro sitze, immer noch etwas aufgewühlt, erzählt mir meine enge Mitarbeiterin Britta, die mir von G+J gefolgt ist, dass sie schwanger ist! Und sie hat den gleichen Geburtstermin, den ich heute bekommen habe. Wie gern würde ich ihr um den Hals fallen und mit ihr mein Geheimnis teilen! Aber ich halte mich zurück und verrate ihr nicht, woher ich gerade komme und was ich erlebt habe. Denn ich fühle, dass ich mich und mein künftiges Leben noch etwas sortieren muss. Wir arbeiten buchstäblich auf fruchtbarem Boden im Verlag, kommt mir in den Sinn.

Die Monate vergehen. Wahrscheinlich mache ich mir selbst etwas vor, wenn ich denke, dass meine Kolleginnen und Kollegen nicht bemerken, dass ich schwanger bin. Was geht ihnen wohl durch den Kopf, wenn ich bei einem Umtrunk mal wieder erzähle, ich würde eine Pause vom Alkohol machen? Ich! Kasia, die so gern mal zwischendurch feiert und unvernünftig ist, zieht einfach mal so im Herbst alkoholfreie Monate durch. Nicht sehr glaubwürdig. Dazu wird meine Brust größer, und langsam passen mir meine Hosen nicht mehr so gut. Aber im Übrigen geht es mir prima. Ich bin dankbar, denn meinen mitschwangeren Kolleginnen geht es nicht so gut. Übelkeit und andere Begleiterscheinungen machen ihnen zu schaffen. Ich fühle mich hingegen richtig stark. Spüre, dass in mir eine Persönlichkeit heranwächst. Und bin davon überzeugt, dass es ein Max wird. Jonas auch. Er freut sich schon auf das gemeinsame Tennis- und Fußballspielen. Ich ermahne mich immer öfter, dass ich Anke nun endlich sagen muss, was los ist. Ich weiß gar nicht, warum ich so lange damit warte. Vielleicht, weil ich es selbst immer noch nicht glauben kann, dass ich ein Kind erwarte, dass ich in weniger als einem Jahr glückliche Mutter sein werde? Es zerreißt mich aber, wenn ich überlege, wie ich meine neue Rolle mit meiner beruflichen als Unternehmerin praktisch vereinbaren kann. Denn ich weiß, dass ich auf keinen Fall mehrere Monate draußen sein möchte. Wir sind im Aufbau, spüren, auf welch unsicheren Säulen unser Verlag noch steht, was wir noch zu tun haben. Jeder wird gebraucht. Die Vorstellung, einfach mal im dritten Jahr für sechs Monate oder länger nicht zu arbeiten, fühlt sich für mich falsch an. Ich möchte Anke und unser Team auf keinen Fall zu lange allein lassen. Auf der anderen Seite möchte ich auch nicht die Zeit mit meinem Baby verpassen, möchte für mein Kind da sein und alles so gestalten, dass es keine Nachteile wegen meines Jobs hat. Aber wie treffe ich in diesem Moment die richtige Entscheidung? Für unser Kind, für uns als Familie, für mich?

Natürlich haben Jonas und ich auch schon darüber gesprochen, ob er in Elternzeit geht. Aber dafür ist sein Gehalt zu wichtig. Denn sollte es bei mir mit dem Verlag doch nicht so richtig klappen, haben wir als Sicherheit sein Gehalt, denn noch muss ich meinen großen Kredit zurückzahlen.

Natürlich bin ich davon überzeugt, dass es nicht dazu kommen wird und wir unser Inspiring Network in eine sichere Zukunft führen werden. Aber der Markt ist weiterhin schwer einzuschätzen und die Möglichkeit einer Insolvenz ist nie völlig auszuschließen, dessen bin ich mir als Unternehmerin bewusst. Und es ist etwas, was mir *immer* bewusst sein wird.

Doch ich habe keine Angst, dass unser Start-up scheitert. Was soll passieren? Wenn wir insolvent gehen, ist das Geschäftsmodell nachhaltig nicht aufgegangen. Aber wir haben es dann zumindest versucht, und dies stets mit großem Einsatz. Wir haben über drei Jahre Arbeitsplätze geschaffen, in Menschen investiert, sind Risiken eingegangen, um unseren Verlag selbstständig und unabhängig von Dritten aufzubauen. Ich möchte es mir selbst nicht vorwerfen müssen, nicht alles dafür getan zu haben, erfolgreich zu werden. Auch in diesem schwierigen Markt müssen wir den Durchbruch nachhaltig schaffen. Insofern ist es für mich keine Option, mit Kind länger auszusteigen. Ich empfinde Inspiring Network als mein zweites Kind, das auch Aufmerksamkeit braucht. Und ich ertappe mich dabei, dass ich schon wie meine Mutter handle! *Aber immerhin ist* Inspiring Network *ein Unternehmen, an dem ich Anteile halte,* beruhige ich mich selbst.

»Vertrauen Sie auf sich. In Ihnen steckt alles, was Sie brauchen …«

Es ist ein kalter Spätsommerabend im Jahr 2011, als ich auf meinem schweren Hollandrad aus dem Büro zu einem unserer Treffen mit Anke ins Café Loewen radle. Wir tauschen uns regelmäßig außerhalb der Firma über die Lage des Verlags und die größeren Projekte aus. Aber im Gespräch finde ich irgendwie nicht den richtigen Moment. Erst als wir schon gezahlt haben und auf dem Weg nach draußen sind, bleibe ich stehen.

»Ich muss dir was sagen«, stottere ich. »Ich bin schwanger! Aber du musst dir keine Sorgen machen, ich werde schnell wieder zurück sein«, füge ich gleich hinzu.

Aber Anke lächelt nur, und ich weiß, dass sie sich für mich freut.

»Das bekommen wir alles zusammen hin, und wie schön!«, sagt sie und umarmt mich, »bin doch natürlich schon stutzig geworden, dass du plötzlich so vernünftig bist und nicht mal ein Gläschen Alkohol mittrinkst«, sagt sie und lacht. Sie bestärkt mich, meinen Kollegen im Büro endlich von meiner Schwangerschaft zu erzählen. Mir fällt ein großer Stein vom Herzen. Als ich aufs Rad steige und in die Pedale trete, um möglichst schnell zu Hause zu sein, merke ich, wie meine Anspannung nachlässt. Schleusen öffnen sich und mir laufen die Tränen nur so die Wangen hinunter. *Es wird schon alles werden. Ich bekomme alles hin, was ich möchte. Daran muss ich nur fest glauben*, beruhige ich mich.

Und es ist höchste Zeit! Bald sieht jeder, dass ich schwanger bin. Das Team freut sich. Manche fühlen sich bestätigt. Ich bin wahnsinnig erleichtert. Und ich bin dankbar, in Anke nicht nur eine gute, sondern auch eine sehr verständnisvolle Partnerin zu haben.

Je mehr ich als Schwangere erkannt werde, desto mehr schalten sich wieder Menschen in mein Leben ein, deren Meinung ich eigentlich nicht hören mag. Manchmal habe ich das Gefühl, dass auf meiner Stirn geschrieben steht: »Ich bitte um Ratschläge, wie ich es als Mutter und Unternehmerin schaffen kann.« Ich höre von anderen, wie lange ich stillen sollte. Und dass ich unmöglich stillen könne, wenn ich so schnell wieder in den Job möchte, was aber natürlich fürs Kind wieder schlecht sei, weil es ja die Muttermilch brauche. Gerne auch werden Ratschläge geäußert wie: Stillen sei nicht so praktisch, denn dann könne ich meinen Mann nicht gleichberechtigt ranlassen. Wenn ich nicht stille, könne auch der Mann nachts aufstehen, und wir könnten dann alles von Beginn an teilen. Und: Ich solle schon mal mein Kind in in der Kita anmelden. Auch was ich essen solle, bei all meinem Stress, und was im Stress die Milchproduktion trotzdem nicht versiegen lasse, wird mir gesagt. Dass ich jetzt endlich mal das Arbeiten zurückschrauben müsse, damit mein Kind nicht durch den Stress belastet werde …

Ich bekomme einen ersten kleinen Eindruck davon, dass Muttersein kein Zustand ist, der mir allein gehört. Alle fühlen sich berechtigt teilzuhaben. Ich höre mir alles an, am Anfang antworte ich noch oder starte Diskussionen über die richtige Länge des Stillens, die meines Erachtens genauso wie die Entscheidung, ob ich überhaupt stillen möchte, nur mich allein etwas angeht. Es ist mein Körper, mein Baby, meine Muttermilch. Ich entscheide selbst, was ich am besten finde!

Dennoch diskutiere ich weiter über die Dinge, die ich anders sehe, bis ich merke, dass sich die meisten Ratgeber für meine Meinung gar nicht interessieren. Sie möchten nur einfach mal ihre Meinung loswerden. Daher muss ich lernen, nicht jeden Ratschlag zu kommentieren oder anzunehmen. Mich nicht mehr aufzuregen, dass jeder zu wissen scheint, wie ich mein Leben zu leben habe, sondern nur zustimmend zu nicken, wenn mal wieder ein ungefragter Ratschlag auf mich einprasselt.

Aber ich frage mich, ob es Jonas auch so geht. Ob er auch ständig ungefragt Ratschläge bekommt. Ob er gefragt wird, wie er seinen Tag meistern möchte, wenn das Kind da ist. Wann er wieder arbeiten wird und wie wir die Betreuung lösen werden.

Ich denke an meine Mutter und daran, wie sie wohl reagieren wird, wenn ihr Wunsch, Großmutter zu werden, endlich in Erfüllung geht. Sie fragt nicht mehr. Sie hat sich damit abgefunden, dass der Verlag mein Baby ist.

Eine gute Nachricht

Jonas und ich beschließen, meinen Eltern persönlich von der Schwangerschaft zu erzählen. Die Gelegenheit ergibt sich, als wir im Oktober in Polen sind, um die möglichen Lokalitäten für unsere Hochzeitsfeier zu besichtigen. Meine Mutter ist entsetzt, dass wir in dem Land heiraten möchten, aus dem sie fliehen musste. Sie traut ihren Landsleuten nicht zu, dass sie in der Lage sind, eine Hochzeit auszurichten, wie wir sie uns vorstellen. Aber sie gibt ihren Protest auf und beschließt, das Beste aus der Situation zu machen. *Vielleicht schaffe ich es, unser Heimatland in ihrem Herzen wieder positiv zu besetzen,* denke ich. Denn im Gegensatz zu ihr spüre ich, dass ich wieder mehr in Polen sein möchte. Ich fühle mich als Polin. Ich fühle mich meinem Ich näher, wenn ich Polnisch spreche. Es ist mir auch wichtig, dass unsere Tochter Polnisch lernt und auch katholisch getauft wird. Ich hoffe, dass es mir gelingen wird, sie zweisprachig aufzuziehen, da ich meine Muttersprache selbst sehr vernachlässige.

Als wir dann eines Abends zusammen in Polen in dem Hotel sitzen, in dem wir unser Hochzeitsfest ausrichten werden, überreiche ich meiner Mutter einen Umschlag mit einer Karte und einem Ultraschallbild unseres Kindes. »Nein!«, ruft sie aus, fängt an zu weinen und kann es nicht glauben. Sie hatte das Thema wirklich schon abgeschrieben. Es ist ein besonderer Abend in dem schönen Hotel Schloss Stonsdorf, einem ehemaligen Jagdschloss nahe Jelenia Góra. Meine Mutter achtet beim Essen sofort darauf, was ich essen darf und was nicht. Als sie sichergehen möchte, dass ich keinen Rohmilchkäse von der großen Käseplatte esse, schaut die Kellnerin meine Mutter verdutzt an. Nach einem längeren Moment, in dem ihr meine Mutter erklären möchte, was und warum Rohmilchkäse für Schwangere nicht gut ist, sagt die Kellnerin mit fester Stimme:

»Die Schwangeren hier in Polen haben darauf noch nie geachtet und haben auch gesunde Kinder geboren!«

Ja, da kann man ja wirklich nichts hinzufügen – oder? Wir lachen.

Ich denke an meinen etwas altmodischen älteren Frauenarzt in Hamburg, der eine alles andere als moderne Praxis führt und sicherlich bald in den Ruhestand gehen wird. Ich mag seine Lebenserfahrung und Gelassenheit. Als ich mit ihm darüber spreche, ob ich zu den Geburtsvorbereitungskursen gehen sollte und zu so manch anderen Terminen, die Schwangeren angeboten werden, beugt er sich vor und sagt:

»Sie können alles besuchen, was sie möchten. Aber Sie haben wenig Zeit. Denken Sie immer daran, dass Frauen in den schlimmsten Situationen schon gesunde Kinder geboren haben. Sie und Ihr Körper wissen, was zu tun ist, wenn es so weit ist. Vertrauen Sie auf sich. In Ihnen steckt alles, was Sie brauchen, um Mutter zu sein. Je mehr Sie auf Ihren Körper hören, desto mehr werden Sie mit ihm im Einklang sein und auch gesund leben.«

Genau der Arzt, der zu mir passt! Der mein Gefühl stärkt, dass ich auch als werdende Mutter mehr auf meine Intuition vertrauen sollte als auf andere. Er warnt mich sogar davor, zu viel zu googeln und mich von anderen verrückt machen zu lassen. Ja, ich weiß ganz genau, was er meint …

Hochzeit in Polen

Mein Bauch wächst und wächst, ist ständig Gesprächsthema bei Kundenbesuchen und Reisen. Mein persönliches Horrorszenario ist, dass ich mein Kind plötzlich in einem überfüllten ICE bei Montabaur gebären muss. Ich weiß nicht, warum ich gerade dieses Bild vor Augen habe, aber in den letzten Monaten der Schwangerschaft bin ich besonders viel im ICE unterwegs.

Eins wird mir schnell klar: Alles geht, aber es ist immer eine Frage der Organisation. Je näher der Geburtstermin rückt, desto genauer plane ich die Zeit danach. Wir haben uns entschlossen, rechtzeitig eine Kinderfrau zu suchen, die mich oder besser gesagt uns (!) unterstützen soll. Denn Kinder und Kindererziehung geht ja beide Elternteile an! Hier müssen wir noch viele überlieferte Rollenbilder ändern. Auf Empfehlung meiner Freundin Annabel starte ich auf dem Portal betreut.de einen Suchauftrag nach einer Kinderfrau, die uns auch im Haushalt hilft und idealerweise aus Polen kommt. Kurze Zeit später treffen die ersten Bewerbungen ein. Und es ist nicht leicht zu entscheiden, welcher Frau wir unser Baby anvertrauen wollen. Schließlich entscheiden wir uns für Astrid, eine ehemalige Kinderkrankenschwester, die gerade eine neue Familie sucht und sich auch vorstellen kann, neben der Kinderbetreuung unseren Haushalt zu führen. Unser Unternehmen läuft auf Hochtouren und kümmert sich natürlich nicht um meinen neuen Herzensschauplatz.

Jonas und ich heiraten Anfang Dezember standesamtlich, da es uns wichtig ist, dass unser Kind – mittlerweile wissen wir, dass es eine Tochter ist – ehelich geboren wird. Wir organisieren unsere Trauzeremonie in einem Restaurant und ich bin glücklich, dass wir durch Zufall an eine Standesbeamtin geraten sind, die ihren Job mit ganzem Herzen macht. Wir heiraten im engsten Freundes- und Familienkreis. Ich ärgere mich über mich selbst, als ich erst am Tag vor der Hochzeit überlege, ob ich mich nicht mal professionell schminken lassen sollte. Für die beruflichen Dinge finde ich immer noch Zeit und möchte nichts unterlassen, was uns nach vorne bringen könnte. Für mich persönlich bleiben da meist keine Minute und keine Kraft mehr. So buche ich in letzter Minute eine Visagistin für mein Braut-Make-up und starte meinen Hochzeitstag etwas genervt, da mir auf dem Weg zum Beautytermin klar wird, dass ich in meiner Vorbereitung auf diesen vielleicht wichtigsten Tag in meinem Leben zu wenig an mich selbst gedacht habe. Aber ich habe Glück, denn ich gerate an eine sehr kompetente Mitarbeiterin, die versteht, dass ich »wie ich« aussehen möchte – nur etwas strahlender und fitter, als ich mich fühle. Und ich bin glücklich, dass unsere engsten Freunde und unsere Familien uns einen wunderschönen Tag bereiten – voller Überraschungen und persönlicher Einlagen. Ich fühle mich aufgehoben und bin dankbar, dass meine Freunde mich noch nicht abgeschrieben haben, obwohl ich sie alle in den letzten zwei Jahren vernachlässigen musste. Auch das ist eine wertvolle Erfahrung aus den ersten Jahren meines Unternehmerdaseins. Echte Freunde, Menschen, die *mich* meinen, sind für mich da – unabhängig von der Menge an Zeit, die ich ihnen im Laufe der letzten Jahre geschenkt habe. Und mein Austausch mit ihnen ist sofort wieder eng und innig, auch wenn ich sie länger nicht gesehen und mit ihnen gesprochen habe.

Die Freundschaften, die auf regelmäßige Treffen bauen, verflüchtigen sich in den ersten Jahren meiner Selbstständigkeit. Ein schmerzlicher, aber auch ein klärender Prozess. Vergleichbar der Situation, als ich nach meinem MBO feststellte, wer wirklich mit mir *als Person* befreundet ist und verbunden sein möchte und wer nur die Position geschätzt hat, die ich bei G+J bekleidet habe.

Tönnchenstellung und Lichtkegelmethode …

Im März 2012 ist es so weit: Unsere Tochter Clara kommt zur Welt. Ich habe es nicht geschafft, ein paar Wochen vor der Geburt freizunehmen. Aber das Kinderzimmer ist eingerichtet, und ich habe ein gutes Gefühl, als es so weit ist. Im letzten Moment habe ich noch mit unserem Anwalt alles geklärt, damit das Unternehmen auch weiterläuft, wenn mir bei der Geburt etwas passiert. Das hatte mich in den letzten Wochen noch sehr beunruhigt.

Jonas macht sich heute noch lustig über mich, dass ich am letzten Tag vor der Geburt noch meine beruflichen Unterlagen sortiert und die Steuererklärung vorbereitet habe. Aber mir war es wichtig, ein gutes Gefühl zu haben, bevor ich für ein paar Wochen nicht mehr da sein würde. Auch hier ist ein Unternehmen wie ein Kind. Ich möchte es – auch für meine Familie – für den Notfall geregelt und in guten Händen wissen. Dennoch würde ich mir im Nachhinein betrachtet mindestens ein paar Tage oder Wochen Ruhe gönnen, um mich auf die neue Situation als Mutter vorzubereiten.

Clara kommt durch Kaiserschnitt zur Welt, denn sie stand buchstäblich die ganze Schwangerschaft aufrecht und wollte sich nicht drehen. Auch dieser Fall führt schon vor der Geburt wieder zu vielen ungebetenen Kommentaren. Denn natürlich haben viele Menschen in meiner Nähe gute Ratschläge parat, wie ich meine ungeborene Tochter dazu bringen kann, sich zu drehen, damit ich ja nicht um das einmalige Erlebnis einer natürlichen Geburt käme, ein Ereignis, das mich auch mit meiner Tochter besonders verbinden werde. Aber ich hatte immer das Gefühl, dass sie einfach nicht gedreht werden möchte. Dennoch habe ich von der Tönnchenstellung über die Lichtkegelmethode auch einige seltsame Dinge wie die Moxibustion ausprobiert, um unsere Tochter aus der Steißlage herauszulocken.

Doch Clara spielt nicht mit. Und als mir die Ärzte im Krankenhaus eine weitere »Koryphäe« im Bereich der Kindsdrehung aufschwatzen wollen, lehne ich ab und mache ihnen deutlich, dass ich keine Kindsdrehung möchte. Ich lege den Geburtstermin fest und trete allen Ratschlägen offensiv entgegen. Als Mutter spüre ich, dass sich Clara aus irgendeinem Grund nicht drehen will. Also soll es nicht sein. Wie viele Hollywood-Schauspielerinnen entscheiden sich sofort für den Kaiserschnitt! *Meine Mutter-Tochter-Beziehung wird das auch noch überleben,* denke ich trotzig. Als mir dann im Krankenhaus eine Stunde vor meinem Geburtstermin noch mal eine Drehung des Kindes angeboten wird, ich erneut ablehne und man dennoch versucht, mich von einer natürlichen Geburt trotz Steißlage zu überzeugen, werde ich laut.

Unsere Gesellschaft strotzt vor tradierten Bildern und Normen, wie etwas zu sein hat, und lässt nicht locker. Meine Tochter verpasst mir ungewollt eine wichtige Lehrstunde: Es ist immer wichtig, auf das eigene Bauchgefühl zu vertrauen. Meine intuitive Entscheidung wird belohnt. Denn während des Kaiserschnitts lacht der Arzt plötzlich auf und meint überrascht, dass es ihm jetzt klar sei, warum Clara nicht gedreht werden konnte: Unsere Tochter steht mit beiden Beinen aufrecht im Becken, was eine Drehung unmöglich macht. Ich kann es nicht fassen!

Nun habe ich zwei Kinder …

Die Geburt von Clara ist das größte Wunder für mich. Die erste Nacht verbringe ich mit ihr allein in einem Krankenhauszimmer mit einer anderen Mutter, die sich über Stunden durch eine Steißgeburt gequält hatte, um dann doch über einen Kaiserschnitt zu gebären, als die Lage für beide zu riskant geworden wäre. Ihr Baby schreit fast die ganze Nacht durch. Ich werde immer wieder wach, aber unsere kleine Tochter lässt sich von nichts aus der Ruhe bringen und liegt ruhig an meiner Brust, später neben mir in ihrem kleinen Bettchen. Sie gibt mir das sichere Gefühl, dass wir alles gemeinsam schaffen werden, was auf uns zukommt. In dieser Nacht liege ich lange wach und spüre eine ganz besondere Verbindung mit meiner Tochter.

Wir bleiben noch ein paar Tage mit Jonas im Familienzimmer im Krankenhaus und haben danach noch zwei Wochen gemeinsame freie Zeit. Dann kommt meine Mutter, um mir etwas zu helfen, mich in meine neue Rolle einzufinden.

Ich bin so froh, dass ich es geschafft habe, das Manuskript für mein erstes Buch kurz vor der Geburt abzugeben, und dass ich im Krankenhaus nur noch das Vorwort überarbeiten und die Fahne lesen muss. Plötzlich habe ich eine schöne kurze Auszeit von allem, die sich aber nach ein paar Tagen auch schnell wieder füllt: mit Besuchen unserer Familie und unserer Freunde. Auch Meetings mit meinem Team finden statt, zunächst in Cafés, da ich dem Büro noch etwas fernbleiben und mich selbst schützen will.

So gewöhnt sich Clara von Beginn an, in lauten Cafés und bei Besprechungen zu schlafen. Manchmal hat sie aber auch genug, ist hungrig und schreit dann so hartnäckig, dass ich mich auch mal stillend auf der Toilette eines Cafés wiederfinde, weil es draußen zum Stillen zu kalt ist. Irgendwie bekommen wir jede Situation in den Griff.

Unsere Kinderfrau startet ihren Job, und wir gewöhnen uns als Familie daran, nicht mehr allein zu frühstücken, da sie gern schon zeitig beginnt.

Nach ein paar Wochen entscheide ich mich, wieder ins Unternehmen einzusteigen. Das ist die große Freiheit als Selbstständige: Ich kann mir selbst einteilen, wie ich das Muttersein und den Job gestalten möchte. Darauf weist mich Anke auch immer wieder bestärkend hin. »Wir sollten bei all der Arbeit lernen, wenigstens die Gestaltungsfreiheit zu leben, die wir als Unternehmerinnen haben«, sagt sie. Ich bin Chefin, ich bestimme die Regeln – das muss ich manchmal noch lernen. Ich weiß, dass ich trotz des Wiedereinstiegs nicht mit dem Stillen aufhören will, auch wenn es für mich bedeutet, dass Clara tagsüber mit Astrid ins Büro zum Stillen kommt oder dass ich nachts in den ersten Monaten bis zu dreimal aufstehen muss. Ich will das durchziehen. Und die Momente mit Clara in der stillen Nacht sind mir heilig. Zumindest nachts will ich für sie da sein, wenn ich sie schon tagsüber unserer Kinderfrau anvertrauen muss. Wenn ich in ihrem kleinen Kinderzimmer mit ihr im Arm auf dem Sofa liege, erkläre ich Clara, was mir durch den Kopf geht und wofür ich den ganzen Stress auf mich nehme, was ich mit unserem Verlag alles für uns ermöglichen möchte.

Irgendwann fange ich an, die Milch abzupumpen, damit Astrid freier ist und Nahrung für Clara hat, wenn ich mal unterwegs bin. Sie ist mit allem unaufgeregt wie ich, und so bekommen wir als Familie alles gut in den Griff. Aber natürlich gehören zu diesem Leben auch schwierige Momente. Es gibt Frauen, die mir unbewusst vorwerfen, dass ich so schnell wieder in die Firma eingestiegen bin. Sie finden es egoistisch. Dass ich auch deshalb wieder arbeiten muss, weil wir immer noch nicht auf sicheren Beinen stehen mit dem Unternehmen, dass es um viele Arbeitsplätze und Investments geht, daran denken sie vermutlich nicht. Und auch nicht daran, mit welchen Versagungen diese schnelle Rückkehr an den Arbeitsplatz für mich verbunden ist, wie mein Herz schmerzt, wenn ich ins Büro gehe und Clara unserer Kinderfrau Astrid überlassen muss.

Was hilft es!? Ich folge meiner Entscheidung. Ich habe das dringende Gefühl, dass mich mein anderes Kind, unser Verlag, auch braucht. Dieser Weg ist nur über Kompromisse gangbar. Und als ich mir das bewusst mache und es akzeptiere, wird es leichter, alles zu ertragen.

Ich merke, dass es wichtig ist, bei mir selbst zu bleiben, egal, was geschieht. Und zu lernen, dass ich mein Leben als Mutter so gestalten muss, wie es zu mir passt und zu niemand anderem. Mein Leben muss mir gefallen und für meine Familie passen, ganz gleich, was die anderen darüber denken.

Wenn ich eines Tages auf dem Sterbebett liege, möchte ich zurückblicken und sagen können, dass ich *mein* Leben gelebt habe. Und nicht eines, das von den Erwartungen anderer geleitet wurde. Auch wenn mein Leben eines mit Fehlern war. Es waren dann meine, und sie haben mich hoffentlich weitergebracht. Ich muss noch mehr lernen, mich von der Meinung anderer zu befreien. Anders kann ich dem Dilemma, dem Hin-und-hergerissen-Sein zwischen meinen Wünschen als Mutter und den selbst gewählten Pflichten als Unternehmerin und Verantwortliche für viele Mitarbeiter, nicht entkommen. Das wird mir sehr schnell klar.

Dennoch wird das schlechte Gewissen langsam, aber sicher zu einer Belastungsprobe für mich. Denn ich finde mich so vielen Erwartungen ausgeliefert, und gerade die meiner engsten privaten Umgebung beschäftigen mich: Meine Mutter, die für mich selbst wenig Zeit hatte, als ich klein war, möchte nun, dass ich eine *andere* Mutter werde. Auch Jonas ist anfangs leicht irritiert, dass ich mich so schnell nach der Geburt um meinen Verlag kümmern will.

In welchem Jahrzehnt leben wir?, denke ich oft. Aber es hilft nichts. Zu viele tradierte Rollenbilder machen es uns Frauen schwer, unseren eigenen Weg zu gehen, und die Freiheiten, die wir heute eigentlich haben, wahrzunehmen.

Trotz dieser Überzeugung spüre auch ich bald den Konflikt in mir. Die Zerrissenheit zwischen meiner Rolle als Mutter, die ich voller Leidenschaft ausfülle, und meinem Job, der mich finanziell unabhängig macht und mir viele glückliche Momente beschert, in dem ich mich aber auch für viele Mitarbeiter verantwortlich fühle. Mein Job, der genauso zu meinem Leben gehört wie meine Tochter. *Bin ich eine schlechte Mutter, weil ich eben nicht nur Mutter sein möchte?*, frage ich mich oft, wenn ich Clara in der Stille der Nacht im Arm halte und wieder in den Schlaf wiege.

Warum lastet die Wahl der Berufstätigkeit als Elternteil nur auf uns Frauen? Dass der Mann weiterhin in Vollzeit berufstätig bleibt, hinterfragt niemand. Die Diskussionen kommen erst, wenn auch die Frau zurück in ihren Beruf möchte. Ein Bild, das vor allem in den alten Bundesländern nur von einem kleinen Teil der Gesellschaft akzeptiert wird. Denn wenn Frauen Nachwuchs haben und Vollzeit arbeiten, finden das eben nur 22 Prozent der Bevölkerung in den alten Bundesländern gut (siehe oben *FAS*, 17. März 2019), in Dänemark hingegen 76 Prozent!

Genau das verdeutlicht für mich eine der entscheidenden Herausforderungen in Deutschland auf dem Weg zur Gleichberechtigung: Eigentlich sieht die Mehrheit der Deutschen ihre Mütter am liebsten zu Hause. Und das spüre ich immer mehr: die Bewertung durch andere Frauen – manchmal auch durch Männer –, seit ich als Mutter wieder arbeite und mir dazu noch erlaubt habe, knapp sechs Wochen nach der Geburt wieder anzufangen. Dass Jonas nur zwei Wochen Urlaub genommen hat, um die erste Zeit mit seiner Tochter und mir zu verbringen, interessiert niemanden. Es ist wunderbar, dass er zumindest das geschafft hat.

Wir brauchen eine Veränderung für die Frauen

Bevor wir nicht diesen Druck auf Frauen, die Mütter und gleichzeitig berufstätig sein möchten – oder müssen –, beseitigen, werden wir keinen großen Schritt nach vorne in Richtung Gleichberechtigung tun. Nachdem ich selbst Mutter geworden bin, spüre ich mehr denn je meine Berufung, mit *emotion* Frauen zu stärken, so zu sein, wie sie sein möchten, das zu tun, was sie tun möchten – mit oder ohne Kinder.

Und ich möchte meine Stimme in der Öffentlichkeit erheben, um die 78 Prozent unserer Bevölkerung in den alten Bundesländern, die nichts davon halten, dass Mütter in Vollzeit arbeiten, davon zu überzeugen, dass diese Einstellung nicht akzeptabel ist. Denn sie übt nicht nur unnötig Druck auf Frauen aus, die arbeiten müssen (!), weil sie alleinerziehend sind oder aber einen Mann haben, der nicht genug verdient, um für den Familienunterhalt allein aufzukommen. Sie beeinflusst auch das berufliche Klima in Deutschland. Denn unter den 78 Prozent sind auch viele Arbeitgeber und Führungskräfte, die das berufliche Umfeld in ihren Firmen und Branchen entsprechend ihrer persönlichen Einstellung beeinflussen. Einem Vorstand oder Leiter einer Abteilung, der selbst daran gewöhnt ist, dass sich seine Frau um Kinder und Haushalt kümmert, fällt es natürlich schwerer, einer Mitarbeiterin, die nach der Elternzeit zurückkommen möchte, die Entscheidung für Vollzeit durch Homeoffice oder flexible Arbeitszeiten zu erleichtern. Umso wichtiger ist es mir als Arbeitgeberin, ein Vorbild abzugeben und Verantwortung anzunehmen: Mütter, die in Teilzeit arbeiten, sollen in unserem Unternehmen auch Führungspositionen bekleiden oder aber ihre Vollzeitstelle flexibel gestalten können.

Und über die von uns verlegten Magazine möchte ich Frauen dazu ermutigen, sich – wenn sie mögen – auch als Mutter eine Vollzeitstelle zuzutrauen oder für ihre Führungsposition in Teilzeit zu kämpfen. Sie sollten nicht nachgeben, wenn ihre Vorstellungen nicht gleich akzeptiert werden, sondern stark bleiben. Denn die Veränderung verkrusteter Strukturen und eingefahrener Gewohnheiten braucht Zeit. Wir sollten Frauen motivieren, unseren Mädchen ebenso wie unseren Jungs vorzuleben, dass Berufstätigkeit etwas Gutes und Wertvolles ist. Denn sie sichert unsere Freiheit, wenn wir einmal unverhofft allein dastehen – etwa mit einem Kind und einem Expartner, der möglicherweise keinen Unterhalt zahlen will. Wir sollten gemeinsam ein neues Bild prägen: dass es der Normalität entspricht, wenn auch Mütter in Vollzeit arbeiten und Väter Elternzeit nehmen, um sich gleichberechtigt um den Nachwuchs zu kümmern. Hierzu braucht es auch die Motivation von Vätern, die ebenso gegen tradierte Rollenbilder ankämpfen.

Jede Frau soll es für sich entscheiden

Dabei möchte ich nicht missverstanden werden. Denn ebenso, wie ich mich selbst für die Berufstätigkeit entschieden habe, ebenso legitim ist es, wenn sich Frauen dafür entscheiden, sich zu Hause ausschließlich der Erziehung ihrer Kinder zu widmen. Falls das so ist und es ihrem Herzenswunsch entspricht, sie also nicht durch äußere Erwartungen getrieben sind, darf es aber bitte ihre finanzielle Unabhängigkeit nicht gefährden. Denn wenn sich Frauen selbst dafür entscheiden, als Mutter zu Hause zu bleiben, um ihre Kinder zu erziehen, kommen sie später in die Betriebe und Firmen meist nur als Teilzeitarbeitende zurück. Und sie haben dann – weil unsere Gesellschaft und Wirtschaft an vielen Stellen noch nicht so weit ist – geringere Karrierechancen als Männer, die keine Elternpause machen, Überstunden ansammeln und sich auf diese Weise unter anderem ihre Lohnerhöhungen erarbeiten. Die Jahre, in denen Mütter zu Hause bleiben, sind meist genau die Jahre, in denen die Männer Gehaltssprünge machen. Und das ist das Problem. Das Elternsein muss daher als *gemeinsames* Projekt beider Elternteile betrachtet werden und damit auch von *beiden* mit allen Konsequenzen getragen werden. Daher bestärke ich – wo immer ich die Möglichkeit habe – Frauen darin, wenn sie zu Hause bleiben, mit ihren Männern eine finanzielle Absicherung zu verhandeln.

Damit sie später nicht allein für die Elternzeit zahlen beziehungsweise Nachteile in Kauf nehmen müssen. Frauen dürfen auf diese Weise nicht ihre finanzielle Sicherheit und Unabhängigkeit verlieren. Daher rate ich Studienabgängerinnen immer, das Thema Kind und die anschließend nötige Betreuungssituation gemeinsam zu besprechen und zu verabreden, bevor das Kind da ist. Damit sich beide gemeinsam und bewusst für ein Lebensmodell entscheiden, das sich für beide passend anfühlt, und dabei auch gemeinsam festlegen, wie die finanzielle Situation beider Partner fair geregelt ist – auch wenn sie sich nicht zu gleichen Teilen die Betreuung teilen.

Solange das Bild der berufstätigen Mutter noch nicht in allen Teilen unserer Gesellschaft als völlig normal akzeptiert ist, müssen wir – vor allem wir berufstätigen Mütter – auch lernen, dass wir nicht *everybody's darling* sein können.

Das ist nicht leicht. Das weiß ich selbst. Denn damals, als wir nach Deutschland kamen und meine alleinstehende Mutter hart für uns beide arbeitete, sollte unserer Integration nichts im Wege stehen. Ich habe als Kind gelernt, dass Anpassung der beste Weg ist. Heute stelle ich aber fest, dass das Bemühen um Anpassung mich über die Jahre von mir selbst weggeführt hat. In ein Leben, das sich manchmal nicht nach meinem eigenen anfühlt. Dieses Gefühl habe ich sehr stark, seit ich Mutter bin und damit noch mehr Rollen in meinem Leben gerecht werden möchte: Das schlechte Gewissen, all diesen Erwartungen an mich als Mutter, als Ehefrau, als Unternehmerin, als Führungsperson und als Freundin nicht gleichwertig gerecht werden zu können, kann ich noch immer nicht ganz abschütteln.

Es ist nicht leicht, in den verschiedenen Lebenssituationen seinen eigenen Weg zu finden. Das wird mir immer wieder bewusst. Es ist ein Thema, das die ersten Jahre als Mutter überschattet. Ich nehme wahr, dass es Menschen gibt, die nur meine angepasste Seite kennen. Und dass es Momente gibt, in denen ich für etwas belohnt werde, was ich gar nicht als authentisch mit mir selbst empfinde und daher auch nicht als Glück erlebe.

Ich erkenne auch, dass mein schlechtes Gewissen etwas damit zu tun hat, mich selbst in meinem Leben manchmal nicht wichtig genug zu nehmen, ich nehme wahr, dass ich meine persönlichen Bedürfnisse zugunsten anderer ignoriere. Im Stress meines Lebens scheue ich dann hin und wieder den Konflikt, der daraus resultieren könnte, meine persönlichen Bedürfnisse durchzusetzen. Denn ich möchte Menschen nicht verletzen, die mich so mögen, wie sie mich erleben. Ich spüre, dass ich einen inneren Kompass entwickeln muss, der mich durch notwendige Auseinandersetzungen leitet. Und ich möchte die Kraft entwickeln, aushalten zu können, dass meine Liebsten meine Entscheidung auch dann respektieren, wenn sie sie nicht gutheißen. Denn es ist mir wichtig, dass vor allem Clara wahrnimmt, dass es schön ist, Mutter zu sein, aber auch wichtig, Frau zu bleiben – mit all den Leidenschaften, die eine Frau haben kann. Nur dann machen das Muttersein und der Beruf glücklich. Meine Tochter soll erkennen, dass es richtig viel Spaß macht, ein vielseitiges Leben zu führen. Wäre mein Kind ein Junge geworden, würde ich ihn natürlich in genau dem gleichen Sinn erziehen, damit er selbst später einmal mit seiner Partnerin ganz frei entscheidet, wie er die Elternfreuden und -pflichten – völlig unabhängig von den Erwartungen seines Umfeldes – teilen möchte.

Es ist unser Leben, unser Weg!

Wir müssen uns von der Meinung anderer frei machen! Denn es ist unser Leben. Und ein glückliches Leben kann ich nur dann führen, wenn ich selbst entscheide, welche Rollen ich ausfüllen möchte – ganz unabhängig von der Meinung anderer. Obwohl die Rollenbilder in unserer Gesellschaft zum Teil noch sehr in überholten Traditionen verhaftet sind, haben wir heute die große Freiheit, die Rollen zu wählen, die wir mögen. Das müssen wir uns nur immer wieder vor Augen führen.

Diese Freiheit führt aber tagtäglich zu Zerreißproben, vor allem, wenn ich mir als Frau alle Freiheiten nehmen möchte. Denn zu 100 Prozent für die Familie da zu sein, fürs Unternehmen oder den Job, dabei an Freunde zu denken und dann auch noch ausreichend an eigene Bedürfnisse – das funktioniert einfach nicht! Das kann ich nach einigen Jahren als Mutter und vielen gescheiterten Versuchen, das alles unter einen Hut zu bringen, allen Ansprüchen gerecht zu werden, bestätigen. Aber da es doch sowieso nicht möglich ist, dass wir alle Rollen, die wir in unserem Leben wahrnehmen möchten, perfekt ausfüllen, könnten wir uns doch alle mehr entspannen – oder? Das denke ich immer öfter und versuche, diese Erkenntnis anderen Frauen näherzubringen.

Denn wenn ich mir bewusst werde, dass ich nicht alles perfekt meistern kann und dass es niemanden gibt, der alles perfekt meistert, dann sollte mich das gelassener machen. Und wenn ich mich trotzdem mal wieder in einer Situation befinde, die mich schier verzweifeln lässt, ist auch das nur menschlich.

Perfekt sein wollen bringt nicht weiter

Ich lerne dazu, erinnere mich immer wieder an meinen neuen, mir sehr wichtigen Glaubenssatz: »Ich kann nicht allen Rollen perfekt gerecht werden!« Wenn ich mich dennoch für mehrere Rollen entscheide, muss ich lernen, meinen Perfektionismus abzuschütteln, den Druck loszuwerden und mich an dem zu erfreuen, was ich leiste.

Der Druck, den ich empfinde, kommt – wie sicher auch bei anderen Frauen – aus zwei Quellen: von innen und von außen. Ich traue mich zu behaupten, dass ich den inneren Druck, den ich mir selbst mache, langsam gut vermindern kann, indem ich lerne, dass »nicht perfekt« auch mal ausreicht. Was den äußeren Druck betrifft, so lerne ich, Nein zu sagen, wo es notwendig ist.

Und ich merke, wie wichtig es ist, dass wir Frauen uns mehr öffnen und öfter darüber sprechen sollten, dass wir eben nicht alles perfekt und vor allem auch nicht stressfrei hinbekommen. Wir könnten uns alle gegenseitig mehr entlasten, wenn wir andere Frauen daran teilhaben ließen, dass das Erfüllen mehrerer Rollen zwar glücklich macht, aber manchmal auch verdammt anstrengend sein kann. Eine weitere Erkenntnis habe ich aus einem Vortrag des CEO der Lufthansa mitgenommen, als dieser referierte, was er aus seiner Ausbildung als Pilot fürs Leben gelernt hat: dass es in Notsituationen immer zuerst mir selbst gut gehen muss, bevor ich andere unterstützen kann. Jeder kennt die Sicherheitsvorführung vor dem Start im Flieger. Sollte es zu einer Notlandung kommen, sind wir dazu angehalten, die Sauerstoffmaske zuerst vor das eigene Gesicht zu ziehen, bevor wir Kindern und anderen helfen. Ein schönes Bild, das uns im Alltag helfen kann, eine wichtige Erkenntnis zu begreifen: Erst wenn es uns selbst gut geht, können wir anderen helfen.

Diese Erkenntnis ist meines Erachtens für unser ganzes Leben nutzbar: So bin ich auch davon überzeugt, dass wir erst dann, wenn wir selbst glücklich sind, andere glücklich machen können. Umso wichtiger ist es, für uns herauszufinden, was uns selbst im Leben glücklich macht, was unsere eigenen Bedürfnisse sind, was wir brauchen, damit es uns gut geht. Mir persönlich wurde das erst in den letzten Jahren klar. Daher habe ich mir vorgenommen, in meinem prall gefüllten Alltag auch immer wieder auf mich selbst zu achten. Wenn es mir gut geht, wenn ich mich wohlfühle, kann ich mich auch auf andere Menschen einlassen und Aufgaben besser und schneller erledigen, als wenn es mir schlecht geht. Und für mein Wohlergehen ist es wichtig, etwas zu realisieren, was mir am Herzen liegt. Auch dieses Buchprojekt gehört dazu. In den vergangenen Jahren ist mir bewusst geworden, dass es mir sehr wichtig ist, die Geschichte unseres Unternehmens zu erzählen. Mir bedeutet es viel, meine Erfahrungen, die ich in meiner doppelten Rolle als Unternehmerin und Mutter gesammelt habe, mit anderen Frauen und Männern zu teilen. Dies tue ich in der Hoffnung, etwas zur Entlastung ihres Alltags beitragen zu können und ihnen vor allem Mut zu machen und mitzuteilen, dass im Leben *alles* möglich ist. Die Voraussetzung dafür ist, sich selbst zu vertrauen und den eigenen Weg gelassen zu gehen – leichter gesagt als getan, aber immer möglich.

Es allen recht machen wollen? Nein!

Gerade komme ich von dem Geburtstagsbrunch einer Freundin zurück. Die meisten Frauen, die dort waren, sind berufstätig, fast alle haben ihre Kinder mitgebracht. Eine Freundin und zweifache Mutter erzählte mir, wie schwer es für sie ist, in der Woche den Alltag entspannt zu meistern. Sie hat sich gerade für eine 80-Prozent-Tätigkeit entschieden, mit einem Anteil im Homeoffice. Dennoch fühlt sie sich ständig hin- und hergerissen, weil sie sowohl gegenüber ihren in Vollzeit arbeitenden Kollegen als auch gegenüber ihren Kindern ein schlechtes Gewissen hat. In den Tagen nach dem Homeoffice hat sie das Gefühl, dass sie nicht ausreichend up to date ist, weil sie nicht im Büro war. Und sie bedauert sehr, dass sie sich nicht um ihre Kinder nach der Schule kümmern kann und vieles nicht miterlebt hat, was für die Kinder wichtig war: das erste Mal Fahrrad fahren, das erste Tor beim Hockey und so weiter. Trotzdem weiß sie, dass sie arbeiten will. Denn ein neues Projekt im Job ist für sie eine große Chance, die sich nicht so oft bietet und die sie nicht an sich vorbeigehen lassen möchte. Sie beschrieb eine Gefühlslage, die viele von uns nur zu gut kennen.

Auch mir steht immer wieder mein schlechtes Gewissen im Weg. Wie vor ein paar Wochen, als ich mir ein paar Tage freigenommen hatte, um Zeit für dieses Buch zu haben. Vielleicht auch etwas Zeit nur für mich. Dann kam Clara, meine Tochter, und machte mir einen Strich durch die Rechnung. Es waren die letzten Wochen im Kindergarten vor den Ferien und sie wollte unbedingt zu Hause bleiben, wenn ich schon mal da war. Natürlich gab ich nach. So war der erste Tag zwischen Reiten und unzähligen Spielen schnell um. Als Clara dann kränkelte, war ich natürlich bei ihr – und bemerkte gleichzeitig, wie sich ein Gefühl der Unzufriedenheit in mir breitmachte, denn ich hatte mir ja freigenommen, um am Buch zu arbeiten. Abends fragte ich Clara vorsichtig, ob sie nicht am nächsten Tag doch in den Kindergarten wolle? Und schon war es wieder da, mein schlechtes Gewissen. Die Stimme in meinem Kopf meldete sich: *Typisch! Die berufstätige Rabenmutter nimmt sich frei und schickt ihr Kind, das sich mehr gemeinsame Zeit wünscht, in den Kindergarten. Sie macht frei, aber nicht, um Mutter zu sein. Nein! Sie möchte Zeit für sich selbst, für ihr Buchprojekt, das so viel Zeit schluckt und die arme Familie neben dem Unternehmerdasein der Mutter zusätzlich stresst.*

Woher kamen diese Gefühle? Von meinem Wunsch, dass sich alle wohlfühlen? Vom erlernten Bedürfnis, nicht abgelehnt zu werden und es daher allen recht machen zu wollen? Aber wie komme ich dazu, mich von dem Glaubenssatz, es allen recht machen zu müssen, abhängig zu machen? Er erzeugt Druck, der nicht tief aus mir selbst kommt, sondern letztlich von außen, von erlernten Regeln. Wenn ich sie erkenne, kann ich mich davon befreien. Doch einfach ist das nicht, als berufstätige Mutter immer nur bei sich selbst zu bleiben und das zu tun, was ich im tiefsten Innern wirklich möchte. Denn die Bewertungen der anderen – insbesondere der anderen Mütter! – werden ungebeten laut, wenn ein Kind geboren ist.

»Um ein Kind großzuziehen, braucht es ein ganzes Dorf.«

Ich erinnere mich noch an einen Artikel aus der *Welt am Sonntag* zur Frage, ob Eltern heute Erziehung verlernt hätten. Im Rahmen mehrerer Berichte von Lehrern, betroffenen Eltern und Erziehern wurde nach dem Grund dafür gesucht, warum heute so viele Mädchen und Jungen an deutschen Schulen verhaltensauffällig sind. Unter anderem berichtete eine Mutter, die jeweils nach der Geburt der beiden Söhne drei bis vier Jahre zu Hause geblieben war, bevor sie wieder halbtags arbeitete. Gerade hatte sie ihren Job als Erzieherin endgültig gekündigt, weil sie und ihr Mann die eigenen Kinder selbst erziehen wollten.

Eigentlich eine schöne Geschichte, dachte ich beim Lesen. Eine Frau bemerkt, dass ihr Weg ein anderer ist, und entscheidet sich für die Erziehung ihrer Kinder. Und sie gibt dies auch selbstbewusst zu. Wie schön! Hoffentlich denkt sie dabei auch an ihre finanzielle Absicherung.

Aber was diese Frau dann schrieb, ärgert mich noch heute. Weil es mal wieder belegt, wie wir Frauen uns gegenseitig bei so vielen Fragen der Lebensführung gegenseitig behindern. Sie konnte es nicht bei ihrer persönlichen Entscheidung belassen. Sie musste, wohl um ihre persönliche Wahl zu rechtfertigen, viele andere Frauen und Familien verurteilen, die sich für andere Lebensmodelle entscheiden. Ich las Sätze wie: »Kinder brauchen eine feste Bezugsperson – und niemand kann das so gut sein wie die Mutter oder der Vater.« Und: »Provokant gesagt glaube ich, dass die Emanzipation der Frau der Tod der Familie ist. Das passt nicht zu den Bedürfnissen der Kinder nach Beständigkeit und Familie.«

Solche Äußerungen machen mich richtig wütend! Wie sollen wir jemals Gleichberechtigung erreichen, wenn wir uns auf dem Weg dahin das Leben gegenseitig so schwer machen? Mit welchem Recht urteilen Menschen über die Lebensführung anderer? Das ist schon generell ein Verhalten frei von jeder Toleranz.

Und unter Frauen, die sich gegenseitig unterstützen sollten, erst recht.

Dieses Denken zeugt aber auch von einer Kurzsichtigkeit, die nicht über den eigenen gesellschaftlichen Dunstkreis hinausreicht. Denn was sollen Frauen denken, die arbeiten *müssen* und gar keine andere Wahl haben, als ihre Kinder in die Obhut eines Kindergartens oder einer Nachmittagsbetreuung zu geben und sie von anderen miterziehen zu lassen?

Umso dankbarer war ich, als ich kürzlich auf einer Podiumsveranstaltung zum Thema Kinder und Karriere, zu der ich eingeladen war, von einer jungen Frau auf dieses Thema angesprochen wurde. Sie führte zunächst aus, dass wir den ganzen Abend darüber geredet hätten, wie wir selbst Kind und Karriere über verschiedene Lebensmodelle vereinbaren würden, aber dass keiner bisher darüber gesprochen hätte, wie es dabei eigentlich unseren Kindern ginge. Ich antwortete, dass ich selbst als Tochter einer alleinerziehenden Mutter, der nichts anderes übrig geblieben war, als für unser Einkommen zu arbeiten, auf eine durchaus glückliche Kindheit zurückschauen könne. Und dass dies sicherlich darin begründet ist, dass meine Mutter ihren Weg gegangen sei und daher trotz der vielen Arbeit glücklich war. »Natürlich gab es Momente«, sagte ich, »in denen ich mir gewünscht hätte, dass meine Mutter weniger arbeitet.« Aber das seien nur sehr wenige gewesen.

Und ich freute mich, als eine anwesende Kinderpsychologin meine Ausführungen ergänzte: Es sei für Kinder viel schwieriger, mit einer unzufriedenen Mutter aufzuwachsen, die eigentlich doch arbeiten wolle oder die unsicher sei, welches Lebensmodell sie leben möchte. Denn die Unzufriedenheit der eigenen Mutter sei für Kinder die anstrengendste Situation, da sie die Ursache dafür und für den daraus resultierenden Stress zu Hause stets bei sich selbst suchen würden. Das würde Kinder sehr belasten. Ihnen bekomme es eher, wenn ihnen mehr zugetraut werde, wenn sie zur Selbstständigkeit motiviert, statt durch Helikoptermütter permanent überwacht würden.

Wir leben in einer Welt, die sich sehr viel schneller wandelt als je zuvor. Die technische Entwicklung, die Digitalisierung wirken tief in unseren Alltag hinein und verändern unsere ganz persönliche Lebensweise nachhaltig. Die Herausforderungen an uns als Mütter und Eltern werden daher immer komplexer. Die Digitalisierung gibt uns aber die Chance, unsere Arbeit flexibler zu gestalten und sie in vielen Fällen mit dem Muttersein viel besser vereinbaren zu können. Oft müssen wir uns aber noch trauen, flexiblere Arbeitsbedingungen von unseren Arbeitgebern einzufordern. Und der wichtigste Schritt ist, mir als Mutter zunächst darüber klar zu werden, welche Rolle ich spielen möchte: die der Hausfrau, der Teilzeitarbeitenden oder der Vollzeit arbeitenden Mutter – vorausgesetzt, ich bin in der luxuriösen Situation, darüber überhaupt entscheiden zu können.

Ich habe selbst schon einige Situationen erlebt, in denen mir klar geworden ist, dass ich keine gute Vollzeitmutter wäre. Ich bewundere Vollzeitmütter für ihre Geduld und ihr Engagement – ebenso, wie ich berufstätige Frauen bewundere und alle Frauen, die zufrieden ihren Lebensweg gehen. Rose Volz-Schmidt, die Gründerin der gemeinnützigen Organisation wellcome, einer der Social-Franchise-Pioniere in Deutschland, hat mir ein afrikanisches Sprichwort ans Herz gelegt:

»Um ein Kind großzuziehen, braucht es ein ganzes Dorf.«

Ich weiß noch, wie ich aufgeatmet habe, als Rose es zitierte. Mein Mann und ich brauchen ein festes Netz an Bezugspersonen, auf die sich unser Kind verlassen kann, da wir beide voll berufstätig bleiben möchten. Und ich habe großes Glück, dass mein Mann hinter dieser gemeinsamen Entscheidung steht, sich bei der Kinderbetreuung mit einbringt, mir meinen Rücken stärkt und mich seit Jahren meinen Traum leben lässt. Auch wenn dies für ihn nicht immer leicht und auch sein Vollzeitjob mit Kind viel herausfordernder ist als für viele andere Männer. Denn auch er lebt entgegen festgefahrenen Stereotypen. Unser modernes gleichberechtigtes Familienmodell ist aber auch nur möglich, da wir uns ein Betreuungsnetz geschaffen haben und unseren Alltag über einen gemeinsamen Familienkalender organisieren. Dort tragen wir alle Reisen und auswärtigen Termine ein, damit unsere Tochter – wenn irgendwie möglich – an keinem Tag der Woche abends allein sein muss. Mindestens einer von uns beiden, ich oder Jonas, ist immer bei ihr – wenn alles gutgeht.

So haben wir nicht nur unsere großartige Kinderfrau Dominika, die Astrid abgelöst hat und mittlerweile zur Familie gehört und Clara von der Ganztagsbetreuung in der Schule oder ihren sportlichen Aktivitäten nachmittags abholt. Wir haben vielmehr für Clara ein Netz aus uns nahestehenden Personen gewoben, die unsere Tochter neben uns begleiten: meine Schwiegermutter, die auch in Hamburg lebt und Clara regelmäßig betreut. Meine Mutter, die immer wieder aus München kommt, auch mal für mehrere Wochen, seit sie nicht mehr arbeitet. Clara liebt es auch, mit ihrer Patentante Betsy regelmäßig Dinosaurier zu jagen oder mit ihr oder ihrer Tante oder ihrer Cousine durch die Gegend zu ziehen. Dazu habe ich das große Glück, dass ich mich mit zwei befreundeten Müttern, deren Töchter die engsten Freundinnen von Clara sind, immer ganz unkompliziert gegenseitig unterstütze. So lernt Clara in ihrem Alltag ganz unterschiedliche Charaktere, Menschen mit ganz verschiedenen Lebenswegen kennen – eine große Bereicherung für ihre Entwicklung. Dazu spürt sie, wer mir besonders am Herzen liegt, etwa meine Freundin Annabel, die auch ihre Patentante ist. Annabel und ich sehen uns im Jahr vielleicht zwei Mal, aber unsere Kinder wissen, dass wir uns sehr nah sind, und verstehen sich wie Geschwister.

Früher war es die Großfamilie, in der Omas, Tanten, Onkel und andere die Kinder miterzogen haben. So habe ich es auch selbst erlebt als Kind in Polen.

Natürlich hat diese Frau aus der *Welt am Sonntag* für einen Moment mein schlechtes Gewissen geweckt; ich war nicht nur wütend, sondern fühlte mich auch ertappt. Aber ich habe gelernt, diesem schlechten Gewissen Paroli zu bieten. Ich habe mir klargemacht, dass es mir eingeimpft wurde von meiner Umgebung und dass ich im tiefsten Innern weiß, dass ich nach *meinen* Maßstäben alles richtig mache. Als berufstätige Mutter weiß ich, dass die Verwirklichung meines Traums mit vielen Momenten des Getrenntseins und des besonderen Stresses verbunden ist. Ich setze mich daher für mehr gegenseitigen Respekt und Unterstützung ein.

Lasst uns solidarischer sein!

Solidarität unter Frauen ist überhaupt ein Wert, für den wir auch im beruflichen Kontext noch viel mehr tun müssen, wenn uns wirklich etwas an Gleichberechtigung liegt. Denn diese hängt nicht nur von äußeren Umständen, von der Förderung durch Unternehmen, Arbeitgeber oder von der Gesetzgebung ab.

Wir Frauen müssen besser darin werden, uns gegenseitig zu unterstützen und zu fördern. Wir brauchen mehr Verständnis füreinander, Toleranz und eine neidfreie Kommunikation. Wir sollten jede Chance nutzen, um qualifizierte Frauen in die Jobs zu heben, die sie verdient haben und erfüllen wollen und können. Ich wünsche mir, dass Frauen in verantwortlichen Positionen in der Öffentlichkeit noch sichtbarer werden, dass sich das Bild der Frau in Gesellschaft, Wirtschaft und Politik verändert, dass es völlig normal wird, in wichtigen Gremien und Gesprächsrunden ebenso viele Frauen wir Männer zu sehen. Nur so kann das notwendige Umdenken stattfinden, nur so kann sich das Bewusstsein ändern.

Dafür müssen Mädchen und Frauen lernen, ihre Potenziale besser zu nutzen. Und sie müssen lernen – auch das habe ich in den letzten Jahren als Unternehmerin begriffen –, auf ihre Erfolge stolz zu sein:

Nach einer Metaanalyse (*Gender Differences in Scholastic Achievement: A Meta-Analysis* von Voyer und Voyer, 2014) auf der Basis von mehr als 500 Studienergebnissen mit mehr als einer Million Schülerinnen und Studierenden aus verschiedenen Ländern schneiden weibliche Lernende zu 59 Prozent mit besseren Noten als männliche Lernende ab. Der positive Notenvorsprung in den naturwissenschaftlichen Fächern ist interessanterweise in Deutschland bei männlichen Lernenden sehr gering besser, während er in anderen Ländern, etwa in Skandinavien, nicht existiert. Dort haben Mädchen und Frauen in den sogenannten MINT-Fächern gleich gute Noten wie Jungs und Männer.

Frauen haben Männer auch bei der Erlangung der Hochschulreife überholt: 2017 erreichten 35,8 Prozent der Frauen die Fachhochschul- oder Hochschulreife in Deutschland, während es nur 33,5 Prozent der Männer waren (Quelle: Statistisches Bundesamt, Mikrozensus 2017, Ausgabe 2018). Das aktuelle Problem sehe ich darin, dass berufstätige junge Frauen, die Mütter werden, es sich immer häufiger nicht mehr zutrauen, Kind und Karriere unter einen Hut zu bringen. Sie kehren nach der Geburt und Elternzeit oft nicht mehr in ihre Jobs zurück. Damit gehen uns wertvolle Fachkräfte verloren. Ich betrachte es daher als wichtige Aufgabe unserer Gesellschaft und Wirtschaft, diese Entwicklung zu unterbinden und ein Umfeld zu schaffen, das Frauen motiviert, nach der Elternzeit an ihre Arbeitsstätte zurückzukehren. Wir brauchen mehr Frauen, die nach der Kinderpause in ihren Job zurückkehren, und zwar nicht nur deswegen, weil ihr Know-how, ihre Qualifikation benötigt wird, sondern auch, weil sie anderen Frauen Mut machen, es ihnen gleichzutun. Und wir sollten diese berufstätigen Mütter, die erfolgreich ihren Weg gehen, für andere Frauen noch sichtbarer werden lassen. Wir sollten ihre Erfolge feiern! Dann werden sich mehr Mütter zutrauen, in ihre Jobs zurückzukehren.

Wie vielen Frauen fällt es auch mir stets leicht, Niederlagen zu analysieren und Fehler auf mich zu nehmen. Aber meine Erfolge nicht als selbstverständlich hinzunehmen, sondern sie als solche zu begreifen und auch zu feiern, musste ich erst erlernen. Viel zu oft habe ich sie in der Vergangenheit damit begründet, dass ich einfach Glück hatte. Es fiel mir schwer, die eigenen Erfolge als solche anzuerkennen und sie nicht als etwas zu begreifen, was sich ohne große Leistung meinerseits glücklicherweise ergeben hat. Sicher spielt auch ein Quäntchen Glück eine Rolle, wenn es um Erfolge geht. Doch wir ziehen das Glück nur dann an, wenn eine gute Basis vorhanden ist. Wenn wir mit Optimismus, mit Mut und Courage an die Sache gehen, wenn wir nicht das halb leere, sondern das halb volle Glas sehen. Und selbstverständlich geht es auch darum, etwas zu können, Talente zu haben und dranzubleiben. Was das Können betrifft, müssen wir uns als Frauen nicht verstecken. Was unsere Talente betrifft, warten sie nur darauf, von uns erkannt und genutzt zu werden.

Ich musste erst erkennen und an mir selbst wertschätzen, dass ich das richtige Gespür für Trends, Kundenbedürfnisse und Marktchancen habe. Zunächst war es unbewusst da, sicher auch ein Ergebnis mehrere Jahre Berufserfahrung, aber ich habe es einfach als selbstverständlich betrachtet. Erst später, als es mir enorm dabei geholfen hatte, an meine Idee, meine Vision zu glauben und die Kraft aufzubringen, unermüdlich für meinen MBO zu kämpfen und ihn durchzusetzen, ist mir klar geworden, dass ich dieses Gespür für den Markt habe.

Ich wünsche mir, dass alle Frauen lernen, sich selbst positiv zu sehen, ihre Talente und Chancen zu erkennen und stolz von sich selbst zu sprechen. Wir Frauen sollten uns trauen, uns selbst zu promoten, wenn uns etwas gelungen ist. Das ist nicht leicht, denn die Wirtschaft braucht uns Frauen zwar, aber uns wird ständig mehr oder weniger offen vermittelt, wir sollten es bitte nicht übertreiben. Noch gibt es viel zu viele Männer – und leider auch Frauen –, die uns lieber bescheiden sehen. Zu diesem Denken gehört meist auch, dass Frauen, die Statussymbole zeigen, die sich betont weiblich kleiden und vielleicht noch dazu hübsch sind, bei anderen Frauen oft Neid, Konkurrenzgefühle und Misstrauen wecken, bei Männern manchmal den Jagdinstinkt.

Solches stereotype Denken werden wir nur gemeinsam verändern können. Wir sollten lernen, *Ja* zu sagen, wenn wir auf die Bühne gebeten werden, um von unseren Erfolgen zu erzählen. Und wir sollten diese dann nicht kleinreden, sondern zu ihnen stehen. Und auch dazu, dass wir ganz wir selbst bleiben, auch wenn wir erfolgreich sind. Frauen, die sich verbiegen, um noch *tougher* zu sein als die Männer, brauchen wir nicht. Gesellschaft und Wirtschaft brauchen uns als Frauen mit unseren besonderen Talenten, unserer Empathie, unserem Gespür für Stimmungen, unserer Fähigkeit, Konflikte friedlich zu lösen, unserer Begabung für soziale Interaktionen. All dies spreche ich Männern nicht ab, doch inzwischen ist in unzähligen Studien bewiesen worden, dass Frauen und Männer nicht gleich sind im Fühlen und Denken. Es gibt Unterschiede, die individuell zwar mehr oder weniger ausgeprägt sind, aber tendenziell doch eher bei Frauen oder eher bei Männern erkennbar sind – wahrscheinlich deshalb, weil sie über unsere meist stereotype Erziehung verfestigt wurden. Wir sind nicht »besser« als die Männer, wir sind nur verschieden von ihnen.

Lasst uns die eigenen Erfolge feiern!

Für die Frau, die sich entscheidet, selbstständig tätig zu werden, ist das Feiern der eigenen Erfolge immens wichtig! Denn Kunden arbeiten gerne mit erfolgreichen, selbstbewussten Dienstleistern zusammen, in deren Licht sie auch selbst strahlen können. So leben wir in einem Kreislauf, den wir positiv steuern können. Je mehr wir unserem eigenen Urteil trauen und Selbstbewusstsein und Selbstvertrauen auf unseren Erfolgen aufbauen, desto erfolgreicher werden wir sein. Dann spüren wir die große Freiheit, die wir erlangen, wenn wir uns selbst folgen.

Und wenn wir unser eigenes Talent zum Klingen gebracht haben, fällt es uns auch leichter, anderen etwas zu gönnen. Dann sind wir stark genug, andere gute Frauen zu fördern, sie strahlen zu lassen, ohne zuerst daran zu denken, was uns das selbst bringt. Solidarität unter Frauen bedeutet für mich, andere Frauen dahin zu bringen, wo sie hingehören, wenn sie gut sind: in Führungspositionen, an große Aufträge und auf die Bühne, damit unsere Gesellschaft und Wirtschaft endlich weiblicher werden. Ich wünsche mir, dass Männer und Frauen mit entsprechender Macht begreifen, dass Diversität ihr Unternehmen weiterbringt und dass es daher schlau ist, gute Frauen mit sich zu ziehen.

In den letzten Jahren habe ich gemerkt, dass ich ein Fan von »Frauen-Frauen« bin, von Frauen, die begriffen haben, wie großartig es ist, sich im Glanz anderer guter Frauen zu baden, statt mit ihnen zu konkurrieren oder auf ihren Erfolg neidisch zu sein. Wir müssen nicht das Licht anderer ausknipsen, um selbst stärker zu leuchten – im Gegenteil! Unser Leben wird viel leichter, wenn wir unseren Fokus auf das Positive lenken. Darauf, wie wir uns gegenseitig stärken können, statt uns gegenseitig zu schwächen. Und in manchen Situationen ist es auch gut, gemeinsam mit Männern voranzugehen und etwas aufzubauen. Denn es gibt immer noch zu viele mächtige reine Männerrunden, die wir gemeinsam mit Männern einfach schneller und leichter sprengen werden. Das wird unseren Erfolg beschleunigen.

Ich wehre mich daher immer dagegen, wenn ich die Suggestivfrage gestellt bekomme, ob *emotion* eine feministische Heimat für Frauen sei. Denn ich sehe mich als moderne Feministin, die *gemeinsam* mit Männern und Frauen die Gleichberechtigung in Deutschland umsetzen möchte. Gleichberechtigung ist keine reine Frauenbewegung!

Dazu möchte ich mit meiner Geschichte insbesondere Frauen zum Gründen ermutigen – vorausgesetzt, sie fühlen selbst, dass sie im Herzen Unternehmerin sind. Leider weiß ich aus meinem langjährigen Unternehmerdasein, dass es nach wie vor einige Themen gibt, an denen wir gemeinsam arbeiten müssen, um mehr Frauen zum Gründen zu ermutigen. Einmal an dem gerade beschriebenen Thema Solidarität untereinander. Und einmal daran, dass mehr Frauen sichtbar werden, die erfolgreich gegründet haben. Diese Sichtbarkeit von erfolgreichen Frauen, die andere mit ihrer Geschichte ermutigen, schaffe ich selbst mit meinem Team bei der jährlichen EMOTION.award-Gala, die wir in Hamburg veranstalten. Aber natürlich müssen wir auch weit über *emotion* hinaus mehr Frauen auf die Bühne bringen. Und es gibt schon viele von ihnen. Wir sehen in den Medien bisher nur leider immer noch viel zu wenige. Dies zu ändern ist eine Herzensangelegenheit von mir. Schließlich müssen wir uns auch mehr um die Absicherung von Frauen kümmern, die wie ich Unternehmerin und Mutter sein möchten. Denn nicht jede selbstständige Frau sollte gezwungen sein, sofort nach der Geburt weiterzuarbeiten, um ihre Selbstständigkeit und damit ihr Auskommen abzusichern. Vielmehr müssen wir eine soziale Absicherung auch für selbstständige Mütter schaffen. Und wir brauchen – und da spreche ich aus eigener Erfahrung – auch mehr Frauen als Investorinnen, die in Frauen-Start-ups investieren, um auch hier stereotype Gewohnheiten zu ändern: Männer investieren nach wie vor am meisten in männlich geführte Start-ups. Und da aktuell über 90 Prozent des → Venturecapitals in männlicher Hand liegen, sieht es für weibliche Gründerinnen nicht gut aus. Ich selbst hatte auf meinem Gründerweg Glück, mehrmals auch an Frauen zu geraten, die über das Investment in unserem Verlag zumindest mitentschieden haben. Aber wir haben schon zu lange nur auf Glück gesetzt. Jetzt müssen wir beständige Rahmenbedingungen schaffen, die uns Frauen das Gründen erleichtern. Wie es anderen Gründerinnen ergangen ist, zeigen die folgenden Beispiele:

***Stephanie Dettmann,** *1972, Mit-Gründerin von UND GRETEL*

Ich habe in der Gründungsphase unseres Naturkosmetik-Start-ups UND GRETEL ein Baby bekommen. Damals ist es mir leichtgefallen, Kind und Job zu verbinden. Wir hatten kein festes Büro, konnten uns die Arbeit frei einteilen und unser Team bestand nur aus zwei Leuten: meiner Mitgründerin Christina Roth und mir. Ich habe meine Tochter überallhin mitgenommen. Als es bei UND GRETEL stressiger wurde, ging sie längst in den Kindergarten.

Im Februar 2016 haben mein Mann und ich dann unser zweites Kind bekommen. Da war UND GRETEL bereits eine richtige Firma. Ich habe fünf Wochen nach der Geburt wieder angefangen zu arbeiten. In der ersten Zeit habe ich meinen Sohn mit ins Büro gebracht, dann allerdings schnell festgestellt, dass es weder für ihn noch für mich sinnvoll war, wenn er im Wagen oder im Laufstall lag, während ich gearbeitet habe. Wir hatten jetzt ein Team, feste Meetings und sehr viel mehr Verantwortung. Mein Sohn hat bei mir im Büro nicht die nötige Ruhe gefunden – und ich konnte mich auch nur schwer konzentrieren. Schließlich habe ich entschieden, dass er zu Hause bleibt und entweder sein Papa oder unsere Nanny ihn zwischendurch zum Stillen vorbeibringen. Von da an lief es besser – und seit er in die Kita geht, hat sich die Lage komplett entspannt.

Ich bin überzeugt davon, dass man auch als Mama Spaß bei der Arbeit haben darf. Wenn ich weiß, dass meine Kinder sich in der Kita und in der Schule wohlfühlen und wunderbar versorgt sind, freue ich mich riesig aufs Büro. **Ich glaube sogar, dass ich nur dann eine ausgeglichene und gute Mutter sein kann, wenn ich arbeite – ich brauche beides, um erfüllt zu sein.** Aber da spreche ich nur für mich: Ich habe es schon immer geliebt zu arbeiten. Ich finde, dass jede Mutter für sich selbst entscheiden sollte, wie sie das handhabt.

Doch auch wenn ich mich ganz bewusst dazu entschieden habe, Mutter und Unternehmerin zu sein, habe ich häufig ein schlechtes Gewissen. Zum Beispiel dann, wenn ich abends um sieben nach Hause komme und mein Mann sagt, dass unser Sohn so müde war, dass er ihn schon ins Bett gebracht hat. Dann mache ich mir Vorwürfe, dass ich ihn an diesem Tag nur eine halbe Stunde gesehen habe. Ich habe den Wunsch, alle glücklich zu machen und überall zu 100 Prozent da zu sein – und merke, dass das nicht geht. Im Buch einer Topmanagerin, das ich kürzlich gelesen habe, stand der Satz »Ich war mein ganzes Leben auf der Suche nach der Work-Life-Balance, bis ich herausgefunden habe: Es gibt sie gar nicht«.

Ich weiß, dass sie recht hat: Man kann nicht allen gerecht werden.

Mein Mann arbeitet als DJ und ist am Wochenende häufig unterwegs – manchmal buche ich dann einen Babysitter, um zum Friseur oder zum Yoga zu gehen. Dann fühle ich mich den Kindern gegenüber schlecht, weil das Wochenende eigentlich ihnen gehören soll. Gleichzeitig weiß ich, dass ich diese kleinen Inseln für mich brauche, um wieder Kraft zu schöpfen.

Ich bin überzeugt davon: Wenn man in der Zeit, die man mit seinen Kindern verbringt, entspannt und gut drauf ist und sich wirklich auf sie konzentriert, hat das einen viel größeren Wert, als wenn man zwar die ganze Zeit da ist – aber nur halbherzig und schlecht gelaunt. Wenn ich mit den Kindern zusammen bin, dann liegt der Fokus deshalb klar auf ihnen. Ich bemühe mich, so selten wie möglich auf mein Handy zu schauen, um voll für sie da zu sein. Liegen sie dann später im Bett, habe ich immer noch genügend Zeit, um meine E-Mails zu lesen.

***Daniela Nagel**, Jahrgang 1977, Autorin, AutorInnencoach, fünf Kinder*

Ich bin mit 22 zum ersten Mal Mutter geworden und habe in den Jahren danach vier weitere Kinder bekommen. Mein Mann und ich wollten das so – deshalb fand ich es oft irritierend, wenn Leute auf der Straße zu mir gesagt haben: »Sie Ärmste!«, oder: »Wie asozial!« Auch im Kindergarten oder in der Schule haben manche Eltern seltsam reagiert, wenn sie gehört haben, dass ich fünf Kinder habe. So nach dem Motto »Die kann ja sonst nichts draufhaben«. Jeder von uns hat Vorurteile. Aber gerade unter Frauen wundert mich das schon sehr.

Ein Leben als Hausfrau und Mutter habe ich mir für mich selbst nie vorstellen können. Meistens habe ich schon eine Woche nach der Geburt mit meinem Baby auf dem Schoß wieder Aufträge bearbeitet oder für die Uni gelernt, einfach weil mir das Spaß gemacht hat. Inzwischen arbeite ich als Schriftstellerin in einem Beruf, den ich mir immer gewünscht habe. Mein Alltag ist wegen der Kinder sehr durchgeplant. Ich stehe um 20 nach sechs auf und bis alle weg sind, ist es meistens acht. Dann setze ich mich an den Computer und schreibe oder erledige andere Büroarbeiten. Was mir hilft, um wirklich diszipliniert zu arbeiten, sind die Abgabetermine: Ich rechne mir vorher aus, wie viele Seiten ich am Tag schreiben muss, damit ich zu einem bestimmten Zeitpunkt 300 Seiten abgeben kann. In der Regel plane ich, fünf Seiten am Tag zu schreiben. Das klappt nicht immer – aber diese Zielsetzung hilft mir sehr.

Natürlich gibt es Momente, in denen ich das Gefühl habe, dass mir alles über den Kopf wächst – aber das hatte ich mit einem Kind auch schon. Wenn es Probleme in der Schule gibt oder die ganze Familie krank ist, geht das an die Substanz. Deshalb versuche ich, mir ganz bewusst Auszeiten zu nehmen, um neue Kraft zu schöpfen. Ich unternehme zum Beispiel etwas mit Freundinnen, verabrede mich gezielt mit meinem Mann oder versuche, mich für eine Weile zurückzuziehen und wirklich Zeit für mich allein zu haben. Ich schreibe dann zum Beispiel in mein Tagebuch, um meine Gedanken zu sortieren. Meistens tut mir das sofort gut.

Zwischendurch habe ich schon ein schlechtes Gewissen, weil ich gerne mehr Zeit für die Kinder hätte. Wenn sie zum Beispiel abends beim Ins-Bett-Bringen zu mir sagen: »Bitte bleib noch ein bisschen bei mir«, dann fühle ich mich hin- und hergerissen, weil ich noch die Waschmaschine füllen oder den Trockner leeren muss, etwas am Rechner zu tun habe oder gerne einfach mal wieder mit meinem Mann auf dem Sofa sitzen möchte.

Zum Glück kann ich gut darüber hinwegsehen, wenn im Haushalt nicht alles erledigt ist. Ich bin nicht besonders perfektionistisch veranlagt und hatte auch nie den Anspruch, eine Super-Mama zu werden. Mit unserem ersten Kind haben wir in einer 40-Quadratmeter-Wohnung gelebt, in einer netten, aber absolut nicht kinderfreundlichen Gegend in Köln. Wir haben kaum Geld gebraucht, beide noch studiert und hatten viel Zeit. Ich weiß noch, wie eine Bekannte zu mir gesagt hat, sie würde erst ein Kind bekommen wollen, wenn alles stimmt. Wenn sie einen vernünftigen Job hat, ein tolles Haus oder eine große Wohnung. Ich war erstaunt – denn solche Gedanken wären mir nie in den Sinn gekommen.

VII. Es ist nie zu spät für den richtigen Weg

Aus Krisen lernen

Mein MBO jährt sich 2019 zum zehnten Mal. Schon so lange ist es her, dass ich den Sprung in die Selbstständigkeit gewagt habe. Jahre, in denen unglaublich viel geschehen ist, in denen ich als Unternehmerin unvergleichlich viel mehr gelernt habe als in den Jahren zuvor. Ich möchte diese Zeit nicht missen.

Vor Kurzem wurde ich gefragt, ob ich mit dem Wissen der letzten Jahre und all den Hochs und Tiefs, die ich durchlebt habe, die Entscheidung pro Selbstständigkeit und eigener Firma erneut treffen würde.

Ja! Ich würde mich immer wieder für die Selbstständigkeit entscheiden und *emotion* kaufen.

Wenig überraschend ist wohl, dass ich einige Dinge nun gern anders machen würde. Aber alles in allem bin ich sehr dankbar und glücklich, dass ich mich damals für diesen Weg entschieden habe und dass unser Unternehmen, das viele Stürme überwinden musste, zehn Jahre später so gut aufgestellt ist.

In gewisser Weise stehe ich gerade wieder an einem Neuanfang – oder besser gesagt am Beginn eines neuen Kapitels:

Wir richten unser Medienhaus zurzeit auf die nächsten zehn Jahre aus und befinden uns mitten in der digitalen Transformation. Hinzu kommt, dass ich wieder alleinige Geschäftsführerin bin – leider. Anke ist als starke Investorin weiterhin an Bord, aber sie ist nicht mehr operativ tätig.

Vor ein paar Jahren musste ich noch eine weitere Veränderung vornehmen: Es ist Ende 2014. Nach guten fünf Jahren in einem weiterhin sehr bewegten Markt, habe ich das Gefühl, dass wir *emotion* wieder ein großes Stück weiterentwickeln müssen. Wir sind mittlerweile mit unserem Magazin etabliert. Aber ich möchte das Blatt etwas jünger und moderner gestalten, mehr feministische Themen integrieren, *emotion* noch mehr zum Sprachrohr kluger, starker Frauen machen, die zur Verteidigung ihrer Rechte und ihrer Stellung in der Gesellschaft aktiv werden. Eine neue Optik des Magazins soll dieser Neupositionierung entsprechen. Und wir möchten die digitale Verknüpfung ausbauen.

In dieser Phase des Umbruchs übernehme ich von Dorothee die Chefredaktion. Ich habe das Gefühl, dass es an der Zeit ist, dass ich mehr auf meine eigene Kreativität vertrauen und bei der Auswahl neuer Themen und Schwerpunkte noch mehr meiner Intuition folgen sollte. Da ich neben dieser neuen Aufgabe weiterhin als Geschäftsführerin unseres Medienhauses tätig bin, freue ich mich, Christine Ellinghaus, eine sehr erfahrene Blattmacherin, als Redaktionsleiterin für *emotion* begeistern zu können. Sie steht mir im Redaktionsalltag zur Seite. Gemeinsam entwickeln wir *emotion* weiter, verändern auch unser Redaktionsteam und arbeiten an der Verjüngung des Magazins.

Dorothee war lange für *emotion* und für mich persönlich eine sehr wichtige Wegbegleiterin. Wir haben so viel gemeinsam durchgemacht, ich habe ihr sehr viel zu verdanken. Ich bin ihr für ihre große Unterstützung und wunderbare Zusammenarbeit in den Aufbaujahren von *emotion* sehr verbunden. Der Abschied von ihr ist daher schmerzhaft.

Tine Ellinghaus und ich verstehen uns auf Anhieb und haben beide das gleiche Bild der neuen *emotion* vor Augen. Tine arbeitet in Teilzeit, ist alleinerziehende Mutter einer vierjährigen Tochter und mir in Energie und Lebenseinstellung sehr nah. Wir ergänzen uns sehr gut, und sie wird in den folgenden Jahren zu einer wichtigen Vertrauensperson für mich.

Zahlungsfähig bleiben – das erste Gebot

Natürlich musste ich – oder besser gesagt mussten wir – in den letzten zehn Jahren einige Krisen überwinden. In mancher Krise hätten wir sogar fast das Unternehmen verloren. Aber nur ein einziges Mal war ich so weit, dass ich ernsthaft überlegt habe, ob ich aufgeben soll. Und glücklicherweise habe ich mich dagegen entschieden. Jeder Tiefpunkt war lehrreich und hat mich und mein Team weitergebracht. Daher mag ich auch das Bonmot meiner Unternehmerfreundin Verena Pausder, welches sie von ihrem Großvater mitbekommen hat. Er wiederholte es in Krisensituationen wie ein Mantra:

»Verstehen kann man das Leben nur rückwärts. Leben muss man es aber vorwärts.«

Es ist ein verkürztes Zitat von Søren Kierkegaard.[1] Ich beruhige mich selbst oft mit dem Gedanken, dass alles im Leben seinen Sinn hat – selbst die schmerzlichste Erfahrung. Manchmal verstehen wir das eben nur erst sehr viel später, wenn sich uns dieser Sinn rückblickend erschließt.

Das für mich Wichtigste, was ich gelernt habe und allen künftigen Gründerinnen und Gründern mitgeben möchte, ist:

---

[1] Das Zitat von Søren Kierkegaard lautet korrekt: »Es ist ganz wahr, was die Philosophie sagt, daß das Leben rückwärts verstanden werden muß. Aber darüber vergißt man den andern Satz, daß vorwärts gelebt werden muß.« – Die Tagebücher. Deutsch von Theodor Haecker. Brenner-Verlag 1923, S. 203.

Erstens: Es ist entscheidend, für die eigene Geschäftsidee zu brennen, damit man auch andere dafür begeistern kann und um die immer viel anstrengenderen Aufbaujahre zu überstehen und trotz zwischenzeitlicher Krisen nie das große Ziel aus den Augen zu verlieren.

Zweitens: Es ist wichtig, nicht zu schnell aufzugeben und immer offen für kritisches Feedback von außen zu sein – vorausgesetzt, die Kritiker sind Menschen, denen man vertraut und auf deren Meinung man Wert legt.

So bin ich unseren langjährigen Investoren Anke und Thomas Rippert sowie Martin Ostermayer, Carsten Becker, Waltraut von Mengden sowie meiner Mutter nicht nur für ihre langjährige Unterstützung und ihr Vertrauen dankbar, sondern auch für ihr offenes Feedback und ihre Kritik. Denn sie haben mich und mein Team in manchen Situationen zum Überdenken unserer Strategie gebracht. Ich schätze ihren Blick von außen, denn er hilft mir, besser zu werden und manche Entscheidungen noch einmal zu hinterfragen.

Drittens: Bei all den Ideen und Projekten, die wir voranbringen möchten, sollten die Zahlen und die Liquidität des eigenen Unternehmens hohe Priorität haben. Rendite ist zwar schön, aber ein funktionierender Cashflow ist das entscheidende Kriterium für die sichere Zukunft eines Unternehmens. Das unterschätzen viele – so wie ich anfangs auch. Vor allem wenn jemand zuvor in einem Konzern gearbeitet hat und es gewohnt ist, dass das Geld schon fließt, selbst wenn einmal eine falsche Entscheidung getroffen oder ein Plan verfehlt wurde.

In unserem Fall geschah es im November 2011, ausgerechnet zu dem Zeitpunkt, als wir zum ersten Mal das Gefühl hatten, dass der Knoten geplatzt war, dass wir über den Berg waren und uns ein ganz klein wenig entspannen konnten. Es kam ganz anders: Von einer Minute auf die andere befanden wir uns am Rand des Abgrunds.

Ich weiß es noch genau, ich stand in dem Moment im Regen auf der Straße vor unserem Verlagshaus, weil ich mir gerade etwas zum Lunch besorgen wollte. Da erreichte mich der Anruf des kaufmännischen Leiters einer unserer Druckdienstleister und forderte unvermittelt einen sehr hohen Betrag. Er drohte, unser Magazin am nächsten Tag nicht auszuliefern, und kündigte damit von heute auf morgen unseren langfristigen Lieferantenkredit.

Nach dem Telefonat atmete ich ein paarmal tief ein und aus. Dann lief ich eine Zeit lang die Hoheluftchaussee im Regen auf und ab, um mich von dem Schock zu erholen und um in Ruhe außerhalb der Büroräume nachdenken zu können, was nun zu tun war.

Der Drucker war kürzlich als Investor bei uns eingestiegen und wurde offenbar unruhig, weil sich der Magazinmarkt wieder einmal anders entwickelte als geplant. Und er glaubte nun anscheinend doch nicht mehr an unseren Verlag. Vielleicht war er auch selbst mit seinem Unternehmen in der Krise. Ich habe es auch später nie erfahren, und es interessierte mich auch nicht. Nach vorne zu schauen war und ist meine Devise. Wozu Kraft mit Rückblicken vergeuden, aus denen ich nichts lernen kann?

Dieser typische Hamburger Regentag passte zu der Hiobsbotschaft. Und das Schreckliche war: Ich hatte keine Möglichkeit mehr, einen weiteren Kredit aufzunehmen. Vor allem nicht so kurzfristig! Einem jungen Unternehmen, das erst nachhaltig in den → Break-even kommen musste, sprang auch keine Bank zur Seite.

Unser – und vor allem auch mein – großes Glück war, dass uns Anke, die auch als Investorin anderer Unternehmen tätig war, kurzfristig einen Unternehmenskredit gewährte. Wären wir mit dem Magazin nicht am nächsten Tag, dem gewohnten Erstverkaufstag, am Kiosk erschienen, hätte uns das nachhaltig geschadet. Denn noch war *emotion* unsere wichtigste Erlösquelle. Wäre eine Ausgabe nicht erschienen, hätte dies unsere Leserinnen verunsichert. Manche hätten vielleicht sofort vermutet, dass es ihr Lieblingsmagazin nicht mehr gibt. Außerdem wären all unsere Anzeigenkunden zu Recht verärgert gewesen, da sie mit ihren Produktanzeigen ganz bewusst zu einem genauen Zeitpunkt bestimmte Ausgaben belegen wollten.

Diese Notsituation, der Stress der abendlichen Verhandlung mit dem Controller unseres Druck-Dienstleisters, brachte Anke und mich ein weiteres Stück einander näher. Der Fall lehrte uns aber eben auch, wie entscheidend das Thema Liquidität ist. Natürlich ist es wichtig, von einer Idee felsenfest überzeugt zu sein und an sie zu glauben – aber wir dürfen dabei nie die Zahlen aus dem Blick verlieren. Ein nüchternes Kalkulieren, ohne sich Illusionen zu machen, ist ebenso wichtig. Beides gehört dazu: der feste Glaube an die Idee, an das Ziel, sowie der klare Blick auf die Zahlen, damit das Unternehmen läuft und wir andere davon überzeugen können. Die Liquiditätsplanung hat seit diesem Vorfall bei uns Priorität.

Doch es genügt nicht, wenn die Firmenleitung dies weiß und darauf achtet. Gerade in kleinen und mittleren Unternehmen sollten auch Mitarbeiter im Rahmen ihrer Aufgaben unternehmerisch denken und handeln. Ich bemerke schnell, welche Mitarbeiter begreifen, dass wir ein mittelständisches Unternehmen sind, das sofort spürt, wenn geplante Erlöse gar nicht oder vielleicht einen Monat später kommen als gedacht. Der Druck auf die Arbeit jedes einzelnen Mitarbeiters erhöht sich damit.

Als Medienhaus, das auch Printerzeugnisse herausbringt, stemmen wir jeden Monat zusätzlich zu unseren Personal- und Betriebskosten auch erhebliche Druckkosten. Sie machen unser Business volatiler, unbeständiger als reine Dienstleistungsbetriebe oder Digitalunternehmen. Um diese Abhängigkeit von einer relativ unberechenbaren Erlösquelle zu minimieren, bauen wir seit mehreren Jahren Schritt für Schritt einen neuen Geschäftszweig auf: eine Agentursparte. In dieser sind wir über unser Netzwerk an Kreativen mithilfe unseres verstärkten Digitalteams und auf der Basis unserer langjährigen Kundenbeziehungen auch als digitale Content-Marketing-Agentur für ausgewählte Kunden im Markt tätig.

Neue Geschäftsfelder im Blick haben

Habe ich in den letzten Jahren aufgrund des rückläufigen Zeitschriftenmarktes meinen Glauben an Printerzeugnisse verloren? Nein, im Gegenteil! Ich glaube mehr denn je an Printerzeugnisse. Vor allem an spitz auf eine bestimmte Interessengruppe ausgerichtete Magazine, wie wir sie publizieren, Magazine, die die Bedürfnisse ihrer Zielgruppe stets im Blick haben. Die letzten Jahre haben uns aber gelehrt, dass wir daneben weitere starke Säulen für unseren Geschäftserfolg brauchen, um in der unsicheren Medienbranche stets flexibel auf die Entwicklung des Marktes reagieren zu können.

In den nächsten Jahren möchte ich zudem endlich meinen Traum umsetzen und *emotion* zu einer Plattform, einem Women's Network, ausbauen, das auch im Bereich Fort- und Weiterbildung tätig ist. Und ich möchte auch Unternehmen, die mehr auf weibliche Arbeitnehmerinnen setzen möchten, unser Knowhow als Dienstleister zur Verfügung stellen. *emotion* soll sich als eine qualitativ starke, multimediale Marke für Frauen etablieren, die an persönlichem Wachstum in ihrem privaten und beruflichen Leben interessiert sind, die sich weiterentwickeln wollen, menschlich, persönlich und was ihre berufliche Zukunft betrifft.

emotion soll sie über Angebote in Print und Digital stärken, inspirieren und untereinander vernetzen. Dazu haben wir in diesem Jahr unseren neuen Lead-Event für Frauen gestartet: den EMOTION Women's Day (www.emotion-womensday.de/#EWD), einen modernen, internationalen Kongress für Frauen von heute mit dem Mehrwert einer Fortbildung und dem Spirit eines Festivals, mit vielen Chancen zum Netzwerken und angedockt an das modernste Festival für Onlinemarketing, das Online Marketing Rockstars, das mein Freund Philipp Westermeyer vor nun acht Jahren gegründet hat. Beim #EWD geht es um alles, was Frauen stark macht. Wir wollen inspirieren, informieren, netzwerken – und gemeinsam feiern. In den kommenden Jahren werden wir den #EWD zu dem großen Event für Frauen ausbauen, das einmal im Jahr ein großes Festival in Hamburg feiert, daneben die Themen aber digital kontinuierlich weiter vertieft sowie kleine Veranstaltungen als Rollout in einzelne Branchen umsetzt. Der #EWD ist auch das erste große Projekt unseres neuen Geschäftsbereichs »Markengeschäft«, das von meiner langjährigen und sehr geschätzten Redaktionskollegin Julia Möhn als Chefredakteurin für Neue Produkte kontinuierlich ausgebaut wird, und soll eine wichtige neue Ertragssäule von *emotion* werden. Julia ist seit vielen Jahren unsere Spezialistin für New-Work-Themen, und es macht mir große Freude, unsere Marke gemeinsam mit ihr auf neuen Geschäftsfeldern weiterzuentwickeln.

Selbstwirksame Mitarbeiter als wichtigste Ressource

Unsere erste große gemeinsame Krise hat Anke und mir gezeigt, dass das Unternehmerdasein vor allem in der Aufbauphase eines Unternehmens starke Nerven erfordert. Täglich fühle ich die Verantwortung für unsere Mitarbeiter. Für ihr Wohlsein. Für ihr Arbeitspensum, das in unserem Verlag oft herausfordernd ist. Und vor allem spüre ich auch die Verantwortung dafür, dass wir jeden Monat die Gehälter an unsere Mitarbeiter zahlen können. Gute, loyale und selbstwirksam tätige Mitarbeiter sind die wichtigste Ressource, die wir haben.

Vor allem Mitarbeiter, die an den Purpose, also den Sinn und Zweck unseres Unternehmens, glauben und auch selbst unternehmerisch denken, Mitarbeiter, die in unserem Unternehmen idealerweise ihre persönlichen Stärken leben und ihrem eigenen Sinn folgen können. Denn ich bin davon überzeugt, dass in einem erfolgreichen Unternehmen Intuition und wirtschaftliches Denken gleich wichtig sind.

In den heute unsicheren Zeiten empfinde ich es als große Herausforderung, ein verlässlicher Arbeitgeber zu sein, dabei auch immer eine offene, verlässliche Kommunikation zu pflegen und damit stets die Gratwanderung zwischen Transparenz, Vertrauen und keiner zu großen Druckausübung zu meistern.

Weiterhin werde ich immer wieder gefragt, ob ich in den letzten Jahren zwischendurch auch mal Angst hatte. Nein, ich hatte und ich habe keine Angst! Sollten wir es doch einmal nicht hinbekommen, kann ich mir nicht vorwerfen, dass wir in den vergangenen zehn Jahren nicht mit viel Herzblut für das Unternehmen gekämpft, unsere Fehlentscheidungen selbstkritisch analysiert und aus unseren Fehlern gelernt haben. Sollte es dennoch nicht funktionieren, wäre ich sehr betroffen und von mir enttäuscht. Und es wäre ein materieller Verlust. Aber eben auch nur ein materieller. Dann habe ich es zumindest versucht.

Darum geht es meines Erachtens auch in unserem Leben. Und das möchte ich vor allem Frauen mitgeben, die unsicher sind, ob sie in ihren Traum von Selbstständigkeit leben sollen: Es geht darum, Dinge zu versuchen, die eigene Angst zu überwinden und etwas auszuprobieren. So ist mein Antrieb manchmal der Gedanke daran, dass ich auf meinem Sterbebett liegend mir nicht vorwerfen möchte, etwas zumindest nicht versucht zu haben! Wie es auch Coco Chanel formuliert hat:

»Ich bereue nichts im Leben, außer das, was ich *nicht* getan habe.«

Aber natürlich habe ich auch einen großen Vorteil: Aus meiner eigenen Vergangenheit weiß ich, dass ich immer wieder bei null anfangen kann. Dieses Bewusstsein, dass das Leben auch ohne großes Geld, ohne Statussymbole oder ohne einen Job weitergeht, ist tief in mir verwurzelt. Und genau das ist doch auch die Erkenntnis, die uns alle mutiger machen sollte: Das Leben geht immer weiter, egal, was passiert. Selbst wenn wir einmal mit einem Vorhaben scheitern: Es geht weiter. Ob wir wollen oder nicht. Daher lohnt es sich meiner Meinung auch nicht, in einer Krise zu verharren. Denn je schneller ich mich wieder aufrappele, umso schneller bringe ich sie hinter mich.

Die Idee steht über dem Komfort persönlicher Sicherheit

Ein wichtiges Thema bei der Existenzgründung oder bei einer Geschäftsübernahme ist das eigene Gehalt – vor allem bei uns Frauen, die sich oft immer noch mit zu wenig zufriedengeben. Beim Start der eigenen Firma müssen wir uns auf der einen Seite darüber bewusst sein, dass die Höhe des eigenen Gehalts in den ersten Jahren selten den eigenen Arbeitsaufwand widerspiegeln wird. Als Unternehmerin baue ich den Wert meines Unternehmens mit auf. Kosten spielen dabei eine große Rolle. Investoren möchten ein Commitment des Gründers haben.

Ich selbst wollte unseren Kostenapparat nie unangemessen mit meinem Gehalt belasten. Das fühlt sich nach wie vor auch richtig an, denn es geht mir um das große Ganze, das nachhaltig erfolgreich sein soll. Dennoch ist es wichtig, den eigenen Wert als Geschäftsführerin angemessen beziffern zu können und sicherzugehen, dass das Unternehmergehalt ausreicht, um davon leben zu können, ohne sich zusätzlich Sorgen machen zu müssen.

Denn das Unternehmen hält genügend Herausforderungen bereit, die einem in Atem halten. Es braucht die ganze Kraft des Geschäftsführers.

Ich erinnere mich an Gespräche mit Kreativen und Verlagsmanagern, die mich im Laufe der Jahre nach meinem MBO besuchten und sich mit mir austauschen wollten, da sie auch den Sprung in die Selbstständigkeit planten. Irgendwann kamen wir dann auf die Höhe des eigenen Gehalts zu sprechen, das ja künftig unter anderem auch die privaten Hauskreditraten begleichen sollte. Und wir kamen dann auch auf die Frage, wie es wohl mit einem Dienstwagen stünde, an den man sich ja gewöhnt habe im früheren Job. Keiner von diesen Gesprächspartnern ist Unternehmer geworden. Allen ist klar geworden, dass ihnen die Sicherheit eines guten Lebens wichtiger ist als die eigene Unternehmung.

Diese Haltung ist nicht verwerflich. Umso bedeutender ist die ehrliche Beantwortung der Frage, wer man sein möchte. Und ob man den Traum der Selbstständigkeit mit all seinen positiven wie negativen beziehungsweise unsicheren Facetten wirklich 1leben möchte.

Du bist nicht das Opfer deines Erbes!

Das Unternehmerdasein ist mein Leben. Es macht mich trotz der großen Herausforderungen sehr glücklich und ich weiß, dass sich mein Einsatz lohnen wird. Das gibt mir den Mut und die Stärke auf dem Weg zum nachhaltigen, großen finanziellen Erfolg und zum Meistern von Krisen. Ich habe gelernt, durch Krisen einfach hindurchzugehen. Sie gehören dazu. Zu jedem Leben – ob als Angestellte oder als Unternehmerin. Jede einzelne Krise gibt uns die Chance zu wachsen – ist eine Chance für einen Neuanfang oder eine neue Justierung.

Kenne ich Versagensängste? Natürlich! Denn ich möchte erfolgreich sein, um meiner Familie, die mich so viel entbehren muss, ein gutes Leben zu ermöglichen. Ich möchte auch meiner Mutter etwas zurückgeben können. Dieser selbst gemachte Erfolgsdruck stand lange Zeit immer wieder Versagensängsten gegenüber. Denn im Gegensatz zu meiner Mutter war mein Vater in seinem Leben nicht sehr erfolgreich, wie ich bereits erzählt habe. Er hatte viele Talente, war aber im Studium dem Alkohol zu nahe gekommen, der ihm seitdem stets im Weg stand und den er nie wieder in den Griff bekommen hatte. Die Sucht überschattete sein Leben mit einer Schwere, die ihn immer wieder an sich selbst zweifeln ließ. Bis zu seinem viel zu frühen Tod hat er es nicht geschafft, seine Talente zum Schwingen zu bringen oder wenigstens den Zugang zur Leichtigkeit des Lebens zu finden. Sein Versagen belastete mich lange und überschatte mein Unternehmerdasein. Wenn mal etwas nicht so klappte, dachte ich oft, dass dies nur bestätige, dass ich schon von den Genen her keine guten Voraussetzungen für einen Sieg mitbekommen hätte. Ich lebte im unbewussten Glauben daran, dass ich im Vergleich zu vielen anderen Unternehmern, die von zu Hause ein sehr starkes Selbstbewusstsein anerzogen bekommen hatten, einfach kein Siegertyp sei.

Doch dann hatte ich das große Glück, über eine Freundin eine Heilpraktikerin kennenzulernen. Im fünften Jahr unserer Unternehmung war ich immer wieder unausgeglichen, weil wir mit dem Verlag noch nicht dort waren, wo ich sein wollte. Das verunsicherte mich. Yvonne, so heißt die Heilpraktikerin, die sich zu einer engen Freundin entwickelt hat, gab mir im Gespräch zu verstehen, dass ich zwar von meinen Genen unterbewusst beeinflusst werde. Aber dass ich es eben selbst in der Hand habe zu entscheiden, wenn ich einen anderen Weg in meinem Leben einschlagen möchte als mein Vater.

Unser Leben ist voller Situationen, über die wir immer wieder selbst entscheiden können – das ist anstrengend und schön zugleich.

Umso wichtiger ist, dass wir auf unserem Weg lernen, uns selbst immer besser zu verstehen. Ich bin dankbar für die Begegnung mit Yvonne, die mir zu begreifen half, warum ich manchmal in einer bestimmten Weise reagiere oder handle, wie ich handle. Dass ich dabei natürlich auch von meinen Vorfahren geprägt bin. Daher auch immer wieder mit Mustern brechen muss, die ich unbewusst von ihnen übernommen habe. Aber – und das ist eine wichtige Erfahrung, die ich teilen möchte – von dem Moment an, in dem ich begriffen habe, dass es so ist, habe ich die Möglichkeit, etwas zu ändern. Es liegt allein an mir, ob ich meinen eigenen Weg wähle oder die Vergangenheit fortsetzen und alte Muster leben möchte – ob ich mich als Opfer oder als Akteur meines Lebens begreife.

Ohne Selbstvertrauen geht es nicht

Und so habe ich 2015 einen wichtigen Glaubenssatz in meinem Leben geändert. Hatte ich bis dahin nach dem Credo gelebt, dass ich in meinem Leben »alles erreichen kann, wenn ich nur voller Herzblut dafür kämpfe«, modifizierte ich diesen Glaubenssatz in einen neuen, der mich seitdem begleitet:

»Ich glaube an mich und vertraue darauf, dass ich meine Ziele erreichen werde.«

Denn ich weiß heute, dass es bei der Zielerreichung nicht nur ums »Kämpfen« geht, wie es mir meine Mutter durch ihren großen Arbeitseinsatz stets vorgelebt hat. Klar, das Glück ist immer mehr bei den Tüchtigen. Aber zuallererst bei denjenigen, die an sich glauben und darauf vertrauen, dass sie ihre Ziele erreichen werden.

Mit sich selbst klarkommen ist die Basis

Und das bringt mich zu einem wichtigen Ratschlag, den ich aus meiner Begegnung mit einem lebensweisen Mann namens Dandapani (www.dandapani.org) mitgenommen habe: »Learn how to handle yourself and than how to handle life.« Erst wenn ich lerne, mit mir selbst klarzukommen, bin ich bereit, das Leben zu verstehen. Und daher mag ich auch den »frauenspezifischen« Ratschlag der großartigen Designerin und Unternehmerin Diane von Fürstenberg, die ich auf einer Konferenz in New York City live erleben durfte, als mich Anke spontan zu einer gemeinsamen Auszeit überredet hatte: »Wir Frauen müssen begreifen, dass die wichtigste Beziehung, die wir im Leben pflegen müssen, diejenige zu uns selbst ist.« Das heißt, dass es wichtig ist, sich selbst anzunehmen. Aufzuhören, selbst die größte Kritikerin meiner selbst zu sein. Denn erst wenn ich selbst mit mir im Reinen bin und mich annehme, wie ich bin, wenn ich mich traue, die zu sein, die ich wirklich bin, und dabei auch gnädig zu mir selbst zu sein, wenn ich mal Fehler mache und nicht perfekt bin, erst dann bin ich auch bereit für die Beziehung mit anderen – ob beruflich oder privat.

Nein sagen lernen

So habe ich vor ein, zwei Jahren bewusst begonnen, mehr auf mich selbst zu achten. Dabei auch genau zu analysieren, wie ich meine Energie aufladen kann, von der ich glücklicherweise viel besitze. Aber auch zu lernen, welche Menschen mir Energie geben und welche meine Energie eher rauben. Ich habe erkannt, dass es eher meine Schwäche ist, immer für alle da sein zu wollen, und dass es mir schwerfällt, Nein zu sagen. Umso wichtiger war es für mich zu lernen, mich zu entscheiden, welche Menschen mir wichtig sind, in wen ich Energie investieren möchte und welche Energieräuber ich künftig nicht mehr in mein Leben lassen will.

Zielbilder malen und der Intuition vertrauen

Von Dandapani lernte ich auch herauszufinden, was mich in meinem Leben wirklich antreibt. Und ich lernte von ihm, meine Ziele und Wünsche im intuitiven Bereich meines Gehirns zu verankern. Er lehrte mich, vor meinem inneren Auge ein Bild von dem Ziel, das ich erreichen möchte, zu entwerfen. Ein Bild, das die Situation darstellt, in der ich sein werde, wenn ich mein Ziel erreicht habe, und die mit dem Gefühl verbunden ist, wie ich mich fühlen werde, wenn ich es erreicht habe. Dieses gedankliche Szenario, dieses *emotion*al aufgeladene »Zielbild« hole ich immer wieder vor mein inneres Auge, wenn ich einmal unsicher bin. Oder wenn ich wieder mal unruhig im Bett liege und grüble. Dann fühle ich mich in mein »Zielbild« ein und lade mich positiv auf, richte mich ganz auf mein Ziel und die Zielerreichung aus.

Außerdem habe ich in den letzten Jahren gelernt, mehr meiner Intuition, meinem Bauchgefühl, zu vertrauen. Nicht selten habe ich mich davor von Ideen abbringen oder Projekte liegen lassen, von denen ich im Nachhinein überzeugt war, dass ich sie hätte verwirklichen sollen. Wie bereits geschildert, hatte ich mich zuvor manchmal auf Mitarbeiter eingelassen, bei denen ich von Beginn an das Gefühl hatte, dass sie nicht perfekt zu uns passen. In diesen Fällen hatte der Druck, jemanden einzustellen, weil Not am Mann war, mein Bauchgefühl überlagert.

Heute vertraue ich auf meine Intuition und spüre sie auch immer klarer, je mehr ich auf sie höre. Ich weiß, dass alles im Leben möglich ist und dass es nie zu spät ist herauszufinden, wer ich sein will. Es ist fahrlässig, dem Bauchgefühl *nicht* zu vertrauen, wenn ich spüre, dass ich auf dem falschen Weg bin.

Eigene Stärken und Schwächen kennenlernen

Durch die ehrliche Beschäftigung mit mir selbst habe ich herausgefunden, wo meine Stärken liegen – und dass es wichtig ist, mich auf meine Stärken zu konzentrieren. Ich mag mich nicht mehr verzetteln, Dinge machen, die andere besser und vor allem auch mit mehr Leidenschaft machen als ich. Und ich weiß, dass ich nur dann ökonomisch erfolgreich sein werde, wenn ich als Unternehmerin an meinen Stärken arbeite. Natürlich hört sich das in der Theorie immer leichter an, als es in der Praxis ist. Denn es kommt immer auch auf die Ressourcen im Unternehmen an. Die Konzentration auf die Stärken hat aber eine wichtige zusätzliche Komponente: Nur wenn ich genau weiß, was ich kann und was nicht, kann ich ein Team aufstellen, das mich bei meinem Vorhaben unterstützt, indem es meine Schwächen auffängt und weiteres wichtiges Know-how einbringt, das ich selbst nicht habe.

Ehrlichkeit macht glaubwürdig

Insofern ist es mir heute wichtiger denn je, dass auch meine Mitarbeiter ehrlich zu ihren Stärken und zu ihren Schwächen stehen – damit ich sie nach ihren Stärken im Team einsetzen kann. Ich habe erlebt, wie Führungspersönlichkeiten, die sich selbst falsch einschätzten oder ihre Schwächen nicht ehrlich kommunizierten, ein Unternehmen schwächen konnten.

Ich selbst habe beispielsweise gelernt, dass ich unser Controlling besser meiner engsten Mitarbeiterin, unserer Prokuristin Claudia Meier, überlasse, die diese Aufgabe voller Leidenschaft und Fachkompetenz ausfüllt. Es ist nicht so, dass mir Zahlen keinen Spaß machen, aber im Kreativen, in der Entwicklung von neuen Geschäftsideen, in der Begeisterung von Menschen für unsere Produkte und im Kampf um mehr Gleichberechtigung bin ich für unser Unternehmen wertvoller.

Mut haben voranzugehen und sich zu zeigen

Manchmal brauchte ich auch Mut, mich zu meinen Stärken zu bekennen und danach zu handeln. Ich musste mir eingestehen, was mir wirklich wichtig ist, und mich davon befreien, was die anderen von mir erwarteten. Es war ein längerer Prozess. So war es mir zwar sehr schnell klar, dass ich mit *emotion* eine Zeitschrift für Frauen verlegen wollte und es daher wichtig war, mit den Frauen, die ich erreichen wollte, in Kontakt zu kommen. Tief in mir spürte ich auch, dass es mir wichtig ist, meine Stimme zu erheben, wenn ich das Gefühl habe, dass unsere Rechte in Gefahr sind oder wenn ich etwas als ungerecht empfinde. Ich wusste schon lange, dass es meine Berufung ist, Frauen darin zu bestärken, an sich selbst zu glauben und ihren Weg zu gehen. Dennoch habe ich mich lange Zeit zurückgehalten, zu sehr in die Öffentlichkeit zu gehen. Es war (und ist) mir wichtig, dass auch die anderen in unserem Verlag sichtbar sind. Ich wollte nicht zu sehr im Fokus stehen, nicht noch mehr, als ich es schon aufgrund meines MBO bin. Wollte nicht auffallen. Vielleicht war dies auch wieder in meiner persönlichen Geschichte begründet. Und natürlich kostet es auch Zeit, öffentlich präsent zu sein, die ich nicht immer hatte. Aber mich quälte über eine längere Zeit der Gedanke, ob ich nicht einen Fehler mache, wenn ich *nicht* stärker nach vorne trete und zeige, dass hinter der Marke *emotion* eine eigene authentische Geschichte steht und eine Frau, die genau das lebt, wozu wir unsere Leserinnen inspirieren möchten. Und dass diese Frau wird von einem Team großartiger Frauen unterstützt wird, die auch ihre Wege gehen. Es hatte nichts damit zu tun, dass ich es für mein Ego brauchte. Es war eher der Gedanke, dass ich einen Fehler zulasten des Unternehmens mache, wenn ich nicht alles versuche, um *emotion* in Deutschland bekannter zu machen. Und irgendwann platzte der Knoten und ich hatte den Mut, zu meinen Stärken zu stehen, mich zu zeigen und meine Stimme zu erheben. Mittlerweile betrete ich furchtlos öffentliche Bühnen und trete für die Interessen unseres Verlags ein – ganz gleich, ob es positive Anlässe sind, etwa unser jährlicher EMOTION Women's Day oder unsere EMOTION.award-Preisverleihung, oder auch Anlässe, zu denen ich Klartext spreche, um auf überholte Rollenbilder aufmerksam zu machen und Frauen in ihren Rechten zu unterstützen oder mich für andere Themen, die mir am Herzen liegen, starkzumachen.

Vernetzen und die Stimme erheben

Erst im Sommer 2018 wurde mir so richtig klar, dass ich mehr ans Licht sollte und möchte. Dass es unsere Chance ist, mit meiner Stimme über die sozialen Medien mehr in die Öffentlichkeit zu treten, um mehr Frauen mit *emotion* bekannt zu machen, mit unserem Willen, Frauen zu stärken, sie untereinander zu vernetzen und für unsere Rechte und die Gleichberechtigung zu kämpfen. Und so habe ich im späten Herbst 2018 mit einem eigenen Podcast »Kasia trifft …« und ersten Postings auf Instagram und Co. begonnen. Und ich habe eine neue Seite an mir entdeckt, die mir Spaß macht und mir leichtfällt. Natürlich kostet dies auch viel Zeit. Und ich muss dieses Netzwerken daher auch noch besser in meinen Alltag einbauen. Mir ist auch bewusst, dass es keine Garantie dafür gibt, dass sich mein Einsatz in den sozialen Medien für *emotion* und unser Unternehmen lohnt. Aber mir ist wichtig, es zumindest zu versuchen. Denn das ist meines Erachtens das Gebot der Stunde: Es gilt, verschiedene Dinge – vor allem im digitalen Bereich – zu testen. Das ist auch die Transformation, die wir als ein früher sehr in Print denkendes Team nun umsetzen. Wir lernen, Ideen schnell zu testen, weiterzuentwickeln oder eben wieder zu stoppen, wenn die festgelegten Meilensteine nicht erreicht werden. Und wir lernen, Ideen einfach auszuprobieren, statt sie zuerst in der Theorie zu »zerdenken«.

Ich möchte mich künftig noch mehr für Frauen stark machen. Für unsere Leserinnen. Mit meiner und mit den Geschichten unserer Mitarbeiterinnen und anderer Frauen will ich Leserinnen Mut machen und zeigen, dass wir sie mit *emotion* nicht berühren, sondern im wahrsten Sinne des Wortes bewegen möchten. Wir wollen mit ihnen in Kontakt treten, ganz real und analog. Wir suchen den direkten Austausch mit ihnen, um zu erfahren, was sie denken und wollen, worunter sie vielleicht leiden und was sie sich wünschen. Denn wir wollen uns bei *emotion* nicht nur auf unsere Einschätzung verlassen, sondern bei der Entwicklung unserer Angebote für Frauen immer auch deren Bedürfnisse im Blick haben. So einfach und so schwer zugleich ist das Erfolgsrezept unseres Unternehmens: Die klare Ausrichtung unserer Produkte nach den Bedürfnissen der Zielgruppe. Und dazu bietet mir der stärkere Austausch über Social Media heute viele Möglichkeiten.

Meine Entscheidung, mich persönlich mit aller Kraft dafür einzusetzen, die Marke *emotion* auch digital zu stärken und zu einer multimedialen Plattform für Frauen weiterzuentwickeln, bedeutet, mich ganz auf diese wichtige Aufgabe zu konzentrieren. Daher habe ich die Chefredaktion von *emotion* im März 2019 Christine Ellinghaus übertragen.

Sie hat die Redaktion von *emotion* seit Januar 2015 großartig geführt. Sie denkt unternehmerisch, und wir stimmen, was die Auswahl relevanter Themen für *emotion* betrifft, stets überein. Ich bin dankbar, eine so starke und kreative Frau an meiner Seite zu wissen. Tine, wie wir sie nennen, ist nun meine Stellvertreterin im inhaltlichen und kreativen Bereich unseres Verlags. Und es fühlt sich gut an, zu wissen, dass das Unternehmen – auch wenn ich einmal nicht da bin – nun in allen wichtigen Bereichen von einer starken Persönlichkeit geführt wird.

Frage dich immer wieder, wer du sein möchtest

Zu diesen Erkenntnissen zu kommen, war nicht immer nur leicht. Die Jahre waren voller Höhen und Tiefen. Und so werde ich auch immer mal wieder gefragt, ob ich nicht irgendwann einfach aussteigen wolle. Ob es mir in den letzten zehn Jahren nicht irgendwann »gereicht« habe »mit allem«.

Zum Glück war das – wie erwähnt – nur einmal der Fall. Vor nicht allzu langer Zeit habe ich einen kleinen Tiefpunkt erlebt. Andere Frauenmagazine drängten plötzlich auf unseren Spuren in den Eventbereich. Das empfand ich als frustrierend, denn sie hatten mehr Möglichkeiten, diesen neuen Bereich mit Investment auszubauen als wir.

Jahre davor, als sich unsere Investitionen in neue Erlösfelder noch nicht so ausgezahlt hatten wie erwartet und ich das Gefühlt hatte, dass unser Team aufgrund seines unglaublichen Engagements etwas kraftlos wurde, hatte ich die Idee, Frauen weitere Leistungen anzubieten, um wieder schnell nach vorne zu kommen.

Und genau in der Zeit, als ich wahrnehmen musste, dass wir mit diesen Ideen Mitbewerber auf dem Markt dazu angeregt hatten, selbst Ähnliches zu versuchen, geschah noch etwas anderes, was mich nachdenklich machte. Anke fragte sich, ob sie in ihrem Leben nicht doch noch etwas anderes machen möchte.

An einem der Abende, inmitten dieser unsicheren und aufreibenden Zeit, ging ich joggen, um meinen Kopf frei zu bekommen. Dabei wurde mir bewusst, dass es auch für mich mal wieder an der Zeit war zu überlegen, wer ich sein wollte. Ob das Unternehmen und mein Einsatz dafür dem entsprach, was ich mir für mein Leben wünschte. Nach dem Laufen setzte ich mich an den Küchentisch und überlegte. Ich machte mir klar, dass es auch für mich immer einen Ausstieg gäbe, dass es auch meiner Familie gegenüber unverantwortlich wäre, wenn ich mich weiter so aufreiben würde. Falls ich nicht mehr davon überzeugt wäre, dass es für mich der richtige Weg ist, den ich gehe, wollte ich die Konsequenzen ziehen.

So machte ich mir bewusst, warum ich damals in die Unsicherheit gesprungen war. Woran ich geglaubt hatte. Worauf ich jetzt setzte. Was ich meines Erachtens richtig machte und was ich ändern sollte. Und ich überlegte auch, was ich machen würde, wenn ich aussteigen oder das Unternehmen aufgeben würde. Denn das war immer auch eine reale Option für mich. Trotz aller Verantwortung, die ich für andere verspüre, bin ich vor allem auch für mich selbst und mein Leben verantwortlich. Wenn sich mein Weg nicht mehr richtig anfühlt, liegt es allein an mir, etwas daran zu ändern.

Bei diesen Überlegungen, dass ich jederzeit aussteigen und etwas Neues beginnen könnte, wurde mir klar, dass ich dann wieder das Gleiche tun würde. Ich würde wieder Medien produzieren und kreativ sein und mich dabei auch weiter für Frauen starkmachen wollen. Vielleicht würde ich mein Unternehmen nicht mehr Verlag nennen, sondern eher als eine Medienplattform für Qualitätsinhalte bezeichnen, deren Schwerpunkt das Stärken von Frauen ist. Ich würde sicherlich viel kleiner starten, mit weniger Mitarbeitern und ganz fokussiert auf das eine Thema. Aber ich würde auch wieder versuchen, ein Unternehmen aufzubauen, etwas zu schaffen, mit dem ich Spuren in der Welt hinterlassen kann, mit dem ich Menschen mit Inhalten bereichern und auf ihren individuellen Lebenswegen stärken kann. Und ich würde es auch in Gemeinschaft mit Menschen tun, die das gleiche Ziel verfolgen.

Draußen war es schon lange dunkel, als ich mich vom Küchentisch erhob und wusste, dass es richtig war, mich wieder auf mein Ziel zu besinnen, Kraft zu sammeln. Mich zu fokussieren. Aufzuschreiben, welche Dinge ich nun mit höchster Priorität schaffen musste, welche ich zu ändern hatte. Und dass ich am nächsten Morgen einfach weitermachen würde. Ich hielt alles selbst in der Hand, um mein Ziel zu erreichen.

Natürlich war das kein leichter Moment. Aber das Bewusstsein, dass ich mich immer wieder für meinen aktuellen Weg entscheiden würde, gab und gibt mir seitdem eine große Freiheit. Denn ich habe mich im entscheidenden Moment wieder für den gewählten Weg entschieden. Und ich habe dabei gemerkt, dass es mir wichtig ist, künftig noch konsequenter diesen Weg zu gehen, das, was ich gelernt habe, umzusetzen und auf mein Bauchgefühl zu vertrauen.

»Love it, change it, or leave it«

Mir ist in diesem Moment der Ruhe und Besinnung auch klar geworden, dass ich in den letzten Jahren einige Kompromisse gemacht habe, die sich nicht mehr richtig anfühlen. Und dass es wichtig ist, auf dem Weg zu dem eigenen Ziel kompromisslos vorwärtszugehen: »Love it, change it, or leave it.« Denn erfolgreich werde ich nur sein, wenn ich authentisch meinen Weg verfolge. Und das heißt, dass ich das mache, was ich bin.

Leider hat Anke ein paar Monate später ihre eigene Frage »Wer willst du sein?« anders beantwortet und sich entschlossen, den operativen Bereich abzugeben und künftig unser Unternehmen als Investorin zu begleiten.

Die Frage »Wer willst du sein?« begleitet uns mit *emotion.* Mittlerweile fürchte ich die Momente, wenn vor allem die Menschen, mit denen ich noch einiges aufbauen möchte, mit mir unter vier Augen sprechen möchten, da sie sich diese Frage selbst gestellt haben. Und wenn sie bemerkt haben, dass es für sie selbst Zeit ist, in ihrem Leben etwas zu verändern. Mal etwas anderes auszuprobieren. Selbst etwas zu wagen. Dann muss ich mir anhören, dass gerade ich ihre Entscheidung doch am besten verstehen könne. Es sei doch meine Mission, Menschen auf ihren Weg zu bringen. Ich würde doch immer predigen, es sei nie zu spät, etwas Neues zu wagen, und dass es nur verwerflich sei, es nicht zu tun, wenn das eigene Bauchgefühl sagt, dass ich nicht mehr auf meinem Weg unterwegs bin.

Ja, so ist es. Es ist schön, wenn Menschen, die mir sehr am Herzen liegen, wachsen – aber schmerzlich, wenn sie weiterziehen. Es geht manchmal leider nicht anders, da wir in unserem Unternehmen nicht alle Wege ermöglichen können.

Wie graut es mir schon heute vor dem Auszug unserer Tochter, wenn sie erwachsen sein wird! Ich hasse Abschiede. Aber es macht mich sehr glücklich, die Weiterentwicklung von Menschen mitzuerleben und zu begleiten.

Den eigenen Traum verwirklichen

Es bleibt mir nichts anderes übrig, als zu akzeptieren, dass auch Anke die Frage, wer sie sein möchte, anders entscheidet, als ich es mir wünsche. Sie möchte etwas ganz Eigenes aufbauen. Vielleicht spürt sie, dass sie in den letzten Jahren etwas mehr meinen Traum gelebt hat als ihren eigenen? Vielleicht ist ihr der eigene Traum erst auf unserem gemeinsamen Weg bewusst geworden? Oprah Winfrey sagte einmal:

»You can never be happy living someone else's dream. Live your own!«

Insofern ist es wohl richtig, dass wir uns trennen und Anke weiterzieht, auch wenn es wehtut. Wir haben in vielen Jahren sehr gut zusammengearbeitet, Höhen und Tiefen gemeinsam erlebt. Viele Dinge, etwa unseren großen, mittlerweile etablierten EMOTION.award, haben wir zusammen entwickelt und auf den Markt gebracht. Ich habe es sehr geschätzt, Anke an meiner Seite zu wissen, mich mit ihr über alle unseren Themen auszutauschen, und wollte mit ihr gemeinsam das Unternehmen weiter aufbauen. Ich wollte nie ein *lonely hero* sein.

Anke zieht sich im Herbst – kurz vor dem neunten Geburtstag unseres Unternehmens – aus der Geschäftsführung zurück, bleibt aber als Investorin und Sparringspartner an Bord.

Gemeinsam oder allein?

Würde ich noch einmal ein Unternehmen mit einer Freundin aufbauen? Ehrlich gesagt, ich weiß es nicht. Anke und ich kannten uns ja nicht, bevor sie als Mitarbeiterin, dann auch als Geschäftsführerin und Investorin eingestiegen ist. Unsere Freundschaft ist beim gemeinsamen Arbeiten entstanden und im Laufe der Jahre gewachsen, was ich als großes Geschenk betrachte.

Gemeinsam in der Verantwortung für ein Unternehmen zu stehen, sich die Führungsaufgaben zu teilen und gleichzeitig eine Freundschaft zu pflegen, ist nicht immer einfach. Denn natürlich gibt es Situationen, die man unterschiedlich empfindet und bewertet. Das ist völlig verständlich, gerade wenn zwei starke Persönlichkeiten zusammenkommen.

Vielleicht ist es anders, wenn man von Beginn an einen gemeinsamen Traum verwirklichen möchte. Womöglich ist es leichter, wenn zwei Partner ein Unternehmen gemeinsam von null auf starten und von Beginn an gleiche Anteile am Unternehmen haben. Wie auch immer: Entscheidend ist, die Erwartungen an die Rolle, die jeder spielt, klar zu umreißen und zu kommunizieren sowie sich in den Stärken und Schwächen gegenseitig zu ergänzen.

Nun stehe ich also im zehnten Jahr meiner Selbstständigkeit wieder allein an der Spitze von *Inspiring Network* – aber sehr gestärkt durch Anke und meine weiteren Investoren, die an unser Unternehmen nicht nur glauben, sondern uns auch als Sparringspartner und Multiplikatoren unterstützen.

Heute vor 10 Jahren ...

Genau heute vor zehn Jahren, 2009, bin ich durch die Tür gegangen und habe dem Vorstandsvorsitzenden von G+J mitgeteilt, dass ich *emotion* kaufen möchte. Und ich bin verdammt dankbar, dass ich mich das damals getraut habe – dankbar auch für die Gewissheit, dass ich die Entscheidung heute wieder genauso treffen würde. Auch wenn ich aus heutiger Sicht an manch einer Weggabelung eine andere Richtung einschlagen würde, möchte ich nichts missen, keine meiner Erfahrungen!

Nach wie vor empfinde ich es als eine große Herausforderung, Kind, Partnerschaft und Unternehmen unter einen Hut zu bringen und dabei gelassen zu bleiben. Gelassen zu sein ist mir sehr wichtig – und ebenso bedeutend ist für mich, unserer Tochter vorzuleben, dass Frauen heute *alles* sein können, was sie wollen, es aber nicht müssen. Im Leben mehrere Rollen auszufüllen, einen Job zu haben, Partnerin und Mutter zu sein, ist manchmal recht anstrengend, aber es macht verdammt großen Spaß!

»Not even the sky is the limit!«

Wie wird *Inspiring Network* in zehn Jahren aussehen? Der Name ist Programm und Bestimmung: Mir liegt es am Herzen, Menschen mit unseren Medien und Angeboten in jeder Hinsicht zu inspirieren, zu stärken und weiterzubringen – beruflich und privat. Und diejenigen, die weniger gute Voraussetzungen haben als andere, möchte ich mit all unseren Möglichkeiten unterstützen.

emotion soll *die* Marke für Frauen sein und die Gleichberechtigung aktiv vorantreiben. Ich wünsche mir, dass wir uns eines Tages nicht mehr darum kümmern müssen, weil wir die Gleichberechtigung dann erreicht haben werden. Ich wünsche mir auch, dass Frauen solidarisch mit anderen Frauen sind, weil wir Gleichberechtigung nur gemeinsam erreichen können. Es macht Spaß, andere Frauen strahlen zu lassen! Und es bedeutet Freiheit, wenn jede von uns ihr eigenes Lebensmodell verwirklichen kann – frei von Bewertungen durch andere.

Ich hoffe, dass wir in zehn Jahren unseren Weg durch die digitale Transformation erfolgreich fortgesetzt haben und als Unternehmen vorbildlich sind, was die Werte von → New Work betrifft, und zwar für Frauen *und* Männer: Selbstständigkeit und Selbstbestimmtheit, Freiheit in der Lebens- und Arbeitsgestaltung sowie Teilhabe an der Gemeinschaft.

Nun starte ich mit meinem Team ins nächste Jahrzehnt und trage im Herzen das Motto eines engen Freundes:

»Not even the sky is the limit!«

Ich vertraue darauf, dass alles gut wird, und lebe im Bewusstsein, dass »*jetzt* die guten alten Zeiten« sind, woran mich mein Freund Philipp immer gern erinnert.

Glossar

Asset Deal Variante eines Unternehmensverkaufs, bei der Wirtschaftsgüter (englisch *assets*) übertragen werden. Dabei kann auch der gesamte Betrieb übertragen werden, sodass am Ende nur noch die Hülle der Gesellschaft übrig bleibt.

Break-even(-Point) die Gewinnschwelle, ab der ein Unternehmen keine Verluste mehr schreibt und rentabel wird.

Cost-per-Order (CpO) Kennzahl für die bei einer Werbeaktion angefallenen durchschnittlichen Kosten pro erzielter Reaktion: etwa einer Bestellung oder eines Abonnement-Abschlusses. Im Direktmarketing ist CpO ein wichtiges Kriterium für den Erfolg einer Aktion oder eines Konzepts.

Crossmedialität bezeichnet das Potenzial, Inhalte/Produkte vielfältig darstellen und verbreiten/verwerten zu können, sowohl im Print als auch digital.

Entrepreneurs' Organization (EO), 1987 von einer Gruppe junger Unternehmer in den Vereinigten Staaten gegründete Non-Profit-Organisation, die Firmeneigentümer und -lenker zu schnellerem persönlichen Wachstum und Lernen verhelfen möchte, um ihnen größeren beruflichen Erfolg und ein erfüllteres Leben zu ermöglichen. Heute hat die Organisation nach eigenen Angaben 12 000 Mitglieder in mehr als 50 Ländern und 160 Standorten.

EK Abkürzung für Eigenkapital.

Hockey-Stick-Effekt ein nicht erwünschter Effekt in der Businessplanung vor allem junger Unternehmen, der dazu führt, dass die Zahlen der betrachteten Planungsgröße (etwa Absatz, Umsatz, Jahresüberschuss) grafisch wie Hockeyschläger aussehen, was bedeutet, dass die ferne Zukunft immer optimistischer und damit eher unrealistisch dargestellt wird.

Letter-of-Intent (LoI) Absichtserklärung, Grundsatzvereinbarung oder Willenserklärung von Verhandlungspartnern, etwa um einen Vertrag abzuschließen.

M&A-Deals *siehe* **Mergers & Acquisitions**

Management-Buy-out (MBO) Übernahme eines Unternehmens durch die in dem zu erwerbenden Unternehmen tätigen leitenden Mitarbeiter. Das Unternehmen kann insgesamt oder in Teilen übernommen werden.

Mergers & Acquisitions (M&A) alle Aktivitäten und Vorgänge, die bis dato rechtlich und wirtschaftlich selbstständige Unternehmen(steile) zu einer neuen wirtschaftlichen Einheit verbinden wollen, etwa Fusionen, Verschmelzungen, Zusammenschlüsse.

Mezzanine-Finanzierung Mischform der Finanzierung mit Eigen- und Fremdkapital.

New Work wurde als Begriff von dem österreichisch-amerikanischen Sozialphilosophen Frithjof H. Bergmann geprägt, der ein Gegenmodell zur kapitalistisch bestimmten Arbeitswelt schaffen wollte: Die Werte Selbstständigkeit/Selbstbestimmtheit, Freiheit und Teilhabe an der Gemeinschaft sind darin bedeutend. Es geht darum, jedem Menschen zu ermöglichen, seine Persönlichkeit zu entfalten und frei und selbstbestimmt zu handeln, privat und beruflich.

Partiarisches Darlehen Form der Beteiligungsfinanzierung in Gestalt eines Darlehens. Als Entgelt für die Überlassung des Darlehens wird ein Anteil am Gewinn oder Umsatz eines Unternehmens vereinbart.

Share Deal Variante eines Unternehmensverkaufs, bei der Anteile an der zum Verkauf stehenden Gesellschaft übertragen werden. Somit handelt es sich um den Verkauf einer gesellschaftlichen Beteiligung. Dabei wird zum Beispiel nicht das Grundstück oder Gebäude des Unternehmens verkauft.

Unique Selling Propositica (USP) das Alleinstellungsmerkmal einer Idee/eines Konzepts/eines Produkts, das die herausragende Bedeutung anzeigt.

Venturecapital ist Wagnis- oder Risikokapital, das einem Unternehmer/Gründer in Form von Eigenkapital zur Verfügung steht. Im Gegensatz zur Bankfinanzierung gewährt es dem Empfänger meist lange Fristen, ohne Sicherheiten zu verlangen. Der Kapitalgeber trägt einerseits das Risiko voll mit, profitiert andererseits am Gewinn.

Vitality-Check Kontrolle, ob ein Produkt/eine Marke ausreichend vital ist, um sein/ihr Dasein zu rechtfertigen.

Vorstandsvorlage knappe Darstellung von Arbeitsergebnissen.

Wandeldarlehen bezeichnet einen Kredit, der mit der Möglichkeit verbunden ist, die Darlehensschuld (oft inklusive Zinsen) später in eine Unternehmensbeteiligung umzuwandeln. Solche Darlehen sind besonders für junge Unternehmen als Anschubfinanzierung interessant.

Danksagung

Ich danke allen Frauen, die *emotion* lesen, uns vertrauen und uns weiterempfehlen – *emotion* sind wir alle und gemeinsam sind wir stark. *#zusammenweiterkommen*

Am Anfang meines Unternehmertums stand mein MBO. Dieser war möglich, da meine Familie, vor allem meine Mutter und mein Mann, hinter mir gestanden haben. Ihnen und meinen engsten Freunden danke ich sehr für ihren Glauben an mich und ihre Unterstützung. Ebenso meinem EO-Forum mit Janna, Kai, Micha, Michael, Martin, Nils, Vanjo und Volker – für das immer wieder kritische Hinterfragen, Bestärken und für den offenen Erfahrungsaustausch, der immer hilfreich und anspornend ist.

Ich danke unseren Investoren Heiner Bente, Krystyna Gode, Catharina Aanderud, Carsten Becker, Claudia und Georg Bendel, Bernd und Irene Eistrup, Vera Fuchsius, Svea Kuschel, Michael Lützenkirchen, Waltraut von Mengden, Martin Ostermayer, Heidi Orbeck, Hanno Rinke, Florian und Maria Seidel, Dorothee Stumme, Kirsten Soyke und Jonas Wolf. Großer Dank gebührt meinen Mitgesellschaftern Anke und Thomas Rippert, die unserer Unternehmung auch in den schweren Zeiten stets unterstützend zur Seite stehen.

Ich danke meinen Wegbegleitern Dorothee Röhrig, Michael Eulenstein, Olaf Köhnke, Andreas Möller, Christopher Stoecker, Rolf Wickmann, Karl-Dietrich Seikel, Torsten Bardohn und allen, die mir geholfen haben, wie auch meinen Freundinnen Annabel Zirngibl, Julia Keim und Bettina Wündrich und Katrin Brökelmann. Besonders danke ich Yvonne Brand, die mir gezeigt hat, dass wir unsere angeborenen und tradierten Verhaltensmuster ändern können und dass das Vertrauen in uns selbst am Anfang von allem steht.

Danken möchte ich auch Volker Breid, meinem ersten Chef im Verlagswesen. Seine Loyalität, Integrität und Disziplin waren vorbildhaft für mich.

Dass ich dieses Buch umgesetzt habe, verdanke ich Bettina Traub, Programmleiterin Ariston Verlag, die mich sehr darin bestärkt hat, dranzubleiben und mich ermutigt hat, mit den Themen, die mir wichtig sind, mehr in die Öffentlichkeit zu treten. Von ganzem Herzen danke ich meiner Lektorin Maria Koettnitz, die dieses Buch mit viel Geduld begleitet, mit mir über die Ausrichtung diskutiert und mich im gesamten Schreibprozess großartig unterstützt hat. Dank auch an Katrin Schmiedekampf für die Mitarbeit bei den Unternehmerinnen-Porträts für dieses Buch.

Und ich danke meiner Tochter Clara und meiner Familie, die mich in der Zeit meines Schreibens noch mehr als sonst entbehren musste.

In den Aufbaujahren unseres Medienhauses haben wir etliche Herausforderungen meistern müssen. Ich danke meiner Mitinvestorin, langjährigen Geschäftsführungskollegin und engen Freundin Anke Rippert, nicht nur dafür, dass sie mich damals, kurz nach dem MBO, angeschrieben hat und den Mut hatte, als Investorin einzusteigen, sondern auch für das Vertrauen und die große Unterstützung in den vielen gemeinsamen Jahren, in denen wir so manch eine Krise überstanden und Probleme gelöst haben.

In den letzten eineinhalb Jahren haben wir unser Medienhaus für die nächsten zehn Jahre ausgerichtet, was nicht immer leicht war. Ich danke unserem gesamten INSPIRING NETWORK für das große Engagement und Vertrauen – allen voran unserer Prokuristin und meiner engsten Vertrauten Claudia Meier, die sich mit großem Einsatz und auch offenen und kritischen Wort für unseren nachhaltigen Erfolg einsetzt. Dazu bin ich sehr dankbar, mit Tine Ellinghaus eine inspirierende, starke Sparringspartnerin an meiner Seite zu wissen, die mich mit ihrer Zuversicht und in journalistischer und unternehmerischer Weise als Chefredakteurin von *emotion* unermüdlich unterstützt. Großer Dank gebührt auch meiner Kollegin Wencke von der Heydt, die unser Haus nicht nur perfekt repräsentiert, sondern auch mit großem Einsatz die Magazine und Produkte unseres Hauses vermarktet, sowie auch unserer Chefredakteurin Neue Produkte Julia Möhn und Thomas Vašek, Chefredakteur von *Hohe Luft*. Ich danke Carsten Becker, Waltraut von Mengden, Martin Ostermayer für ihre Unterstützung und ihr offenes, kritisches Feedback in der letzten schwierigen Phase unseres Unternehmens. Dazu auch meinem Unternehmerfreund Michael Krieger und Peter Schmid sowie meinen Freunden, die mich in den letzten Monaten besonders unterstützt haben. Schließlich danke ich unseren Mandanten und Geschäftspartnern, die uns von Beginn an begleitet und an uns geglaubt haben, für die gute Zusammenarbeit.